2015年度浙江省社科联省级社会科学学术著作出版资金资助出版（编号：2015CBZ07）

浙江省社科规划一般课题（课题编号：15CBZZ07）

当代浙江学术文库

DANGDAI ZHEJIANG XUESHU WENKU

依赖与掌握

李火林 著

中国社会科学出版社

图书在版编目（CIP）数据

依赖与掌握 / 李火林著 . —北京：中国社会科学出版社，2016.6
（当代浙江学术文库）
ISBN 978–7–5161–8020–4

Ⅰ.①依⋯　Ⅱ.①李⋯　Ⅲ.①人学—研究　Ⅳ.①C912.1

中国版本图书馆 CIP 数据核字（2016）第 084301 号

出 版 人	赵剑英
责任编辑	田　文
特约编辑	段　琳
责任校对	张爱华
责任印制	王　超

出　　版	中国社会科学出版社
社　　址	北京鼓楼西大街甲 158 号
邮　　编	100720
网　　址	http://www.csspw.cn
发 行 部	010–84083685
门 市 部	010–84029450
经　　销	新华书店及其他书店
印　　刷	北京君升印刷有限公司
装　　订	廊坊市广阳区广增装订厂
版　　次	2016 年 6 月第 1 版
印　　次	2016 年 6 月第 1 次印刷
开　　本	710×1000　1/16
印　　张	16
插　　页	2
字　　数	271 千字
定　　价	59.00 元

凡购买中国社会科学出版社图书，如有质量问题请与本社营销中心联系调换
电话：010–84083683
版权所有　侵权必究

目　录

导　言 …………………………………………………………（1）

第一章　人掌握外部世界的根据和实质 …………………（11）
　第一节　人依赖于外部世界的特殊性与人掌握外部世界
　　　　　的必要性 ……………………………………………（11）
　第二节　人的本质力量系统的建构与人掌握外部世界的
　　　　　可能性 ………………………………………………（21）
　第三节　人掌握外部世界的文化创造实质 …………………（30）

第二章　人掌握外部世界的基本方式 ……………………（43）
　第一节　实践方式与实践—精神方式 ………………………（44）
　第二节　科学理论方式的人学价值及其局限 ………………（52）
　第三节　艺术方式的特殊性及其人学意义 …………………（60）
　第四节　宗教方式的人和文化根源 …………………………（66）

第三章　人对外部世界的理性掌握与真理 ………………（75）
　第一节　真理的认识论实质与存在论意味 …………………（75）
　第二节　人对外部世界真理性掌握的辩证运动 ……………（86）
　第三节　人理性掌握外部世界的使命和真理的价值 ………（108）

第四章　人对外部世界的分工掌握及其交换 ……………（116）
　第一节　人对他人、社会的依赖与分工交换的产生发展 …（116）
　第二节　分工掌握的历史局限性及其超越 …………………（124）
　第三节　分工掌握的全球化与世界性交换 …………………（129）

第五章　个体主体性之生成和个体掌握 …………………（134）
   第一节　人的属性与人的主体性 ………………………（134）
   第二节　个体主体结构与建构 …………………………（143）
   第三节　个体掌握类型与个体主体性之表征 …………（160）

第六章　掌握外部世界与自我掌握 ………………………（169）
   第一节　自我掌握问题的突出 …………………………（169）
   第二节　自我掌握的基本内容 …………………………（180）

第七章　人掌握外部世界的重要原则 ……………………（198）
   第一节　西方古典哲学主体性思想、人类中心主义困境与
   　　　　"主体性的黄昏" …………………………………（198）
   第二节　中国古代天人合一思想的现代价值与历史局限 ………（201）
   第三节　主体性思想与天人合一思想整合的必要性 …（203）
   第四节　主体性思想与天人合一思想整合的可能性 …（204）

附　录 …………………………………………………………（207）
   张载人学的基本构架及现代批判 ………………………（207）
   "社会历史没有规律，不能预言"吗？
   　　——对卡尔·波普"非决定论历史观"的一点剖析 …………（217）
   是扬弃了旧唯物主义局限性，还是超越了唯物主义
   　　与唯心主义的对立？ …………………………………（223）

主要参考文献 …………………………………………………（233）

后　记 …………………………………………………………（238）

导　　言

　　人的生存发展问题是哲学永恒的研究课题。当历史的车轮驶入新的时代，人类在拥有了日益强大的本质力量，以前人难以想象的速度和力度不断拓展生存发展的时空疆域的同时，也面临着生存与发展的一系列新情况新问题甚至是危及人类存亡攸关的新的严峻挑战和难题。要破解这些问题，需要科学力量，也需要人文精神，离不开哲学的批判和反思，必须把人放到与世界的总体性关系中进行研究思考。

　　我认为，依赖与掌握构成了人生存与发展的一对基本矛盾，是影响和制约人生存发展的重要张力，是人之为人、人区别于动物的类本质因子，是贯穿于人类社会文明进步始终的一根主线，是宏大瑰奇的人生交响中的主旋律和变奏曲。

　　人就是人。人不是上帝，不是神灵，不是第一因，因此必须有所依赖。依赖性、受动性是人的重要特性。人，必须依赖于自然、依赖于社会、依赖于他人，这是谁也无法否认的客观事实。正如大地之子安泰只有脚踩大地才有强大力量一样，人作为有生命的自然存在物必须靠无机界生活，人类的出场是以自然界为前提和基础的。人只有依赖于外部自然界才能生存和发展。但人是万物之灵，并不是仅有依赖性受动性而没有主动性超越性。实际上，人对外部世界的依赖有其独特的实现形式。人不可能像动物那样靠本能适应依赖自然。从人类学角度看，人的非特化的机体结构和相对缺乏本能的调节使人不会像动物那样通过片面的特定化的适应来实现对自然界的依赖，而人的远远超出生命有机体直接需要界限的、具有社会文化品格的和自我增生特性的需要更是自然界所无法直接予以满足的。因此，只有通过实践地和观念地掌握外部世界，才能使它变成自己的物质和精神生活和活动的一部分。掌握外部世界是人依赖于外部世界的实现方式。人对外部世界的依赖是依赖于人对外部世界的掌握。人对自然界的掌握总是社会的历史的文化的。自人类诞生以来，自然史与社会史总是相互联系、相互影响、相互制约的。人对外部世界的掌握既包括对自然界的掌握，也包括对社会的掌握，是对"自然—社会"系统的掌握。人对外部世界的掌握既包括对从未被人类掌握过的"处女地"对象领域的掌握，也包括对已经失去或正在失去掌控的人化世界的重新掌握。

人掌握外部世界是必要的、必然的。那么，人掌握外部世界何以可能？人掌握外部世界的主体性根据何在？这种可能性，最根本的就植根于人的开放性，植根于人的本质力量系统的建构即整体性能力系统的生成。这一能力系统的形成和扩展首先是建立在人的生理性基础上的。非特定化的机体生理结构和功能，赋予人特有的"自然力"和开放性的生命基础。在这基础上，人还拥有意识和精神力量。意识的知、情、意结构使人获得了丰沛的精神生命，并决定着人的意识不仅具有反映建构外部世界客观规律的理论理性的功能，也具有规整范导自己行为的实践理性的功能。这样，人类就能从自己的局限性中引出特定的人性的无限性。人还拥有社会协作力、文化力、善假于物的能力。所有这些能力都表征着人的创造的力量和创造性。而创造的源泉就是劳动和感性实践。人在掌握外部世界的劳动和感性实践中生成和发展着掌握外部世界的本质力量和掌握外部世界的人本身似乎是个悖论，但却是一个历史的辩证法。人就是在这个历史的辩证发展过程中历史地自组织着自己掌握外部世界的本质力量的。正是历史地形成并不断地自组织和涨落变化着的人的本质力量，为人掌握外部世界、构建不断膨胀延展着的人们赖以生存和发展的功能圈规定了内部时空，提供了规整范导、建构创造等内部能力，人就是通过不断地对象化自己的本质力量才逐步实现对外部世界的掌握的。

人掌握外部世界就是以不同的方式创造并享用体现着真善美的属人对象，从而促使外部世界从自在到自为，从人属到属人，从事实到价值，从"是"到"应当"的转化，促使外部世界向人生成。掌握外部世界活动作为创造活动是赋形创序的活动，是拆解对象原有的旧结构，并把解构后的要素重新加以组织、整合，从而形成新的属人对象的建构过程，是人创造意义价值和外部世界向人显示自身的意义价值的辩证统一过程，是作为社会的文化存在物的人追求和创造真善美的属人的对象世界、文化世界，建构人安身立命的家园的活动，从而也是人获得自由的活动。

掌握外部世界植根于人的需要。人的需要的多样性和不断增生性决定了掌握方式的多样性和变动性。其基本方式可分为实践的和观念的。而观念的又包括了科学的、艺术的、宗教的、哲学的、道德的等多种方式。这些方式具体地历史地构成了人与外部世界丰富充实、纵横交错的立体网络和结构关系。

所谓实践掌握就是通过改变外部世界，通过给外部世界打上"应当如此"的意志的烙印来实际地控制、支配、占有和把握外部世界。实践掌握是在实践理念的驱动和调控下进行的。而实践理念是实践—精神掌握的产物。实践精神方式是带有实践性的掌握外部世界的精神方式。它按照物的外在尺度和人的内在尺度的统一、知情意的统一和真善美的辩证统一的原则，通过对外部世界进行思想观念上的分解和结合，形成一种符合自己需要的构造型的观念对象模型，即实践理念。实践理念的建构意味着现有不仅以现在怎样的形式，而且以应该怎样，在实践中能够怎样的形式，被人观念地掌握。实践掌握是人满足自己生命存在的组成部分，而且也创造着并实现着人作为社会和文化存在本质、建构起用以确立自己作为社会文化存在的物质基础和社会存在本体，它是人获得生存自由的重要途径。但实践掌握是历史的，具有历史的局限性。实践掌握也不能完全地满足人把握本质、追求美等精神方面的需要。

所谓科学理论掌握就是把握外部世界对象的本质、规律的观念掌握活动。科学理论掌握所掌握的实际上只是信息化的客体。它凭借语言符号的中介通过对观念化、符号化、信息化的客体进行观念的分解组合，通过符号的操作和思维作业，在思维中建立起同外部对象的结构和建构逻辑相统一的信息组合，并以合乎逻辑的概念、范畴体系、语言符号陈述体系的形式来反映和再现客观对象的本质和规律性，从而对外部世界实现真理性的认识和把握。科学理论掌握方式是人们认识外部世界因果性、规律性的根本途径，满足人们求真的需要，并为人们摆脱各种盲目的自然力和盲目的必然性的约束和支配、获得自由开辟了道路，为建构人类的生存功能圈和扩大人类生存范围，为人类生活得更加幸福、舒适、更有保障和更有生存的主动性，提供了前提和可能。但科学理论掌握方式的历史性使得人们依赖于科学理论方式来解决自己的生存和发展问题的程度和范围是有限的。科学理论掌握方式不能满足人的多方面的精神需要。科学如果停留于理论和观念的领域其实用价值也是潜在的。它不能保证其成果在实践领域的应用一定有益于人的生存和发展。

艺术地掌握外部世界意味着人作为社会和文化的存在物对美的刻意追

求的一种本性。艺术作为对事物形式的洞见，同坚持客观性原则的科学方式不同，是客观对象主观化、情感化和主观因素客观化的统一。在情感化的艺术世界中客观实在的东西失去了单纯的实在性，带有了生命的主观性。艺术不像科学那样以抽象概念符号形式去反映事物本质，而是通过艺术抽象，以具体生动的形象使对象的特征和内在本质得到强化式的再现，从而更加真实、更加深刻地把外部事物的生命本质和韵律再现和表现出来，更深刻地反映一般、显现真实。由于艺术世界打破了人们日常生活的感受方式，从而把人们从现实世界的麻木不仁状态中解放出来，把人们平凡之心灵引领飞升，使人们沉浸到对理想世界的模拟的再度体验中，从而范导着人们趋赴审美的自由生活之境。艺术使世界敞开、真理显现、存在澄明，它在使人觉得亲切适意的同时也使人们妙悟参会到人生之意义与真谛，从而使孤寂的心灵得到抚慰安宁，焦虑得到适当宣泄，压抑得到升华，苦恼得到排解。

宗教掌握是人对外部世界的一种虚幻的掌握，是人对那种异己的支配人的生活的外部力量采取了超自然超人间化的特殊反映形式。这不仅表现在把现实世界的内容转给彼岸之神的幻影世界，而且还表现在人们试图以宗教信仰的方式来战胜、控制和掌握那些异己的力量，依靠想象的力量来战胜、控制和掌握人们自身的现实力量所掌握不了的那种外部力量。所以通过宗教掌握并不能确证人作为主体的力量，相反是人的本质力量的异化。宗教方式与实践的、科学的方式相对立。但在它们的所及的范围之外，宗教方式又履行着实践掌握和理论掌握的职能，作为不充分的实践掌握和科学理论掌握的补充而存在。人类实践和科学发展的渐进性历史性，决定了宗教不会很快地和轻易地自动消灭，但随着实践和科学的不断进步和日益充分的发展，宗教赖以存在的地盘将越来越少，逐渐走向消亡。

这些掌握外部世界的方式在掌握外部世界基本方式的体系结构中地位和作用是不同的，而且随着时代变迁和人的本质力量的提高，其地位和作用也发生着一些变动，从而表征着人掌握外部世界的历史进程。实践方式是母方式，其他方式都是在它的基础上分化出来并依赖于它的子方式。实践方式特别是现代意义的实践方式必然蕴含着其他方式，离不开其他方式的协同作用。从功能上看，各种方式对人的生存和发展起着各自独特的作用，但每一种方式对人的生存和发展来说都是不充分的，因此，它们在功能上具有互补性。

人掌握外部世界必须借助和运用工具中介系统。人掌握外部世界范围的扩大与层次的拓深，都是与工具中介系统的演变密切相关，通过工具中介手段的变革和创新来实现的。人能上天入海靠的就是工具；人能认识夸克层子微观世界、细胞基因生命现象，靠的也是工具。工具中介系统表征着人掌握外部世界的本质力量的水准。工具中介手段不同，人对外部世界理论掌握尤其是实践掌握的性质、方式、规模和水平也不同。从石器时代到青铜器时代再到铁器时代，从手工工具到机械工具再到电气工具、数控工具，从陆上交通工具到水上交通工具，航空航天工具再到深潜工具，从PC机到互联网、物联网、云计算。每一次工具中介系统的创新，都意味着人手脚的延伸、大脑的扩充、体力和智力的增强、活动空间半径的拓展，推动着人对外部世界的掌握向前迈进跨越。工具中介系统是人的本质力量的外化、物化和确证，是人实现自为目的的手段，是架起人与外部世界关系的桥梁、中介，并使人具有支配外部自然界的力量，体现着人的"理性狡猾"。人的目的是有限的。目的是通过工具中介与客观性相结合的。工具中介作为实现目的的手段是比外在的合目的性的有限的目的更高的东西。工具保存下来，而直接的享受却是暂时的，并会被遗忘的。工具作为物化的人的本质力量，工具中介系统遵循社会文化遗传规律而不断累积重构创造演进的，从而为人类掌握外部世界提供着浓厚坚实的物质支撑。可以说，没有工具中介系统，人就无法掌握外部世界；没有工具中介系统的创新发展，人就不可能实现掌握外部世界的新发展。

人对外部世界的掌握必须通过分工掌握才能实现。人的需要是多样的，现实的人的能力是有限的。这就要求人对外部世界实现有分工的掌握。因为只有在分工掌握的条件下，人类总体才能获得和形成与人的多样性需要相适应的掌握外部世界的总体能力体系。人们多样性的需要的满足才成为可能。在分工的条件下，人要满足多样性需要，必须相互依赖着对外部世界的有分工的在不同领域的不同形式的掌握以及掌握成果的相互交换。通过对外部世界的有分工的掌握和成果的横向的人际、族际、国际交换和纵向的代际的历史传递、继承。人们的多样性需要才能得以满足，人类掌握外部世界的积极成果才能巩固下来、延续下去，人们才能在越来越广阔的范围内、越来越深入的层面上，扩大和拓深对外部世界的掌握，从而不断地扩展着人类赖以生活的外部世界的范围。

由于分工的出现伴随着私有制的出现和阶级的分化。因此，分工在为人性带来进步的同时，也带来了消极的一面。第一，分工促使人的多样性活动形式的发展从而实际证明了人是一种具有多方面能力的存在，却又使大多数人变成片面的畸形发展的人。第二，分工不断地创造新的需要，但在私有制条件下，只有统治阶级需要得到多样性的发展和满足，而广大劳动者的需要却降低到动物水平。第三，分工促进了人们间交往，但又使社会关系反过来成了一种支配人的强制力量。第四，分工扩大了人的本质力量，但这种力量却成了私有制的力量，广大劳动者成了丧失一切现实的生活内容的抽象的偶然的个人。分工是人的活动的异化状态或形式。这种异化状态不过是历史的必然性。随着生产力的巨大增长和高度发展，随着私有制的扬弃，共产主义的到来，由分工带来的异化状态必将被扬弃，人必然能够发展并满足自己的多样性需要，从而使自己成为具有人的本质的全部丰富性的人。

随着历史开始向世界历史的转变，人类开始步入了在全球范围内有分工地掌握外部世界的新阶段。分工掌握的全球化，使得不同民族和国家之间进行世界性的横向交换成为必要。而世界性交换则使得各民族和国家可以通过直接利用别的国家和民族已经创造的积极成果来扩大自己对外部世界掌握的范围，从而扩大自己所能依赖的外部世界的范围，实现自己多样性需要的满足，也使得人类掌握外部世界的成果的累积有了保障。分工的全球化使各个民族国家间的相互依赖加强了，但各民族、国家在分工体系中所处的地位是不同的，有的处于价值链的高端，有的却处于价值链的低端。世界性分工所创造的积极成果大部分被发达国家所攫取占有，只有发达国家的多样性需要得到了发展与满足，而广大的发展中国家的多样性需要受到粗暴压制剥夺。改变这种极不公平的状况，重建世界公平合理的新秩序，正是分工掌握的全球化题中应有之义，也是加入全球性分工的各民族国家所必须为之努力斗争的。

掌握外部世界的主体始终是结成一定社会关系的具体的人。根据交往关系的状况，他可以是个体，也可以是各类群体直至全人类。虽然个体的生成和建构受制于群体和类，离开了群体和类就不存在个体，但掌握外部世界的活动归根结底是要落实到一个个具体的人的，是由一个个具体的人发动的，是由一个个具体的人担当的。因此，个体能否成为以及如何成为掌握外部世界的主体力量，这是需要认真思考和研究的问题。个人之所以能够成为掌握外部世界的个体主体，是通过自然生理遗传机制、社会文化遗传机制和实践生成机制共同作用实现的。通过自然生理遗传机制，人类个体获得了类特性，获得了人本身的自然力，并拥有了建构起掌握外部世界本质力量的潜能。人类个体通过社会文化遗传机制，通过社会化的以文化人的过程，即后天无意识和后天自觉学习的方式，掌握人类在种系进化和发展过程中所获得的科学文化成果和所积累的经验，包括非系统化的他人的感性经验，制造和使用工具的各种技能，系统化、理论化的各种科学文化知识，以及认识规范、认知构架、思维方式、思维方法以及共同体的行为习惯、风俗习惯、价值观念等，接受和译解文化，获得确证人之主体性的自觉意识和本质力量。社会文化遗传机制反映的是类之主体性向个体转化的问题，但事实上也存在着个体之主体性的类化问题。人类正是通过个体的一点一滴对类之现有状况的突破与超越，而不断地趋向进步和迈向未来的。人类个体之所以能够成为掌握外部世界的现实主体，不仅是由于人是有意识的、理性的动物、符号的动物、文化的动物、社会的动物，更是能够制造和使用工具的动物，能够创造理想世界的动物、实践的动物。实践是人类个体能够成为主体的根源和基础，是人类个体主体性生成的秘密和诞生地之所在。人类个体通过生理遗传机制所拥有的那些作为天赋和才能存在于人身上的自然力，和通过社会文化遗传机制获得的用来确证人之主体性的各种本质力量，都是人类实践活动的产物。个人的实践活动水平的发展状况，其实重演着类主体实践活动水平的发展状况。只有把人类个体看作是从事着各种性质和各种水平活动的人，只有把从事各种性质和水平的活动看作是人类个体逐步获得人类本质力量的现实性因素，才能最后解决人类的智慧和力量是如何转化为个体的智慧和力量的问题。

人类已经进入了信息化、数字化、网络化时代。从农耕时代到工业时代到信息时代，技术力量不断推动人类创造新的世界，不断拓展着人掌握外部世界的广度和深度。互联网正将人们从物质"原子"时代带入数字"比特"时代，正以改变一切的力量，在全球范围掀起一场影响人类存在方式和掌握外部世界方式的深刻变革。网络空间这一纯粹的人造世界，给人们带来可以超越国界、超越物理时空局限的极大自由，为按照自己的意愿和需要自由地同任何一个国家和地区的人们进行交往提供了便捷的通道和现实的可能。可以这样说，正是有了互联网，"地球村"真正产生了；因为有了互联网，许多不可思议的网购、网游、网银、网商等新鲜事物发生了。网络世界虽然不具有实际存在的物理世界、物理实体的特征，但也不是纯粹的意识世界，更不是虚无、虚幻、虚假的世界，是虚拟不虚假、实在非实体的真真切切存在的世界。互联网把现实世界中的一切都数字化符号化了，开启了纯粹形态虚拟掌握外部世界的新进程。这种以数字化符号为中介的虚拟掌握方式，突破了现实时空和物质条件的限制，为人类开拓了新的认识空间和实践空间，为人们比较便捷地将事物的多种现实可能性、抽象可能性甚至现实根本无法展现的可能性转化为虚拟认识、虚拟实践和虚拟掌握对象提供了可能，尤其是通过信息化与工业化的深度融合，借助劳动工具智能化、网络化的"人机系统"，实现产业结构的转型升级和社会生产力的加速发展。互联网的世界是虚拟的世界，网上的活动是虚拟的活动，网上的生存是虚拟的生存。因此，以数字化网络化为特征的虚拟掌握尽管是人类掌握世界方式的新进展，但这种掌握方式不能满足人类掌握外部世界多样性的需求，终究是实现人的生存和发展需要的一种掌握方式而已，更不能代替现实性的实践掌握方式。必须实现网上掌握与网下掌握、虚拟掌握与实在掌握有机结合、协调共进。另外，全球范围网络治理远没有法制化，网络诚信存在严重缺失，网络不良文化泛滥，黑客骚扰频频，沉溺网络的年轻人数量增多，网络成为意识形态斗争的重要战场，这些都是网络对人的生存与发展的负态效应，是虚拟掌握必须正视解决的问题。

众所周知，由于不合理的掌握外部世界活动的开展，人类今天已经面临着生存和发展的困境——全球性问题。环境污染、生态危机、能源危机、资源危机、粮食危机等全球性问题突出反映了人与自然矛盾的激化。这就迫切地向人类提出了自我掌握的历史任务。掌握外部世界必须进行自我掌握。自我掌握就是为了尽可能防止、避免或减少人类掌握外部世界活动的负态效应的出现。其中，最主要的就是为了防范有可能造成人们赖以生存的基础——外部自然界自我再生、自我调节能力的丧失，造成外部世界客观系统难以持续发展和动态平衡的破坏，从而危及人自己持续的生存和发展的那些不合理、不正当、不道德、不科学的掌握外部世界的活动的开展。进行自我掌握就是通过调控自己的需要和行为来确保人掌握外部世界活动的合理性、正当性、科学性，从而促使人和外部世界关系的合理性。在人掌握外部世界活动中建立起"人—社会—自然"巨系统的和谐发展和动态平衡，使人掌握外部世界活动真正成为人能够持续地依赖于外部世界的实现方式和现实途径，从而确保人类得以持续的生存和发展。可见，自我掌握是人们更合理更有效地掌握外部世界的重要保证。自我掌握在当代对人的生存和发展的意义和重要性是过去任何一个历史时代所无法相比的。当代人对外部世界的实践掌握呈整体化、社会化、科技化、智能化、加速化趋势。实践掌握规模大、范围广、层次深。这就使人和外部世界的矛盾冲突加大，可能造成的破坏性作用也增大。一旦发生失误，其危害规模亦大、范围亦广、程度亦深，其负态效应亦必然呈现为全球性的规模，修错机会和可能性大为减少，修错代价大为增加。自我掌握问题日益凸显、刻不容缓。事实上，人类面临的生存发展困境，根子在人身上，内源于人的狭隘的私利和不合理社会行为。因此，要从根本上解决这些问题，就必须进行自我掌握。

主体自我掌握是以自我为对象的具有自我相关、自我涉及特点的一种特殊掌握。它包括自我认识、自我评价、自我约束、自我调控、自我创造和自我超越等环节。自我掌握首先是对需要动力系统的掌握，通过对自己需要的自我调控，防止不合理的需要作为内在尺度进入掌握外部世界活动领域，从而在活动发动之前就实施自我约束、自我调控。第二，对价值范导系统的掌握。人类掌握外部世界的合理与否直接同人们是否自觉地按照价值系统的文化指令进行有关，也同价值范导系统本身是否合理，是否真正反映了、体现了人类根本利益有关。因此，对价值范导系统也要进行自我反思、批判、调整和重构。第三，对能力系统的掌握，对主体干预、支配、控制外部世界能力进行自觉调控，尤其要加强对科技力量的严格调控。因为现代科技这种巨大能力实际上是一把双刃剑，既可以给予人类带来福祉，也可能给予人类带来灭顶之灾。自我控制巨大科技力量既有科学技术的问题，也有社会方面的问题。人类应该本着有利于人类生存和发展的根本精神加强理性自律，以价值理性来评判约束工具理性，不能因为我们能做什么就做什么。第四，对实践活动目标和过程的掌握。自我掌握受许多相关因素制约，其中最主要的是受社会制度的影响制约。人们掌握外部世界活动的不合理性与没有用合理规范对人的需要和行为进行自觉调控有本质联系，而这又是根源于不合理的社会制度。所以，只有通过社会变革，才能合理地调节人与人之间的关系，也才能合理调节人与自然的关系。目前，实现全人类全面调控有困难，但在面临着人类共同困境时，各国逐步形成共识，在一定范围和层次上进行一些有效的调控工作。

建构人与外部世界的合理关系，必须寻找确立掌握外部世界的现代原则。这就要求批判反思中西方文化的核心精神,实现西方古典哲学主体性原则和中国古代哲学天人合一思想的整合。全球性问题出现说明了那种以人为主人以自然为奴仆的人类中心主义的主体性黄昏的到来,使人们从盲目乐观、不可一世、妄自尊大的自我中心主义的迷梦中醒来,也说明人类本质力量欠缺,仍处于自然的必然王国中。但如果一味拒斥和摒弃能动创造、刚健有为的主体性,也无助于无益于地球生态危机等人类生存危机的解决,也无助于重构体现着天人合一理想精神的人和自然和谐协调关系。中国古代天人合一思想强调人的行为要体现宇宙大化之流行、符合天道为己任,有助于突破人和自然主—奴式的对立格局和人对自然掠夺的单向度关系,并为重建人和自然合理关系提供一种新的境界、价值取向和思维方式。但老庄的绝圣弃智、摒弃文明的方式不可取,仅有儒家道德方式,凭着一颗对自然的道德良心也无助于问题的完全解决。因此,有必要也有可能实现主体性思想和天人合一思想的整合。天人合一思想为人的主体性的发挥提供一种方向性的范导和制衡作用,而主体性思想则为实现天人合一的目标提供现实的手段、措施、动力因素的思想指导。要在批判吸收的基础上建构起一个符合马克思主义实践唯物主义精神的新的思维模式,以人和自然为两个思维基点,以人利用和改造自然的合理性和人对自然应尽义务责任为思维层面,以既尊重人的生存发展需要又尊重自然存在权利为价值尺度,以实现人和自然和谐共存、协调发展、动态平衡为目标,以此来处理人和自然的各种复杂关系。我们坚信,只要对人和自然总体性关系的认识开辟出新境界,就一定能开创出人类生存和发展新的地平线。

第 一 章
人掌握外部世界的根据和实质

人要生存和发展就必须直接面对、处理和解决人同外部世界的关系问题。人的全部生命活动、人的全部的理智、意志和情感都是在以不同的方式自觉或不自觉地处理这种关系。人只有依赖于外部世界才能获得生存和发展的机会、权利和可能。人只有掌握外部世界才能依赖外部世界，才有生存和发展的现实性。而人是通过不断地追求、创造并享用体现着真善美理想的属人的文化世界，才逐步实现并逐渐扩大着对外部世界的掌握，并使人作为一种社会的、文化的存在物的本质力量、功能及其普遍性不断地得以确证和实现的。可见，人掌握外部世界的必要性和可能性、实质和目的都植根于人的生存和发展的要求，以及人和外部世界的矛盾中。

第一节　人依赖于外部世界的特殊性与
　　　　人掌握外部世界的必要性

人曾以万物之灵自居，但人不可能无所依赖而遗世独立，人永远是栖居在一定的环境中的"在世者"。因此，人必须以外部世界的存在为依托，人必须依赖于外部世界，才能满足自己生存和发展的需要。所谓人对外部世界的依赖，指的是人不能脱离外部世界，即那些作为能够维持和保证人的生存、发展的环境、对象和条件的影响、制约、限制的一种存在特性和存在状态。

人对外部世界的依赖直接根源于人是自然界分化的产物，是自然界的一部分这一客观事实。众所周知，人来自动物界，是动物长期进化的结果。人的远祖是古猿。人不过是其远祖在自然环境急剧变化所造成的压力和自身对生存环境的适应性活动等内外各种因素的交互作用中，演化而成并提升出来的，一种具有自己生存模式的高级存在物。人连同自己的

"肉、血和头脑都是属于自然界和存在于自然之中的。"① 人永远也不可能脱离哪怕是逐渐脱离其生命之根的自然界,而必须以自然界,特别要以孕育了他的生命的生态功能圈为其赖以存在的基本条件和根据。因此,"人类正如生物圈的目前的任何其他组成部分一样,依赖它本身与生物圈的关系。"②

作为自然界分化的产物,"人直接地是自然的存在物。人作为自然存在物,而且作为有生命的自然存在物,一方面具有自然力、生命力,是能动的自然存在物;这些力量作为天赋和才能,作为欲望存在于人身上。另一方面,人作为自然的、肉体的、感性的、对象性的存在物,和动植物一样,是受动的、受制约的和受限制的存在物,也就是说,他的欲望的对象是作为不依赖于他的对象而存在于他之外的;但这些对象是他的需要的对象;是表现和确证他的本质力量所不可缺少的、重要的对象。说人是肉体的、有自然力的、有生命的、现实的、感性的、对象性的存在物,这就等于说,人有现实的、感性的对象作为自己的本质即自己的生命表现的对象;或者说,人只有凭借现实的、感性的对象才能表现自己的生命。""一个存在物如果在自身之外没有自己的自然界,就不是自然存在物,就不能参加自然界的生活。"③ 因此,人的存在、生命、本质力量都有赖于别的存在物作为他的对象。人渊源于自然的本能倾向的实现,人的肉体的客观需要的满足都有赖于属于自然界的对象。人只有在与独立于他、外在于他的自然存在物进行物质能量信息交换的情况下,只有不断地从自然系统吸取负熵流,获得足够的物质、能量、信息,才能维持自己这一有机动态系统的积极平衡和内稳状态,才能保证他生存下去。可以说,"人(和动物一样)靠无机界生活"。外部自然界是"人的精神的无机界","也是人的生活和人的活动的一部分"。"人在肉体上只有靠这些自然产品才能生活"。外部自然界是"人的直接的生活资料",也是人的"生命活动的材料、对象和工具","是人的无机的身体","是人为了不致死亡而必须与之不断交往的、人的身体"。④ 可见,人是由于自然界存在的现实的对

---

① 《马克思恩格斯选集》第4卷,人民出版社版1995年版,第384页。
② 庄锡昌等:《多维视野中的文化理论》,浙江人民出版社1987年版,第184页。
③ 《马克思恩格斯全集》第42卷,人民出版社1979年版,第167—168页。
④ 《马克思恩格斯全集》第42卷,人民出版社1979年版,第95页。

象性，才获得自己的对象性的现实存在；凭借自然界的运动着的生命，才获得自己的生命的运动；借助于现实的感性的对象，才表现和确证自己的本质力量的。因此，人只有依赖于自然界才能获得生存权利。在这一点上人和动物没有丝毫差别。

人对外部世界的依赖虽然和动物一样不可须臾摆脱，但人对外部世界的依赖方式和实现形式是根本不同于动物的。就人来说，对外部世界的依赖蕴含着社会、文化的人类学意义。这就是说，人对外部世界的依赖，不是像动物那样，只是通过片面的特定化的适应，来实现对外部世界的依赖，从而使自己成为它所属的自然界的一部分的，而是通过本质上是全面的普遍的掌握，来实现对整个外部世界的依赖的。这就意味着人必须实践地和观念地掌握外部世界的对象，通过不同的方式的享用和消化，把它们变成自己物质的和精神的生活与活动的一部分，从而建立起一个属人的对象性的世界，以此来实现对外部世界的依赖的。可见，人对外部世界的依赖，实际上依赖于人对外部世界的掌握。或者说，人对外部世界的掌握，是人依赖于外部世界的实现方式。人掌握外部世界的范围、层次和程度，决定着人所能依赖的外部世界的范围、层次和程度，从而标志着人赖以生活的外部世界的范围、层次和程度，并映现着人的普遍性的发展水平。人对外部世界的掌握的范围越扩大，人赖以生活的外部世界的范围也就越广阔。

人对外部世界的依赖之所以必须要通过人对外部世界的掌握来实现，首先是由于"人在适应外在世界的过程中相对缺乏本能的调节"[1]，因此，人不得不逐步形成和发展自己的文化指令，不得不能动地掌握外部世界以获得自己生存的权利和可能。

根据体质人类学和文化人类学的研究，人和动物在生理结构和行为模式（感受模式和效应行为）等方面是不同的。大家知道，动物对自然界的依赖根源于其直接的机体生命及其繁殖的需要。动物对自然界的依赖方式决定于其自身机体的生理结构和功能。动物的需要是物种先天遗传和规定了的本能的机体生理需要，即维持生命存在和延续种族这样一种具有单一性、遗传性、本能性和稳定性的需要。可见，动物的需要是片面的、个别的。动物只能凭借由物种遗传而承继下来的机体的生理结构和功能，通

---

[1] ［美］马斯洛：《人的潜能和价值》，华夏出版社1987年版，第103页。

过适应相对稳定的环境的行为方式来满足其需要的。动物的机体结构是在适应环境的过程中,经过自然选择的作用而肯定和固定下来,并通过生物遗传方式传递下来,因而是特化的、专门化的。而这种专门化的效力和范围也就是动物的本能。因此,动物是靠本能来适应和依赖环境的。所谓本能就是建立在先天接通的固定的反射弧基础上的无条件反射,是根据固定不变的节律、先天的行为图式、指令对重复出现的典型境况,作出呆板性反应的一种一开始就完成了的行为。动物的这种机体的生理结构、功能及行为方式的特化和专门化,决定了动物适应环境模式的单一性、不变性和刚性,决定了动物所能适应和依赖的环境世界的范围、界域以及这一界域的不可超越性、不可突破性。这种适应和依赖模式虽然有其严重的缺陷,这就是当动物超出其生命的时空界域,面对急剧变化着或变化了的自然环境,就无能应付、无法适应、无从依赖;但更主要的是,这种模式的优越性,即只要在其生命机体适应的阈值和它们所能依赖的属于它自己的特定时空范围内和其功能圈中,它以自己的生理特点,间接地以其形态特点为基础,即以构成严整的功能性的统一的欲动和官能结构为基础,凭借"准确而完全封闭"的本能行为,动物就能应付自如,就能获得直接需要的东西,从而使其生存完全得到保证。可以说:"动物在其环境中所能发现和所能把握的一切处于其环境结构的安全栅篱和界限之中。"[①] 动物是完完全全地符合于它的环境的。

但是,人与动物不同,"在种系发生或个体发生方面,人都是不完善的生物"。[②] 从纯粹生物学角度看,在对环境的适应性方面,人是不完善、有缺陷和匮乏的生命存在物。确实,人虽然能直立行走,手脚分工、脑发达、感觉器官复杂,但是人没有用以对抗恶劣气候的天然皮毛,没有天然的攻击性器官,没有利爪锐牙和凶猛力量,没有适宜于快速奔跑的肌肉组织等。这些都是对人的生存极为不利的生理性缺陷。从这个意义上说,人是一切动物中最无能为力的。不但如此,更主要的是人的器官结构和行为模式是非专门化的非特化的。因为人不仅是动物进化的产物,也是动物本能退化的结果。"人诞生在那本能能力已退化到最低限度的进化点上",[③]

[①] [德]马克斯·舍勒:《人在宇宙中的地位》,上海文化出版社1989年版,第27页。
[②] [英]莱士列·斯蒂文森:《人学的世界》,中国人民大学出版社1992年版,第219页。
[③] [美]马斯洛:《人的潜能和价值》,华夏出版社1987年版,第104页。

赫尔德在《论语言的起源》中指出，人是"自然的最孤独的儿童：裸体的和被遗弃的、孱弱的和无力的、胆怯的和不能自我护卫的；最为悲惨的，人被剥夺了任何指导生活的本能。人在降生于世时只有如此模糊的和被削弱了的感觉能力，只有如此不确定的潜在能力，只有如此分裂了的和迟钝的动力"。① 因此，与动物的行为方式生来就注定的，用不着自己决定在每个特殊情况下将怎样行动，只需把眼前境遇充分纳入自身以便发动为这种境遇预设的本能反应就可以了相比，人是不幸的。大自然没有赐予人在相应的自然环境中顺利地生存下去的本能化、固定化、特定化的完善的适应能力。

这种状况的存在意味着人失去了与自然的直接同一性，意味着人在任何境遇中都要对要不要行动、如何行动等问题作出自己的回答和抉择。从这一角度来看，"人与自然界的分离是根本性的：人不再属于自然界"。② 但是，人又不能没有外部自然界，人的生存离不开自然界。这就是人类生存的矛盾。正是这种生存困境迫使人走上一条新的适应周围环境、依赖外部世界的求生存的岔道，迫使人必须形成有别于本能指令的文化指令，有别于动物消极适应环境模式的能动地掌握外部世界的模式。因为只有通过能动地掌握外部世界，才能扬弃人与自然界分离对立，重新建立人与自然的具体的历史的统一，以实现人对自然界的依赖。

人对外部世界的依赖之所以要通过掌握方式才能实现，也是同人的需要相联系的。

"所谓需要是指一定有机系统在维持其积极平衡或内稳状态的动态过程中所表现出来的补充和更新某些要素的必要性。"③ 人作为生命有机系统和社会的文化的存在物有自己的各种各样的需要，并不断地建构着和自组织着多层次的、具有历史变动性、增生性和发展性的需要系统。人与自然、人与外部世界的非直接同一性、分离性，决定了人的需要的满足必然以对人和外部对象关系现状的扬弃为前提。人的需要不是一个自满自足的系统，而必须以相应的能被满足的外在物为指向对象和内容的。但需要与

---

① 转引自［德］兰德曼《哲学人类学》，上海译文出版社1988年版，第196页。

② ［法］列斐伏尔：《人类的产生》，《西方学者论〈论1844年经济学—哲学手稿〉》，复旦大学出版社1983年版，第188页。

③ 夏甄陶：《论人的普遍性》，《夏甄陶文集》第6卷，中国人民大学出版社2011年版，第461页。

其外部对象世界是处于某种分离甚至对立状态，表现为需要对象对于需要者的疏离性、自在性或内容—形式、结构—功能上不符合人的尺度的不属人性。确实，外部自然界在人之外走着自己的路，自发地按照其固有规律运动变化。外部自然界在功能和效用上不是有目的地向着人的、自发地满足人的，而是无视人的需求和情感，蔑视人的存在、意志和力量，并时时处处都在给人以严酷考验。可以说，具有优先地位的自然界虽然是作为人的存在的前提，但起初它作为一种完全异己的、有无限威力的和不可制服的力量与人对立着。它不属于人，它不是为了人的缘故而存在。它并非以人的能直接加以利用和依赖的方式而出现，并与人的需要直接同一。因此，它也是人无法直接加以依赖的外部世界。马克思说："被固定为与人分离的自然界，对人来说也是无。"① "自然界，无论是客观的还是主观的，都不是直接地同人的存在物相适应的。"② 所以人的需要的满足就与动物不同，不能采取拿来主义的态度，而必须以扬弃外部世界的客观对象的不属于人的形式为前提，这就是要以观念活动和实践活动去能动地掌握外部对象世界，"积极地活动，通过活动来取得一定的外界物，从而满足自己的需要"。③

人的需要的产生不但表征着人与外部世界的分离性、非直接同一性，而且人的需要本身具有自我增生和变化发展的趋势。这种自我增生的趋势不断地建构起人与外部世界的新的分离和对立。人类最初的需要或人的最基本需要，是获取有机生命系统中缺乏的足以维持自身稳态平衡的人的机体生理需要、生存需要。但是，这种生存需要的本身又会产生新的更高需要，不但呈现出一种量的外延扩展状态，而且表现出质的跃迁及内涵变化的趋势。在保证维持自身稳态平衡的基础上，人会产生出一种要求获取系统中缺乏的，足以促使其在更新、更高的水平上建立稳态平衡的要素的需要，产生出一系列的活得更好的需要，即享受需要、发展需要等。这是因为，一方面，人在任何情况下都从不满足周围的现实，始终渴望打破他的此时此地——如此存在的界限，不断追求超越环绕他的现实——其中也包含他自己的当下自我现实。这种基于现实又不断地要求超越现实的需要是

---

① 《马克思恩格斯全集》第42卷，人民出版社1979年版，第178页。
② 《马克思恩格斯全集》第42卷，人民出版社1979年版，第169页。
③ 《马克思恩格斯全集》第19卷，人民出版社版1963年版，第405页。

人的一种文化指令，正是这种文化指令使人永远处于现实与理想、现有与应有、此岸与彼岸的必要张力中。另一方面，由于人的需要的发展不同于动物。动物需要的发展取决于它们所需要的自然对象范围的扩展。而人的需要则产生于生产的发展。"需要是同满足需要的手段一同发展的，并且是依靠这些手段发展的。"① 也就是说，"已经得到满足的第一个需要本身、满足需要的活动和已经获得的为满足需要而用的工具又引起新的需要，而这种新的需要的产生是第一个历史活动"②，因此，对人来说，需要的产生和满足不是如动物那样永远停留在一种水平、一个层面、一个维度和范围，呈现为一个封闭的运行轨迹，而是一个具有不同等级水平的纵向递进和横向扩展，并越来越有普遍性的发展过程和开放的耗散结构，这就是所谓的"需要的上升规律"。这些历史地具体地展开，并建立在人的本质力量和能力基础上的，不断产生和推进的新的需要的满足，更不是外部世界所能直接地现成的给予的。黑格尔曾指出，人还有些需要是自然界"不能直接满足的。在这种情形之下，人就必须凭他自己的活动去满足他的需要"。③

人的需要不但是自我增生的变化发展的，人的需要也是自我意识到的社会的文化的。人的需要是人的本性。"他们的需要即他们的本性。"④ 人不但是来自动物界的自然存在物，更重要的是人是社会和文化的存在物。因此，人不仅要保证自己作为有生命的存在物的存在和发展，而且要保证自己作为社会存在物和文化存在物的存在和发展。因此，人的需要及其满足跟动物的相比就带有独特的社会的文化的品格和特性。即使是维持自己生命存在的自然性需要也不只体现客观的自然法则，而是以被扬弃的形式包含在社会性需要之中，带有社会、历史的烙印。马克思说："所谓的第一生活需要的数量和满足这些需要的方式，在很大程度上取决于社会的文明状况，也就是说，它们本身就是历史的产物。所以，以某一国家或某一时期属于必要生活资料的东西，而在另一国家或另一时期却不是必要的生活资料。"⑤ 人作为社会文化教育的存在物，不但在其需要中包含着"历

---

① 马克思：《资本论》第1卷，人民出版社1975年版，第559页。
② 《马克思恩格斯选集》第1卷，人民出版社1995年版，第79页。
③ ［德］黑格尔：《美学》第1卷，商务印书馆1979年版，第327页。
④ 《马克思恩格斯全集》第3卷，人民出版社1960年版，第514页。
⑤ 《马克思恩格斯全集》第47卷（上），人民出版社1979年版，第195页。

史理性"的内容，而且也具有极其丰富的多种形式。可以说，这种需要是远远超出生命有机体直接需要的界限，而展开为由许多层面和子系统所构成的共时态结构。在这一需要系统中，不但有物质生活需要，也有精神生活需要，不但有求利、求真、求善的需要，还有求美的需要、自我实现的需要，等等。无论是哪种需要都包含着属人的文化品质。这些需要的产生和满足都是同人积极掌握外部世界的活动分不开的，离开了人对外部世界的积极的能动掌握，就既不可能有这些需要的产生，更不可能获得其满足。

综上所述，人要依赖外部世界就必须要掌握外部世界。人对外部世界的掌握是人依赖于外部世界的实现方式和现实形式，从而也是人获得生存和发展的可能和机会具有根源性意义的必要条件，是人有别于动物的存在方式和发展模式，"是不以一切社会形式为转移的人类生存条件，是人和自然之间的物质变换即人类生活得以实现的永恒的自然必然性"。[①]

人对外部世界的掌握首先是对外部自然界的掌握。但人对外部自然界的掌握又总是社会的，是以个人彼此间的交往为前提的，它总是"在一定社会形式中并借这种社会形式而进行的对自然的占有"。[②] 因为，单凭个人的力量，人是根本无法同外部自然界强大无比的自然力相抗衡的，游离于社会关系之外的个人无法能动地掌握外部自然界，无法现实地与自然界进行物质能量信息交换，从而获得可以确证和表现自己本质力量和满足自己生存和发展需要的对象物。人们只有以某种特殊的方式结成共同体，结成一定的社会关系，借助于彼此合作的力量，借助于合成、累积的社会和类的力量，才能形成对付自然力的人生命活动的现实能力。正如马克思所指出的，"自然界的人的本质只有对社会的人说来才是存在的；因为只有在社会中，自然界对人说来才是人与人联系的纽带，才是他为别人的存在和别人为他的存在，才是人的现实的生活要素；只有在社会中，自然界才是人自己的人的存在的基础"。[③] 因此，人掌握自然界的活动，人的生命的生产立即表现为双重关系：一方面是自然关系；另一方面是社会关

---

① 《马克思恩格斯全集》第 23 卷，人民出版社 1965 年版，第 56 页。
② 《马克思恩格斯全集》第 46 卷（上），人民出版社 1979 年版，第 24 页。
③ 《马克思恩格斯全集》第 42 卷，人民出版社 1979 年版，第 122 页。

系。正因为人对外部自然界的掌握必定在一定社会关系下进行，所以，社会关系的性质和状况就成了制约人对外部自然界掌握活动的一个重要因素。人与人之间的狭隘关系必然制约着他们与自然界的狭隘关系。人与人之间的不合理的社会关系必然导致人对外部自然界的不合理关系。所以，人们要扩大对外部自然界的掌握，从而扩大自己所能依赖的外部世界的范围，就必然要在掌握自然的同时掌握社会。

社会是由人的活动构成的，是人类活动共同体，是人们交互作用的产物。社会历史不过是追求着自己目的的人的活动而已。但是，这并不意味着人们可以随心所欲地去创造自己的社会历史。社会历史的发展过程是一个不以人的意志为转移的客观过程，是一个自然历史过程。因此，社会并不是一种自然以外的存在，而是自然发展过程的一个现实部分。社会不过是一种采取社会历史形式运动着的自然存在。所以马克思说："社会是人同自然界的完成了的本质的统一，是自然界的真正复活。"[1] 社会同自然界一样也是由内在客观规律支配的。因此，人对于自己活动的共同体同样有一个掌握的任务。要掌握社会首先就必须要掌握社会历史的运动变化规律。只有掌握了社会发展规律，人们才能自觉地利用社会规律，来调整和改变不合理的社会关系，为实现人对外部自然界的自觉掌握创造更好的前提条件。同时，也只有通过在掌握外部自然界同时掌握社会，才能满足人的多样性的具有社会文化品格的多种需要，才能扩大人在社会生存层面上的自由。反之，如果人们未能掌握社会发展规律，未能掌握社会，那么，人们就只能处于社会历史的必然王国中，人们也只能被盲目的历史必然性所支配。这就势必制约着人对外部自然界的掌握状况，必然导致人对自然界掌握的片面化。因此，人们对外部世界的掌握不只是对外部自然界的掌握，也包括对社会的掌握，是对"自然—社会"系统的掌握。对外部自然界的掌握和对社会的掌握是彼此制约着的。

人对外部世界的掌握不只是对从未被人类掌握过的外部世界而言，也包括对人已经掌握过的人化世界的重新掌握。众所周知，除了人类的初民外，现实的人所面对的感性世界不是开天辟地以来就存在的，始终如一的东西，而是经过人类掌握活动逐渐生成的，是工业和社会状况的产物，是人化的世界。马克思说：现实的具体的历史的人所面对的现实的自然界，

---

[1] 《马克思恩格斯全集》第42卷，人民出版社1979年版，第122页。

实际上"是一本打开了的关于人的本质力量的书，是感性地摆在我们面前的人的心理学"，是"人类历史中即在人类社会的产生过程中形成的自然界"。"因此，通过工业——尽管以异化的形式——形成的自然界，是真正的、人类学的自然界"。① 人化的世界当然带有一些属人的性质。但是，正如施密特所指出的："劳动过程嵌入伟大的自然联系之中。自然，它作为社会和社会每度占有的那部分自然的高度统一，最后又战胜人的一切干扰而自我保持，被人渗透了的自然物质又再度沉入自然的最初的直接性中去。"② 因此，对于现实的人来说，人化的自然界仍具有某种外在性、自在性，要依赖它，当然还需要不断地重新掌握它。其次，由于人的需要随生产的发展而发展，即使外部世界没有发生变化，即使已有的人化世界曾经满足了人们当初的需要，有一定的属人性，但是随着时间的推移，随着新的需要的产生，人又必然会同已经掌握过的人化的世界发生新的矛盾。这就要求人们对它予以新的掌握。再次，人曾经掌握过的人化的世界有些并不是属人的而是异态化的，是人无法依赖的。对此，人也只有对它重新加以掌握，才能促使它从异态化向属人化转化。最后，人总是以以往的掌握外部世界的积极文化成果作为扩大和推进对外部世界新领域的掌握的前提的。这些成果，从类整体的抽象意义上说无疑是属人的具有合类性，但在其现实性上它又不是属于每个人的。无论是物化的人工物、还是被波普称为"世界3"的客观精神，对于现实的人来说无疑都是一种外在于他的、不属于他的一种客观对象。因此，要使它成为自己可依赖的对象，就必须掌握它。只有通过掌握它，现实的具体的人才能实现对外部世界的掌握。也只有在这个基础上人们才能推进和扩大对外部世界的掌握。总之，人不但通过不断地拓展新的领域，向尚未掌握的新领域推进，而且也通过不断地对曾经掌握过的领域的重新掌握、重新改造和创造，来不断扩大人所能依赖的外部世界的范围、层次和程度的。这样，人就能在越来越广阔的范围、越来越深入的层次上掌握外部世界从而依赖于外部世界。

---

① 《马克思恩格斯全集》第42卷，人民出版社1979年版，第127—128页。
② ［德］施密特：《马克思的自然概念》，商务印书馆1988年版，第91页。

第二节 人的本质力量系统的建构与
人掌握外部世界的可能性

人对外部世界的掌握是人依赖于外部世界的实现方式和现实形式，从而也是人获得生存和发展的可能和机会的具有根源性意义的必要条件。人必须掌握外部世界，人也有可能掌握和利用外部世界来为自己生存和发展的目的服务。这种可能性，除了植根于外部世界的可知性、可理解性和可改造性等客体性因素外，还在于人拥有掌握外部世界的本质力量，即整体性的能力系统。正是历史地形成并不断地自组织和涨落变化着的人的本质力量，为人掌握外部世界构建不断膨胀延展着的人所赖以生存和发展的功能圈，规定了内部的时空，提供了规整——范导和建构——创造等内部动因能力。人就是通过不断对象化自己的本质力量才逐步实现对外部世界的掌握的。

人掌握外部世界的本质力量的形成和扩展，首先是建立在人的生理性的基础上的。保罗·阿尔斯贝格的《人类之谜》把人的官能对环境的适应性匮乏，看作生命排除器官并用工具符号取代其活生生的官能倾向的根源，进而把它看作人在形态学和心理学意义上日益大脑化的根源。弗洛姆也曾说过："人是一切动物中最无能为力的，但这种生物上的弱点恰是人的力量的基础，是人发展自己独特的人类特性的大前提。"[①] 人没有适应于某种特定的生存环境的特化的生理器官结构和趋稳态的本能化的行为模式。这一纯生物学意义上的"裂口"和"缺陷"，一方面迫使人不得不通过自己能动掌握外部世界的活动才能实现对外部世界的依赖；另一方面这种从本能和特化的"裂口"中，获得了解放的、自由的、开放的、因而具有普适一切环境的潜在可能性的机体结构和功能，也成为人形成掌握外部世界本质力量的生理性基础和遗传学前提，并作为人本身的自然力整合在人的能力系统中。这种非特定化非本能化的生理性基础，突出地表现在人拥有高度发达和完善的感知思维器官和运动效应器官。当然，这也是人类在漫长的种系进化过程中，因内外因素的交互作用而形成的，具有人类自我建构和生成的性质，而不单纯是大自然的特别恩赐。

---

① [美] 马斯洛：《人的潜能和价值》，华夏出版社1987年版，第104页。

人的感知思维器官是一个系统。它是以思维着的大脑为中心，以沟通内外世界的感官为门户，并以中枢神经和周围神经系统为通道的以一定方式、结构组织起来的、能够与外部世界进行信息交换的系统。与知觉的焦点只落在必需的东西上而对别的事物缺乏感受的动物感官不同，人的感官不是欲望性的而是认知性的。人的感官已突破了感官的感知范围仅与自己机体生理需要固定联系的局限，而向开放着的世界开放。人的感官虽然也有一定的感知阈值，但这只是量的限制，从原则上、可能性上和整体来说，人的感官是能够感知事物的各种不同的属性的，是能够获得与自己当下的生存需要无关的关于外部世界的各种各样信息的。而感知思维系统中另一组成部分——人的大脑与动物的脑相比更在结构和功能上有着本质的区别。坎农曾说："人与其它哺乳动物相比之所以具有更高的智慧和改造外部世界的非凡能力，就是建立在这种大脑皮质神经联系的精巧构造基础之上的。"① 人的大脑不仅有"调节张力和觉醒的结构"，也有接受、加工、保存来自外界的信息的结构。它不仅能够对感觉器官所获得的各种信息进行直观综合，而且能够运用语言符号对它们进行抽象综合。所以通过有机联系着的感觉器官和大脑的共同活动和协同作用，人就能够接收、采集、存储、识别、选择、转换、编码、建构各种外部世界的信息。由此可见，人的感知思维系统为人观念地掌握外部世界提供了生理性基础和可能性。

拉兹洛指出："人的高度完美的监控系统就是他的大脑皮层；它蕴含有使用符号的能力，是全部意识过程的活动中心。例如没有大脑皮层，人就会成为跟植物一样的死板的东西，他可以完全保有感觉和相应的躯体功能，但是他既不会思考他的感觉，又不会规划他未来的行动。"② 确实，人的大脑不仅是处理来自外部信息的思维中心，也是人行为程序的编制、控制和调节的中心。它与执行它的指令的手和脚等运动效应器官，共同构成了一个能对客观事物进行实际的分解和组合，能与外部世界进行物质能量交换的功能耦合系统。人在体质形态学上的一个重要特征就是直立行走、手足分工。手的出现有着重大的意义。康德说："人作为有理性的动物，其特征已经在他的手、手指和指尖的形态结构上，部分是在组织中，

---

① ［美］坎农：《躯体的智慧》，商务印书馆1982年版，第151页。
② ［美］E. 拉兹洛：《用系统论的观点看世界》，中国社会科学出版社1985年版，第86页。

部分是在细致的感觉中表现出来了。大自然由此使他变得灵巧起来。这不是为了把握事物的一种方式，而是不确定地为了一切方式，因而是为了使用理性；通过这些，人类的技术或机械性的素质就标志为一个有理性的动物的素质了。"① 列维·布留尔则指出，对于幼年人类来说，手不仅是劳动器官，而且还是思维的工具。"在那时，手与脑是这样密切联系着，以致手实际上构成了脑的一部分。文明的进步是由脑对于手以及反过来手对于脑的相互影响而引起的。"② 因此，人的手在其结构和功能上可以说是非特定化、非本能化的，而是理性化的。在大脑的指令下，"手能执行一切方式的动作"。③ 这就为人制造使用和操作各种物质技术手段和劳动工具，从而超越仅仅凭借自身的肉体器官来生活和活动的生物学意义上的物种界限提供了可能，为人脱离仅靠自身内部生物本性、肉体组织和结构的变化，来适应外部环境变化的生物适应范畴提供了可能。

总而言之，人在适应外在世界过程中相对缺乏本能调节这一否定性的生物、生理前提，使得人成了"一个没有完成而且不可能完成的东西。他永远向将来敞开大门。现在没有，将来也永不会有完整的人"。④ 但是，这种"不完整"的人所拥有的非特化、非本能化的有机体和功能耦合系统，又使他拥有了掌握外部世界的"自然力、生命力"和掌握外部世界本质力量的生理基础和"硬件"。

非特化的机体生理结构和功能，为人能动地掌握外部世界提供了"硬件"。但是，人所以能掌握外部世界就在于他不但具有生理上的，而且"也具有智力上的装备"。而智力上的装备又是与生理结构分不开的。确实，"这种可能性则是它的生理结构所提供的"。⑤ 本能的弱化、机体结构功能的非特定化同人的意识、精神的生成和发展之间存在着某种内在的连贯性的结构关联。正是由于人背离本能，与本能相对立，才导致了意识的产生，才被迫求助于意识的决定和解答，才必须优先发展自己的理性，使自己成为自然和自身的主人。确实，人正是在克服本能弱化给自己生存

---

① ［德］康德：《实用人类学》，重庆出版社1987年版，第235页。
② ［法］列维·布留尔：《原始思维》，商务印书馆1981年版，第154页。
③ ［美］坎农：《躯体的智慧》，商务印书馆1982年版，第152页。
④ ［德］雅斯贝尔斯：《新人道主义的条件与可能》，《国外学者论人和人道主义》第一辑，社会科学文献出版社1991年版，第49页。
⑤ ［美］维纳：《人有人的用处》，商务印书馆1978年版，第44页。

带来的不利处境中，通过自己的正在形成中的雏形劳动的中介逐渐形成并发展着地球上的最美的花朵——思维着的精神的。人类意识、人类精神是大脑的机能，是植根于人的生命的，是人掌握外部世界本质力量的至关重要的构成性因素。"精神生命是人的本质的一部分，从而它是确定人的本性的特征。"① 可以说，人的存在是在生命和超生命的精神这两重矛盾的支点上展开的，无意识的无精神的生命是非人的生命。人只有有了意识、精神才能把自己与动物区别开来，也才能真正形成掌握外部世界的现实的本质力量而成为自由自觉、自为自主的人。

掌握外部世界是一种属人的为我的主体性活动。它必然预设一个前提，蕴涵着一个承诺，即人是自为自主的存在。而只有当人有了意识，特别是产生了自我意识，才有可能自为自主地存在和活动。因此，人是否有意识乃是人能否拥有掌握外部世界本质力量的关键所在。人类初民的意识仍带有动物的性质，"这是纯粹的畜群意识。这里，人和绵羊不同的地方只是在于：他的意识代替了他的本能或者说他的本能是被意识到了的本能。"② 这种以非理性的原始生命冲动为主要特征的原始人的意识，尽管还未上升到理性自我意识的高度，但毕竟说明了人已经从那种无意识的不由自主的本能状态中分化出来，已把自己的自然生命冲动作为自己的意识对象和控制对象。这种人的意识代替本能的过程，也就是人和外部世界主客体的分化过程，和人作为主体客体的二重化过程的开端，因此，也可以把这种"畜群意识"称为自在与自为意识中介的感性自我意识。正是这种感性自我意识开始引导人们抑制自己粗糙的本能欲望的自发性，向自主自为的人提升和发展。这种意识是原始初民掌握外部世界活动的初始条件，同时它又与掌握世界的实践活动构成了双向互动关系，并在互动中逐渐形成和发展出人的理性自我意识和以理性为基本特征的人的精神生命，乃是人的生命灵性之光辉。有了这样一种精神生命，人就能"使自己的生命活动本身变成自己的意志和意识的对象"，③ 人就有了解自己本身，使自己成为衡量一切生活关系的尺度，按照自己的本质去估价这些关系，真正依照人的方式，根据自己本性的需要来安排世界的可能性，人就有了

---

① [美] 马斯洛：《人的潜能和价值》，华夏出版社 1987 年版，第 223 页。
② 《马克思恩格斯选集》第 1 卷，人民出版社 1995 年版，第 82 页。
③ 《马克思恩格斯全集》第 42 卷，人民出版社 1979 年版，第 96 页。

选择自己行为目标、行为方式的自主性，选择自己生活方式、生存态度、存在价值的自由度。可见，意识和自我意识是人拥有自我选择、自我实施、自我控制和自我评价能力，从而成为自主自为的能动掌握自我和能动掌握外部世界的主体的契机和前提。

在类发育过程中生成并逐渐增长着的人的理性能力，具有认识外部世界普遍必然规律的思维建构功能。恩格斯曾指出："我们对自然界的全部统治力量，就在于我们比其他一切生物强，能够认识和正确运用自然规律。"① 人的意识和思维活动不但能够超越自身感知思维器官的生理的时空界域，而且能够超越直观的此时此地的时空界域，而进行普遍性的驰骋和对外部世界规律的理性探索。在这一思维活动中，人不但能运用分析与综合等逻辑思维方法，而且还渗透着灵感、想象、直觉、顿悟等非逻辑思维。理性思维方法和非理性思维方法、逻辑的和非逻辑的是人类思维的两翼，它们相互渗透、协同作用，为我们认识外部的客观规律提供了主体性条件。而外部事物客观规律向人的意识事实的转化，又意味着人的本质力量的增强，意味着人的潜在的理性的素质、技术性素质向现实的理性力量和技术力量的转化，意味着人在自己的生理结构和功能基础上，建构起了超越个体生理界限、超有机体的、能够普遍地用一切方式掌握事物的内部构造动力世界，意味着人的普遍性扩大和智慧的提高。

确实，理性是人精神生命的基本特征。人有了理性能力也就有了超越自我有限生命，克服自己局限性、把握必然性和普遍性、追求无限性的能力。因此，人的本质力量的增强同人的理性能力的提高和发展是相伴随的。但人所以能掌握外部世界不但在于人有对外部世界真理性追求的理性能力，也在于人拥有意志力和情感力。人不是一架理智的机器，人的意识是由知、情、意等因素构成的开放结构，是一个充满着理性与非理性内在矛盾的世界。所以，人掌握外部世界本质力量的增强同人的理性能否与非理性保持必要的张力相联系。

情感是人的本质力量的表现。人的情感就是需要的主体与对他有意义的客体的关系即价值关系在他头脑中的反映，是人对价值事实的一种感受和评价，是以一定意义为对象的一种价值意识。人的情感根源于极其多样

---

① 《马克思恩格斯选集》第 4 卷，人民出版社 1995 年版，第 384 页。

的自然的和文化的需要。凡是能满足已激起的需要或能促进这种需要得到满足的事物，便引起了积极的情绪状态从而作为稳定的情感而固定下来，凡是不能满足这种需要或是可能妨碍这种需要得到满足的事物便引起消极的情绪状态。情感及其多种多样的体验形式不仅执行着信号机能，而且也执行着调节机能。它们在一定程度上决定着人的行为，成为人的活动和各种行为的持久的或短暂的动机，从而产生追求所提出的和所想到的目的的意向和欲望。可以这样说，人们在掌握外部世界的活动中往往是情感反应在先，形成了注意，然后再引起认知和理智的评价，外部事物往往先经过情感的过滤后才进入认知的领域的。所以，情感在人们掌握外部世界的活动中起着某种先导和定向作用。正因为如此，所以，列宁说："没有'人的感情'，就从来没有也不可能有人对于真理的追求。"① 马克思也说："激情、热情是人强烈追求自己的对象的本质力量。"② 人的情感具有社会的、文化的品格。它包括情绪，但不止于情绪，特别是人还有渗透着理智因素的道德感、实践感、美感、理智感等高级情感。正因为如此，所以，情感通过各种不同的形式刺激或抑制人的主体性，影响主体活动的质量和效果，从而对人掌握外部世界的主体性活动起着某种调节作用。

与情感一样，意志也是人的本质力量的表现和确证，植根于人的生命之中。康德说："意志作为欲求机能，正是世界上许多自然动因之一，它是按照概念而作用着的。"③ 人的意志不同于动物本能冲动和动物心理，它是在原始人的自发地以群的联合力量和集体行动来弥补个人自己能力不足的社会本能的基础上发展而来的。正是联合起来的需要以及集体活动所产生的群的共同利益和需要，反映在个体的心理结构中，从而形成人所特有的自制力，并从这一基础上发展出了超越了生命自然属性的理性化和理想化了的人的精神状态。"意志不单是立于自然概念之下，也立于自由概念之下。"④ 可见，人的意志是以自觉自愿为基本环节的自由意志。因此，所谓意志就是人自觉地确定目的，并根据目的的支配调控自己的行为，克服内外各种障碍以实现预定目的的心理过程。意志力一方面表现为克服外部

---

① 《列宁全集》第25卷，人民出版社1988年版，第117页。
② 《马克思恩格斯全集》第42卷，人民出版社1979年版，第169页。
③ [德] 康德：《判断力批判》上卷，商务印书馆1985年版，第9页。
④ [德] 康德：《判断力批判》上卷，商务印书馆1985年版，第10页。

困难和各种干扰的顽强不屈、坚忍不拔的精神状态;另一方面表现为约束、控制甚至压制自己的不随意冲动,抑制自己其他一系列的意愿和需求,忍受或克服自己生理上或心理上的种种困难甚至痛苦,而使行动服从既定目的和任务的自制力、毅力等。赖尔曾说:"意志力是一种倾向,发挥这种倾向就在于坚持完成种种任务,也即不受干扰,或注意力不被转移。而意志薄弱则意味着太缺乏这种倾向,几乎任何一种行为,无论是理智的、体力的,还是想象的或管理的,都能成为表现意志力的行为。"① 意志通过对主体活动目标的确定、贯彻和实施,表现出它对于主体能动性、创造性和自觉性的巨大影响。它不但控制情感向健康的方向发展,而且促进认识的不断深化和实践的不断拓展。它是保证人的行为具有高度自主性、自觉性的重要前提,也是使人类能够抑制反文化的动物性的本能欲求,不为外在物质享乐所诱惑,以求内在精神之升华和超越,以达至善乃至灵魂不朽之神圣境界的前提。

总之,人的意识的知、情、意结构决定了人的意识不仅具有反映建构外部世界客观规律的理论理性的功能,也具有规整和范导自己行为的实践理性的功能;决定了人不仅追求着对世界的真理性的认识,而且也追求着善与美的理想的实现。有了这样的意识,人类就能从自己的局限性中引出特定的人性的无限性,就能从自己不幸的生存处境中孕育出支配、控制、掌握外部世界的伟大力量。

人是追求真善美的具有灵性——意识和精神的存在物。而意识不只是大脑的机能,"意识一开始就是社会的产物,而且只要人们存在着,它就仍然是这种产物"。② 因此,人作为有意识存在物也就是社会的存在物,而且首先是社会的存在物,才能成为有意识的存在物,才能摆脱本能而去进行自为自主自由的掌握外部世界的活动。人的存在的社会性是人能够拥有掌握外部世界的本质力量的根源之一,而且其本身就是人的本质力量的一种表现和确证。单个人的自然力是非常有限的,"力不若牛,走不若马"。所以,单个人是无法与外部世界的力量相抗衡的,但是,牛、马等动物所以不能掌握世界,人却能掌握世界,其中一个重要原因在于"人能群"。③

---

① [英]赖尔:《心的概念》,上海译文出版社1988年版,第72页。
② 《马克思恩格斯选集》第1卷,人民出版社1995年版,第81页。
③ 《荀子·王制》。

人是最名副其实的社会动物。人"不仅是一种合群的动物，而且是只有在社会中才能独立的动物。"① 人通过组织起来、联合起来，结成一定的社会关系，就会产生一种远远大于和超出个体力量简单相加之和的"系统力"，即"社会协作力"、"社会力"。有了这样一种属人的具有新质的力，使原始人有了能胜物的掌握外部世界的可能。而这种社会力的增强也意味着人掌握外部世界的范围和程度的扩大。人的本质在其现实性上是一切社会关系的总和。人在何种层面、范围和程度上结成社会关系，就表征着人拥有何种程度和性质的"社会力"。

人是社会的存在物，而社会领域就是文化领域，因此，人也是"文化的定在"。从猿到人的演变其根本的标志乃是文化的创造，自从有了文化，有了由文化构成的有意义的世界，才把人从自然界分离出来的。所以，人总生活在一定的"文化场"中。生活在文化场中的现实的人，除了自己本身所具有的自然力和自己的主观精神力，即拥有理智力、意志力、情感力外（其实这些也是文化世界在人的心理机制上建构起来的），还从文化场中获得了"文化力"。"文化力"是个人物质力量和精神力量的一种扩大，是一种放大了的、扩展了的个人物质力量和精神力量，又是浓缩了、凝炼了的类的物质力量和精神力量，是人类通过文化遗传机制实现纵向的代际传承、积聚起来、积淀下来的，是通过横向的人际、族际和国际文化交往扩展开来、弥散开去的，可以为人们所利用的客观精神力量和物质力量，也是人通过文化基因复制转换机制把类的力量转化为自己的本质力量，并使类的本质力量与个体本质力量相整合的能力。这种力的存在补偿了人适应自然环境能力的匮乏，弥补了人无法通过自然生理遗传机制获得动物式的完整的本能指令和全套行为模式的"软件"的缺陷，以及缺乏足以与强大外部力量相抗衡的强壮的体魄的缺陷。正是人在克服自己生理性缺陷过程中形成并发展着的人所独有的文化遗传机制、文化指令和文化力，使得人类掌握外部世界成为可能并使这种可能不断扩大。可以说，正是由于有了这种文化力和文化遗传机制，人类才能把世代交替的人们所经历的经验和发明创造的文化财富积累起来并遗传和传授下去，使类的本质力量呈不断扩展和增生的趋势。有了这种机制和这种"力"。人类个体就有了获得人类适应和对付自然环境、社会环境和自然世界的生存方

---

① 《马克思恩格斯全集》第46卷（上），人民出版社1979年版，第21页。

式和活动方式的可能，获得类的聚合力的可能。可以说，现实的人拥有了文化力就等于拥有了类的力量，从而使他个人的自然力、精神力都得以实现量的扩展和质的跃迁。一个人拥有多大的掌握外部世界的现实力量，从某种意义上就看他拥有多大的"文化力"，所以"文化力"是人的本质力量的构成参数。正如马林诺夫斯基所说的，"文化深深地改变人类的先天赋予"。"文化根本是一种'手段性的现实'，为满足人类需要而存在，其所取的方式却远胜于一切对于环境的直接适应。文化赋予人类以一种生理器官以外的扩充，一种防御保卫的甲胄，一种躯体上原有装备所完全不能达到的在空间中的移动及其速率。文化，人类的累积的创造物，提高了个人效率的程度和动作的力量；并且它与人以这样深刻的思想和远大的眼光，在任何其他动物中，都是梦想不到的。这一切无不是为个人成就的累积性的通力合作的能力所赐"。[①]

人的文化力当然包含着工具的力量。因此人拥有文化力也意味着人有善假于物、使用工具中介作用于外部世界的能力。黑格尔曾指出："人因自己的工具而具有支配外部自然界的力量。"[②] 还说："这种理性的活动一方面让事物按照它们自己的本性、彼此互相影响、互相削弱而它自己并不直接干预其过程，但同时却正好实现了它自己的目的。"[③] 这就是所谓"理性的狡黠"。正因为人具有"理性的狡黠"，正因为人在自然工艺史的前提和基础上开辟出了文化的道路、人工技艺的道路，才使得人不再单纯地依赖自然工艺赋予机体的某种装备来适应环境，不再受天赋的肉体装备的直接限制，从而使得他不仅可以适应环境的各种条件，顺应环境的各种变化，而且可以通过各种方式掌握世界。

人是社会的文化的存在，而社会和文化并不是大自然的赐予而是人的创造。人的"生命的秩序实质上是创造的"。[④] 人的一切掌握外部世界的本质力量都在表征着、体现着人的创造的力量和创造性。

人的创造力植根于人本身的存在结构中。因为，置人于死亡边际的开放的、非本能的机体结构，已开启了通向人自我创造的可能性的生命通

[①] ［英］马林诺夫斯基：《文化论》，中国民间文艺出版社1987年版，第90页。
[②] 转引自《列宁全集》第55卷，人民出版社1990年版，第159页。
[③] ［德］黑格尔：《小逻辑》，商务印书馆1980年版，第394页。
[④] ［法］柏格森：《创造进化论》，湖南出版社1989年版，第182页。

道，埋下了人的创造力的种子。当然，种子毕竟只是种子，可能性仅仅是可能性，并不等于人的创造力的现实。事实上，人的植根于人的存在结构中的创造的可能性向现实性的转化，是由劳动来完成的。人类正是凭借自己劳动把自己从自然界中提升出来的。正在形成中的人的雏形劳动是人自我生成的实现机制。人的非特化的理性化的手、感官、大脑、语言符号、意识、交往、文化都是在正在形成中的人的雏形劳动中和这种劳动向人的自由自觉的完型劳动的发展中开始逐步形成并不断得以发展的。所以，"在某种意义上不得不说，劳动创造了人本身"[①]。劳动、感性的实践活动，是人作为生命存在的类发生的重要根源，也是人作为社会的文化的存在的根据，因而也是创造了一切人掌握外部世界的创造力的生成、涨落和膨胀的基础、源泉、秘密和诞生地。有了这样的动力基础，人依赖与掌握外部世界就有了可能性乃至现实性。人在掌握外部世界的劳动和感性的实践活动中，生成和发展着掌握外部世界的本质力量和掌握外部世界的人本身，这似乎是一个悖论，但却是一个历史的辩证法。人就是根据这个历史的辩证法，具体地、历史地自组织着自己掌握外部世界的本质力量的。

综上所述，人不但必须要通过掌握外部世界才能获得生存和发展的可能，而且人也具有掌握外部世界的本质力量和可能性。人对外部世界的掌握乃是人的本质力量的表现和确证。人对外部世界掌握的时空界限是随着人的本质力量的增强而拓深和延展的。

第三节 人掌握外部世界的文化创造实质

所谓掌握外部世界，就是认识、理解和控制、驾驭、占有和享用外部世界，就是让外部世界进入人力所能及的本质力量的范围，成为社会的人的物质和精神生活和活动的一部分，变成人能够占有、消化和享用的精神的无机界和无机的身体，成为人的世界。而人要做到这一点，就必须进行创造活动，只有通过创造活动才能并才是实现对外部世界的掌握。因此，掌握外部世界就是创造体现真善美理想世界的属人的文化世界。

人对外部世界的掌握之所以必须通过创造活动才能实现，这是与人的生存和发展的需要及人与外部世界的矛盾分不开的。如前所述，掌握外部

[①] 《马克思恩格斯选集》第 4 卷，人民出版社 1995 年版，第 373—374 页。

世界的活动植根于人与自然相分离这个根本性的存在论事实中，植根于人本身开放的非本能化的机体存在结构中，植根于人的存在与虚无、生与死的矛盾中，植根于人的需要以及人的需要与外部世界对人的疏离性、自在性的矛盾中。人与自然的分离对立，人失去了消极地被动地适应环境就能满足自己一切生存和发展需要的可能性。这种境遇迫使人不得不靠自己对外部世界的掌握才能谋求生存的可能，并从中获得人存在的意义和价值。一句话，才能满足具有社会文化品格的人的各种生存和发展的需要。而这种与消极地被动地顺应环境行为相对立的，为满足自己的生存和发展需要而进行的对外部世界的掌握活动，就其实质而言就必然是创造活动，必然是一种人自己创造自己、创造自己的生存能力和本质力量，创造自己的生存方式和发展模式，创造能够满足自己各种需要的属人对象的主体性活动。因为，只有掌握活动实质上是创造对象世界也创造人自己的创造活动时，人才能超越狭隘的生物学意义的物种的限制，弥补自己适应环境的本能匮乏所造成的缺陷，突破外部世界对人的束缚和奴役，扬弃自己与外部世界的狭隘关系；只有当掌握活动实质上是创造活动时，只有当人对那些不符合人的内在尺度，不符合人应当如此的形式的外部世界能够并实现了重新创造时，人才能占有、控制、享用和消化外部世界，才能获得自己需要的满足，并使人的生存和发展的可能性不断地向现实性转化，才能建构起人赖以生存和发展的时空界域和功能圈。一句话，也才能真正实现人对外部世界的掌握。就此而言，人掌握外部世界的活动，实质上就是以不同方式创造体现着真善美的属人的文化世界，从而促使外部世界从自在到自为、从人属到属人，从事实到价值，从是到应当的转化，促使外部世界向人生成的主体性活动。

  掌握作为创造活动首先是"赋形创序"。也就是把作为目的的属人的形式赋予那些不合人的目的的外部对象，从而使之成为有属人的规定和秩序的属人对象的过程。因为掌握外部世界之所以必要就在于外部世界的不合人的目的性。所以，人为了能够掌握外部世界，就必须通过创造活动赋予外部对象属人的形式和秩序。关于创造与赋形的内在联系，哲学史上哲学家们曾经作过许多思考。早在古希腊，柏拉图就从宇宙生成论和本体论的角度阐发了理念创造世界就是事物分有或模仿理念（形式）的过程。亚里士多德的"四因说"和"潜能现实说"更明确地指出了形式在形成新事物过程中的重要性。他认为任何事物都具有四因即质料因、形式因、动力因和目的因，而动力因和目的因归根到底也就是形式因。形式具有能动性，它能使各种质料秩序化，并通过组合质料形成新事物。所以，新事物的产生也就是质料形式化的过程。质料形式化的过程也就是事物由潜在向现实的转化过程，而这一转化的契机则是灵魂、"隐德来希"，也就是形式在有机体的运动和变化中自我实现。康德《纯粹理性批判》在考察人观念地掌握外部世界的能力时认为认识就是用先天的纯直观的形式——时间空间去整理杂多的感性的材料，用知性范畴（形式）把感性认识提高到概念和理论高度的过程。在他看来，人观念地掌握外部世界作为一种创造活动，也就是人的主体认知形式给外部世界所提供的材料赋形创序的过程，也就是他所说为自然立法的过程。这些大哲学家的思想尽管存在这样那样的历史局限性，但是他们把创造活动与赋形创序相联系应该说有其合理之处。

确实，作为人对外部世界掌握活动的创造，只不过是把外部世界早已存在的成分用独创的方法组合起来，也就是通过对外部对象的实践赋形、理论赋形、艺术赋形等方式使对象从没有合乎人的目的形式、潜在的、可能的、自在状态，向合乎人的形式、现实的自为状态转化的过程。也就是卡西尔所说："把一些尚未出现的东西置于构想的'图式'中，以便自此'可能性'过渡到'实在性'，潜在状态过渡到实现中去。"① 当然，形式和质料、形式和内容是辩证统一的，没有形式的质料和没有质料的形式都是不存在的。所以，所谓掌握作为创造活动是赋形活动，指的不过是给具有自在形式的外部对象赋予属人的形式，从而促使其从自在向自为，从人属向属人转化而已。也就是马克思所说的，在对人有用的形式上占有了事物。属人的新形式的创造和符号的创造是有着内在联系的。卡西尔说："人类文明必然创造着新的形式、新的符号、新的材料，人类借此得其外在表现。"② 符号的创造意味着外部世界的自在的秩序向自为的文化秩序的转化。怀特说："符号才能的出现根源于一种新的现象秩序的起源，超机体的文化的秩序。"③ 而神话、宗教、艺术、科学和哲学等就是通过建立一定的文化教育秩序，通过代码的意指系统，通过能指和所指的关系结

---

① ［德］卡西尔：《形式符号哲学》第1卷，耶鲁1953年英文版，第137页。
② ［德］卡西尔：《符号、文化、神话》，辽宁人民出版社1987年版，第85页。
③ ［美］怀特：《文化的科学》，山东人民出版社1988年版，第39页。

构，使外部世界在观念上有序化，从而使人对外部世界获得了某种掌握。正如多罗西·李所说："只有当现实以他的代码形式呈现于他面前时，他才能真正把握它。"①

赋形创序作为创造过程实际上就是建构过程，就是拆解对象原有的旧结构，并把解构后的要素重新加以组织、结合、统合、整合从而形成新的具有内在有机结构的对象性的存在的过程，在原有结构出现了解构倾向、呈现无序度增大的情形下重新建立起具有新的层次结构、时空架构的新秩序的过程。所以，人对外部世界的掌握作为一种创造活动也就是建构活动。之所以人只有通过建构才能掌握外部世界，这与结构在事物中地位作用密切相关。众所周知，所谓结构就是系统各要素相互联系和相互作用的方式和顺序，是系统各要素诸变量之间耦合关系和组合方式。系统的结构是系统保持整体性及具有一定功能的内在根据，从宇观天体到微观粒子的一切层次的物质系统都无一例外地存在着一定的系统的结构性。外部世界的各种事物在没有走向毁灭、没有解构之前都具有内在的连贯性的结构，"其排列组合本身是完整的，并不只是某种由别的独立因素构成的混合物。结构的组成部分受一整套内在规律的支配，这套规律决定着结构的性质和结构的各部分的性质。"② 结构决定着系统的性质，也决定着系统的功能。系统的功能体现了一个系统结构整体与外部环境介质进行物质、能量和信息的输入输出的变换秩序、功效与能力，是系统内部固有能力的外部体现，它归根到底是由系统的内部结构决定的。可以说，系统的结构一旦形成，就将发挥出一定的功能，系统的结构不同，功能也就不同。外部世界在没有人掌握之前其结构所决定的功能对人具有自在性、疏离性、异己性。人掌握外部世界就是要扬弃这种自在性和疏离性。所以，为了实现人掌握外部世界的要求，人就必须要拆解这种对人具有自在性、疏离性的结构，在观念领域和实际领域建构起属人的自为的结构，以使其产生合乎人的要求的功能。所以，人只有通过符号的操作，在观念领域建立和形成关于外部对象的结构，才能握持外部事物；只有在实际领域通过对不能产生合乎人要求的功能的结构进行解构，并建构起能产生满足人需要的功能

---

① 转引自 [英] 特伦斯·霍克斯《结构主义和符号学》，上海译文出版社1987年版，第24页。

② [英] 特伦斯·霍克斯：《结构主义和符号学》，上海译文出版社1987年版，第7页。

结构，才能实现对外部世界的掌握。人就这样通过不断解构、建构和重构，通过不断创造新结构获得新功能而不断地扩大着对外部世界的掌握的。

人建构对象世界的过程，实际上也就是人创造意义、价值和外部世界向人显示出自身的意义和价值的辩证统一过程。人们掌握外部世界是为了满足自己不断增长着的物质和文化需要。能够满足人的需要的外部对象，对人来说就是有意义的和有价值的。而建构对象世界就是为了使外部对象的结构趋于合理，或者说合乎人的目的，使其功能能够满足人的需要。外部世界作为自在的存在，它本身无所谓意义和价值，只有当它进入人的世界，或者说当它和人的需要发生关系时，才产生出有意义无意义、有价值无价值的问题。外部对象的自在形式、结构、功能，对人具有异己性、疏离性，显然并不都能满足人的需要而直接显示出现实的价值。只有当人通过与外部自然界进行物质、能量和信息的变换，只有对外部对象的定在形式进行不同方式的加工改造，消除外部对象的自在性，拆解外部对象的自在的不属人的结构，只有通过人的建构创造活动，"某事物作为某物因此而变得可知；它从前见、前有、前没中获得它的结构"，① 即获得能够满足人的需要的新形式、新结构、新功能时，外部对象对人才具有意义和价值。从这个角度说，人掌握外部世界的创造活动就是创造意义和价值的活动。但是，人的建构创造活动之所以能够成为创造意义和价值的活动，这是建立在客观事物的可知性，一切自在的客观事物在客观上都可能向自为的为我的事物转化的基础上的，建立在客观事物的可塑性、变化发展的无限可能性和外部世界本身所蕴含着的潜在的创造力基础上的，建立在客观事物可能在不同方面对人有用、有价值的基础上，建立在结构所具有的可转换性、可调节性的基础上的。可以说，人建构对象世界的过程，也就是根据外部世界的可知性，通过观念化和符号化，促使未被认识、未被掌握的自在状态向已被认识、已被理解的自为状态的转化过程。人建构对象世界的活动，也就是利用和运用外界事物所固有的联系方式、内外联系形式以及它们所决定的事物属性、本质和规律来改变客观事物自在形式，"创造出单凭物质的集聚无法完成的东西"②，创造出自然界既不现成存在也

---

① ［德］海德格尔：《存在与时间》，生活·读书·新知三联书店1986年版，第193页。
② ［法］柏格森：《创造进化论》，湖南人民出版社1989年版，第189页。

不会自然而然地产生出来的、具有对人有用性、符合人的需要的各类对象的过程，就是利用其潜在的创造力为人的目的需要服务的过程。所以，通过建构创造活动掌握外部世界，也就是"把一种意义关系从另一个世界转换到自己的世界"①。人建构创造属人对象也就使可能的潜在的世界现实化，从而使外部世界向人显示意义和价值，使外部世界向人生成和表现为人的作品、人的产物、人的现实和人的世界。可见，掌握外部世界作为创造活动乃是创造意义和价值与促使外部世界向人显示意义和价值的辩证统一过程。

人掌握外部世界的活动作为创造意义和价值的活动，也就是创造真、善、美，创造体现着和凝结着真、善、美的文化世界的活动。人是为了自己的生存和发展的需要而掌握外部世界的。人的生存和发展的需要归根到底就是对真、善、美的需要。真、善、美是人所要追求和实现的基本价值和终极价值。因此，只有当人创造出的人的世界、文化的世界体现了真善美并能满足人对真善美的需要时，才意味着、表现着和确证着人已在一定的时空范围内掌握了外部世界。如果人所创造的世界是假恶丑的世界，那就说明人仍然没有真正掌握外部世界。

追求真、探索真和创造真是人掌握外部世界的基本要求。杜尔克姆在《社会学方法论》中曾指出："人对事物的控制权，只有当他承认事物有其自己的本性，并使自己甘心情愿地了解这一本性时，才真正地产生出来。"② 确实，人的存在要求人对外部世界有一个实在的理解，形成一个实在的世界图景，从而使外部世界成为人可与之对话、交流、交往的对象，与之交换的无机身体、属人的自为世界。人如果没有实现对外部对象世界实在的理解，没有对外部世界是什么、怎么样等问题作出解释和把握，没有握持外部世界的确定性，没有实现对本真的观照，那就意味着人没有与外部对象实现对话、沟通和交流，人就没有家园感、归属感、安全感、亲和感。在这样的无法用来确证人的生命存在的非真实存在的外部对象面前，人必然会无所适从、惊恐万状，必然会产生一种无根感、疏离感、异在感、荒诞感、虚无感，就会产生一种无名的"畏"。所以，追求真、探索真、创造真是保持和发展人的生命存在和社会文化存在的必要

---

① ［德］伽达默尔：《解释学》，《哲学译丛》1986年第3期。
② 转引自［美］怀特《文化的科学》，山东人民出版社1988年版，第105页。

条件。

但是，外部世界的本真不总是直接显示在人面前的。呈现于人面前的只是它的外观。其本真总是被表象乃至假象所包裹掩盖着，表象把本真与人隔离开来，但本真又通过表象的中介间接地显示于人。所以，人通过自己的创造活动也是有可能把握本真的。表象作为本真的外观总是呈现为差异性和丰富多样性，甚至呈现为杂乱无章的杂多、无序的混沌。但外部世界的本真就蕴藏在这种混沌和杂多之中。混沌和杂多中就包含着作为本真的事物的内在规定性和一事物与他事物间的真实的内在本质联系即内在的秩序。表象作为本真的外观也呈现为时间性的生灭成毁、变化流逝，但在这变易着时间之流中又深深地埋藏着作为本真的变中之不变的事物运动变化的规律。正是这种规律决定着本真之外观的表象变化发展的轨迹。

所以，人要掌握本真就必然要通过自己的创造活动超越表象，透过表象看本质，驱散笼罩在本真上的表象的迷雾。而人去掉外部对象世界的假象、外在性和虚无性，也就是促使外部世界向人无遮蔽地开放，向人展示本真、呈现本真。而外部世界向人无遮蔽地呈现其本真的过程，也就是人的意识从恍惚转为澄明敞亮的过程，也就是人获得对表象其后、其下和其中隐藏着的外部世界的本真的观照过程。人在外部世界向人无遮蔽的呈现中获得了外部世界的真实信息、真实性的客观性的内容，思想上接近了外部世界的客观对象，并通过符号化形成了对外部世界的真实描述和解释，建构起了关于外部世界的真实图景。这样，外部世界客观对象也就成为人们意识中的具有确定性的真在从而人就趋向了真。只有达到这种真，人才能处动变而不惊恐，才有沉甸甸的踏实感。当然，人通过追求真、创造真，实现对外部世界的掌握，不止表现为思想上观念上臻于真的境界，还在于实际地创造真的实在。而人们在观念上实现的对外部世界真理性掌握，则为人们在实践领域适应或控制外部实在世界提供了可能，也为创造真实存在提供了客体的尺度。而且，"只有当概念成为在实践意义上的'自为存在'的时候，人的概念才能'最终地'抓住、把握、通晓认识的这个客观真理"，[①] 才能在最现实的最终的意义上把握住和通晓这个真实的客体。所以，列宁的《哲学笔记》在诠释黑格尔的思想时指出，"为自己绘制世界图景的人的活动改变外部现实，消灭它的规定性（＝变更它

[①] 《列宁全集》第55卷，人民出版社1990年版，第181页。

的这些或那些方面、质),这样,也就去掉了它的外观、外在性和虚无性的特点,使它成为自在自为地存在着的(=客观真实的)"。① 在这种自在自为地存在着的客观真实的实在中,人思想的真实性、行动的正确性,同外部世界客观对象的真实性和规律性之间,达到了统一和谐,这就是人在掌握外部世界过程中所追求的真的理想境界。

这种真的理想境界实质上也是善的境界。因为去掉了假象外在性和虚无性的自在自为的存在,把外部世界真实的、最适合于人的需要的因素、属性、特性、本质、力量和规律等,在对人有用形式上,即合乎人的生存发展需要的形式上,集中地和突出地表现出来,并发挥其为人的生存发展需要服务的作用,供人享用和消费,从而实际地成为人们生活和活动的一部分。去掉假象、虚无性、外在性,实际上也就是去掉外部世界自在形式对人的无用性、无价值性、不利性、有害性和负价值性。因而,创造真的世界实际上也就是创造善的世界。追求善、创造善也是人掌握外部世界的基本目标之一。善的世界的构建是人实现对外部世界掌握的表征。

所谓善的就是好的、有益的、合适的、合理的、正当的,而这当然是相对于人的生存和发展的要求这一参照系而言的。因为,设法争取自己的生存,生存下去并生存得更好一些(发展),是人类文化意识对自己所提出的绝对命令。因此,"善"的问题实际上可以转换成这样一个陈述:一切符合这个绝对命令的行动和行动的结果都是善的;一切能够满足人的生存和发展需要的,对人的生存和发展有益的、有利的、合适的都是善的;一切不能满足人类生存和发展进步要求的都是恶的。人掌握外部世界就是要在对人有益、有用、有价值、有意义的层面上、形式上和规定上实际地占有和享用外部世界,使之成为人的无机的身体和精神的无机界。然而,人不可能直接在所有的方面都能在对自己有用、有益、有价值、有好处的意义上,占有和享用外部世界。可以说,外部世界在其现实性上、纯粹以善的形式出现,直接能满足人的生存和发展需要,能直接加以占有和享用的是很少的。它或者大量地表现为小价值(用处不大、意义不大)、无价值(无用处、无意义),或者呈现为善恶相混的形式,甚至集中地表现为对人类生存和发展形成威胁的有害性、纯粹的恶、负价值。人掌握外部世界是要利用外部世界的善,消除它的恶,就必须通过自己能动创造活动使

---

① 《列宁全集》第 55 卷,人民出版社 1990 年版,第 187 页。

其恶的因素退匿，使其善性显现。而为了在对自己有用的形式和规定上掌握和占有对象，利用善消除恶，人就必须要对外部客观对象的结构方式、内外联系形式以及由它们所决定事物本体属性和本质、规律加以把握，并在此基础上对其价值属性，也就是它们对人的生存和发展的有用无用、有利有害、有价值无价值作出正确的评价。只有做到这一步，人们才有控制外部事物变化发展和变化发展方向的可能。

可以说，人就是通过运用外部世界的客观规律和控制客观规律起作用的条件，来控制外部世界变化发展的方向，促使外部世界向有利于、有益于人的生存和发展的方向运动变化转化，从而在现实世界中创造出适合主体需要、目的、利益的人造客体，人能够加以享用的善的事物，并形成合理的布局和相互作用关系，形成一定的合理的世界秩序，也就是对人的生命存在和发展有益的善的秩序。这样，人就通过创造活动，改变外部世界的本然状态，给外部世界打上人的"应当如此"意志的烙印，使原来独立于、外在于人的自在世界，从无用向有用，从有害向有利，从无价值向有价值，从价值小向价值大，从隐性的善向显性的善转化，从而构建起了一个属人的应当的善的世界，以此来控制、占有和享用外部世界，实现对外部世界的掌握。而人创造了善，也就意味着人握持、控制和驾驭了外部世界及其客观规律，意味着外部世界及其客观规律为人的意志服务，受人的意志支配控制。当然所谓善的世界的构建不仅仅在于按照自然的客观性质来对自然界的客观对象进行改造，使它们形成一种对人的生命存在有益的秩序，也不仅在于对社会制度体系进行创造、建构和重构以更好地满足人的生存和发展需要，而且还包括人类价值体系、道德准则规范等方面的建构。人们对价值体系构建的意义就在于为人们追求新的世界图景和人格形象提供积极的文化指向。

追求美、创造美、欣赏和享用美也是人掌握世界的基本目标，是人在掌握外部世界过程中创造意义和价值的一个重要方面。如果说"真"是人对实在性的一种追求，"善"是人对功利性、恰当性、合理性的追求的话，那么，"美"就是人对"无目的的目的性"，即精神上的愉悦感的一种追求。所谓"无目的的目的性"就是指人在实践活动中逐渐形成的超越官能欲求樊篱而跃迁到精神层次的无功利无利害的目的。这种人对无功利、无利害目的高级情感的需要、心灵的需要、审美的需要，同人对真和善的需要一样，也是人生命存在的恒常的文化理想、目的和指令。人在自己的生命存在中必然受到外在必然性和有限目的性约束、限制和压抑，因而，不可避免地会产生无尽的焦虑。这些焦虑如不以适当的方式加以宣泄和升华，就必然会导致心理的失衡。只有在美的世界中，人的压抑才能被升华，灵魂才能得净化。只有陶醉在美的世界中，人才能达到心理的平衡。所以，人如果能够使自己进入这样一种无功利的、无利害的审美境界，用求美的心态来体悟世界和自己的生命存在，人就会感到自己得到了一种冲破、一切世俗界限的精神解放，获得无比广阔的生存自由。因此，人们喜欢美、希望过美的生活，需要美的世界。

所谓美的世界也就是能打动人的、能引起人兴趣和情感反应并使人产生精神上的愉悦的、富有诗性、透散着理想的"感性光辉"的属人世界。这种能够引起人精神愉悦的理想的美的世界，并不是那种与人疏远的、隔膜的、陌生的、异己的外部自在的世界，而是人本质力量的表现和确证，是人的创造。只有通过人的创造，外部世界才能成为人的美的对象，人才能获得美的观照、美的体验、情感的享受、精神的愉悦。也就是说只有通过人的加工改造，外部世界才能成为人的情感世界、精神世界的内在组成部分，才能成为供人享用的精神的无机界。这种创造首先表现在人对外部世界的审美观照上。人对外部世界的审美观照，不是一种消极被动的接受过程，而是一种积极能动的创造过程，是人的能动的反映与创造的辩证统一过程。外部对象即使拥有审美的属性，但是人如果没有进行积极能动的审美创造活动，人也无法发现、捕捉和发掘它的美，即形成美的世界，从而无法获得美的享受的。这就是马克思所说的，"忧虑重重的穷人对于最好的戏剧也没有感觉力。矿物商人只看到矿物的商业价值，看不到矿物的美和特有品质，因为他没有对矿物的感觉力。"因此，人要享用美、获得美的愉悦，就必须通过自己创造活动把自己的生命精神注入外界事物。审美观照过程实际上就是人对外部世界的生气灌输、生命注入的过程。只有当人把自己生命精神注入了外界事物，人们才能发现和发掘出周围世界的美，赋予这一世界以美的价值和意义，才能引起人的积极的肯定的情感评价和情感交融。而只有渗透着主体的强烈的情感、灌注着人的心灵的声音和生命激流，外部世界才能成为使人产生审美愉悦的美的世界。有了人的生命力的灌注，即使是"无形式"粗厉狰狞雄劲的巨大自然力也能引起人的精神上愉悦，那就是崇高感；脱离了这一切，即使是形式上合乎人的感官愉悦要求的外部事物，对人来说，也是僵滞的、苍白的，人也不能从中捕捉到对象的生动的、蓬勃的灵魂，不能体验到对象激动人心的性灵，从而获得美的享受。可以说，美的事物实际上就是人以求美的心态所独具的审美的感觉，对事物进行文化观照才生成的。它是外部世界同人的求美心灵、审美感觉能力的一种契合，自然物因人而得美，为人而生美。审美观照就是"自然的主观化，也正是这种主观化，才使得现实本身被转变成了生命和情感的符号"。①

但是，自然界客观存在着具有审美属性的事物还不足以满足人的审美需要。因此，人不仅通过审美观照捕捉自然中的美，获得美的享受，而且人更主要的还通过自己的生命活动创造出美的事物，实际地建构起美的世界，促使外部世界内蕴着的美不断得以感性的显现，使人对美的追求和理想不断得以外化。创造美与创造真和善紧密联系着的。不真的东西是不美的，不善的东西也是不美的。康德说："美是道德的象征。"黑格尔说："美是理念的感性显现。"因此，美包含着善也包含着真，但美又高于真和善。马克思在《1844年经济学—哲学手稿》中指出："按照任何一个种的尺度来进行生产，并且懂得怎样处处都把内在的尺度运用到对象上去，因此，人也按照美的规律来建造。"② 所以，创造真和善的统一，也就是创造美。人使外部世界更合乎人的善的要求，也就是使外部世界更好更美，更能够引起人的心灵的精神的愉悦。人通过改造外部世界的形式，建构美的世界的活动，也就是心灵超越现实而追求生命存在的最完美形式的自由活动。因此，人在与外部自然界的抗争中所建构起来的真和善的世界是渗透着人的智慧、意志和情感，凝结着人的想象和魂魄的诗意的对象世界。从这个真和善的世界中，人能够领略到人心灵和能力的妙趣，从而获得审美的愉悦。当然，美的事物的创造不止呈现为一般的劳动产品，更主要更集中地表现为文学艺术品。文学艺术的世界营构了现实世界中原来并不存在的那种使人激动、愉悦乃至振奋的"应当的世界"、"美的世界"。这种世界直接地揭示了更为本原的世界形式，也即在人的生命存在的本原层次上所意识和感受到的世界形式，达到对世界的直接精神观照，从而达到对美的直接追求和把握。

人就是这样通过自己的能动创造活动，建构起了真、善、美的文化世

---

① [美] 苏珊·朗格：《艺术问题》，中国社会科学出版社1983年版，第68页。
② 《马克思恩格斯全集》第42卷，人民出版社1979年版，第97页。

界。而体现了真、善、美的具体历史统一的文化世界的生成，则意味着人所赖以生存和发展的，以属人的文化物和文化秩序为存在形式的文化功能圈的形成，意味着人赖以安其身的生存家园和立其命的精神家园的生成。而这又反过来确证和表现着人自己就是有意识地、自觉地追求应当，追求真善美，并有能力创造真善美理想对象的文化存在物。所以，人掌握外部世界的活动，也就是作为文化存在物的人追求和创造真善美的属人对象世界，建构人安身立命家园的活动。随着人的创造真善美的本质力量发展和增强以及与此相适应的对真善美追求（需要）的发展，人类掌握外部世界的活动也就不断地向纵深发展和推进，从而也就不断地扩大和拓深着具有人的规定性，体现着人的意志要求和真善美理想的文化世界。

人与自然界之间人所自造的文化层的不断增加和延展以及人赖以生存和发展的家园的建构，也就意味着外部自然界对人限制的向后退匿和递减，人的适应可能性范围的扩大，意味着人在外部世界面前获得了越来越大的自由度。自由是对外部必然性的认识和对客观世界的改造。当我们通过自己的创造活动克服那些阻碍自己目的实现的障碍时就获得自由。所以，马克思说："克服这种障碍本身，就是自由的实现，而且进一步说，外在目的失掉了单纯外在必然性的外观，被看作个人自己自我提出的目的，因而被看作自我实现，主体的物化，也就是实在的自由。"[1] 因此，人掌握外部世界的活动实际上也就是人通过创造活动超越外部世界的限制和束缚获得自由的活动。可以说，人能在何种关系和层面上自由地运用物的尺度和人的尺度并使之整合起来，能在多大范围和程度上握持、占有和享用外部世界，能在多大范围和层面上创造真善美的文化世界，也就获得了多大的自由。人对外部世界的掌握是历史的具体的，因此，人们所获得的自由也是历史的具体的。人类总是通过不断地扩大拓深对外部世界的掌握，而不断获得新的自由的。人掌握外部世界就是为了创造真善美，但人并不一定总能实现对真善美的追求，播下龙种收获跳蚤，创造异己力量，创造假恶丑的事情也不停地发生。而这种假恶丑的世界是人们所无法依赖的，是人没有真正掌握外部世界的表征。正如马尔库塞在《自然和革命》一文中指出的，"商品化的自然界、被污染了的自然界、军事化了的自然

---

[1] 《马克思恩格斯全集》第46卷（下），人民出版社1980年版，第112页。

界，不仅在生态学的含义上，而且在存在的含义上，缩小了人的生存环境"。[①] 所以，人要不断地获得自由就不仅要掌握那些未曾被人改造过的自在的世界，而且还要对那些虽曾被人改造，但不属人的假恶丑的世界进行重新改造，从而获得对这些反主体性的异化世界的掌握。

[①] 《西方学者论〈1844年经济学—哲学手稿〉》，复旦大学出版社1983年版，第145页。

第 二 章
人掌握外部世界的基本方式

人对外部世界的掌握是植根于人的需要和本性的，亦是人的本质力量的确证。人的需要的多样性、丰富性和不断增生性决定了人占有、把握、享用和消化外部世界方式的多样性、丰富性和变动性。人的本质力量的不断增强也决定了掌握方式的演化和发展。从某种意义上说，人以何种方式掌握外部世界也就以何种方式存在，所以，掌握方式也就是人的存在方式。关于掌握世界的方式，黑格尔曾在《美学》中有过阐述。他把人类掌握世界的方式分为感性和理性两种类型。他说："最低级的而且最不适合心灵特色的掌握方式就是单纯的感性掌握。这种掌握首先只是单纯的看、单纯的听、单纯的触之类。"① 感性掌握更主要的表现在人"对外部世界起欲望的关系之中。人是以感受性的个别事物的身分……按照自己的个别的冲动和兴趣去对待本身也是个别的对象，用它们来维持自己，利用它们，吃掉它们，牺牲它们来满足自己。"② 黑格尔认为，艺术作品也是诉之于感性掌握的，但它不只是诉之于感性掌握。"它一方面是感性的，另一方面却基本上是诉之于心灵的，心灵也受它感动，从它得到某种满足。"③ 至于理性的掌握指的是与个别的感性观照与实践欲望相对立的，对事物的理智的纯粹的认识性观照，就是"认识事物的普遍性，找出它们的本质和规律，理解它们的概念"。"这种认识性的兴趣就是靠科学的工作来满足的"。④ 后来，马克思在1857年的《〈政治经济学批判〉导言》中对人类掌握世界的基本方式作了更集中和明确的阐述。马克思在谈到理论思维时指出："整体，当它在头脑中作为思想整体而出现时，是

---

① ［德］黑格尔：《美学》第1卷，商务印书馆1979年版，第45页。
② ［德］黑格尔：《美学》第1卷，商务印书馆1979年版，第46页。
③ ［德］黑格尔：《美学》第1卷，商务印书馆1979年版，第44页。
④ ［德］黑格尔：《美学》第1卷，商务印书馆1979年版，第47页。

思维着的头脑的产物,这个头脑用它所专有的方式掌握世界,而这种方式是不同于对世界的艺术的、宗教的、实践精神的掌握的。"[①] 在这里,马克思认为人对外部世界的掌握主要借助理论的、艺术的、宗教的和实践—精神的等方式来进行的。我们认为,人对世界的掌握既然是植根于人的需要的,所以基本的掌握方式也应同人的基本需要相一致。据此,我们认为,人类掌握世界的基本方式,从大的方面可以分为实践的掌握方式和观念的掌握方式。而观念的掌握则包括了科学的、艺术的、宗教的和哲学的等诸方式。这些方式具体地历史地构成了人与外部世界丰富充实、纵横交错的立体网络和结构关系。

第一节　实践方式与实践—精神方式

实践掌握是人满足自己最基本的生存和发展需要并构成人类全部社会生活的最本质基础的掌握方式。人对外部世界的掌握首先是实践掌握。人通过对外部世界的实践掌握不仅生产和再生产自己的生命存在,把外部世界的客观事物变为自己生命存在的组成部分,而且也创造着并实现着人作为社会和文化存在的本质,建构起用以确证自己作为社会和文化存在的物质基础和社会存在本体。

所谓实践掌握首先是指人按照自己预定目的把自己作为一种自觉的物质力量运动起来操作技术性装备和物质工具,并借助于技术性装备和工具的力量,能动地控制、占有、支配、消耗外部客观对象,使之与人实现物质、能量、信息的交换,朝着人的目的所指的方向转变。也就是马克思在《资本论》中所指出的,"借助劳动资料使劳动对象发生预定的变化"。在这一过程中,人的目的通过手段的中介扬弃了自己的主观形式越出了主体范围,而实在化、对象化、物化,从而获得了外部现实性的存在形式;另一方面,外部事物现有的自在规定性、定在的样式,在手段的作用下被扬弃、被分解、被解构,又作为质料因被综合于、整合于符合人的目的的新形式中,从而建构起具有合乎人类需要的存在物,实现现有向应有的实际转变。可见,实践掌握外部世界首先就是人通过改变外部世界,通过给外部世界打上人应当如此的意志的烙印,来实际地控制、支配、占有和把握

[①] 《马克思恩格斯全集》第 46 卷(上),人民出版社 1979 年版,第 39 页。

外部世界。

　　实践掌握外部世界的过程，首先是人促使外部世界人化的过程，或者说，是以创造人工世界的过程为其开端的。但，实践掌握又不止于创造属人世界的改造创造活动，还包括人作为主体实际地消化和享用实在成果，使之成为自己的生活和活动的一部分，变成自己生命存在的一部分这样一个环节。因此，实践掌握不仅包括人合目的合规律地创造出一个新的属人的对象世界这一环节，而且还包括人合目的、合规律地现实利用、直接占有自己所创造出来的属人客体，使它直接为人服务，由属人的客体性存在再转化为属人的主体性存在这一环节。所以，实践掌握实际上呈现为人的本质力量的对象化、外化和物化，与对象化出去的人的本质力量向主体的复归、回归、内化这样一个回环。如果人们不能实现本质力量对象化的回归，没有建立起一个通畅的创造和享用的环路，只有输出，没有补给，那么，就意味着人并没有真实地实际地掌握外部世界。马克思曾指出："产品在消费中才得到最后完成。一条铁路，如果没有通车、不被磨损、不被消费，它只是可能性的铁路，不是现实的铁路。没有生产，就没有消费；但是，没有消费，也就没有生产，因为如果没有消费，生产就没有目的。""因为产品之所以是产品，不在于它是物化了的活动，而只是在于它是活动着的主体的对象。""在生产中，人客体化"，"在消费中，物主体化。"① 实践掌握外部世界就是通过人客体化、物主体化这样一个回环不断展开而得以实现。随着这一回环不断螺旋上升，人类在不断地创造着一个越来越人化、越来越文明的对象世界，也不断扩大和拓展自己的生存功能圈，不断建构越来越有丰富本质，越来越有主体力量的人的自身世界，从而才不断地实现人实践地掌握外部世界的目的。

　　众所周知，实践掌握是人在自觉目的、内心意象驱动和支配下进行的，是人在自己自觉建构起来的实践理念调控下进行的。马克思在《资本论》中曾指出："蜜蜂建筑蜂房的本领使人间的许多建筑师感到惭愧。但是，最蹩脚的建筑师从一开始就比最灵巧的蜜蜂高明的地方，是他在用蜂蜡建筑蜂房以前，已经在自己的头脑中把它建成了。劳动过程结束时得到的结果，在这个过程开始时就已经在劳动者的表象中存在着，即已经观念地存在着。他不仅使自然物发生形式变化，同时他还在自然物中实现自

---

① 《马克思恩格斯文集》第8卷，人民出版社版2009年版，第13、15页。

己的目的，这个目的是他所知道的，是作为规律决定着他的活动的方式和方法的，他必须使他的意志服从这个目的。"① 马克思所讲的劳动过程开始时就在人脑中事先建成的并对活动方式和过程进行自觉调控的"蜂房"、"表象"和"观念存在"就是实践理念。而作为实践掌握逻辑起点的实践理念本身又是实践—精神掌握的产物。从这个意义上讲，实践掌握是实践—精神掌握的推进和贯彻，必须以实践—精神掌握为逻辑起点，并包含实践—精神掌握。实践—精神掌握则以实践掌握为指向归宿，直接为实践掌握服务。

实践—精神掌握无疑是一种精神掌握方式、观念掌握方式。但这种精神掌握方式不同于以求真为目的理论掌握方式，是带有实践性质的掌握世界的精神方式、观念方式。实践—精神掌握从其形式来看，它是借助符号操作而进行的一种思想实验。也就是说人们进行实践—精神掌握不是对外部事物进行的实际控制、驾驭、占有和享有，而是用符号操作代替对于事物和事件的操作，用反思推理代替事实世界中的直接行动和干预。通过符号的操作对外部世界的客观对象进行思想观念上的分解和组合，借助于语言符号，形成一种符合自己需要的构造型的（即有结构的）观念对象模型，并通过思想实验对人们在实际领域欲要进行的实践掌握加以筹划，并在想象中加以实行，进行思想上预演。

实践—精神掌握就其任务来看就是要构建实践理念。它所关心的是事物应当如何，以及应当实现的可能性。因此，其目的就是通过符号的操作，通过对客观对象观念上的改造，在思想观念领域实现自在到自为、人属到属人的转化，进行"是"到"应当"的推导，这种推导是遵循"两个尺度"（物的尺度和人的内在尺度）的统一，知、情、意的统一和真、善、美辩证统一的原则而进行。

实践—精神掌握之所以要进行首先是由于人的需要以及外部世界的自在形式不能满足人的需要之间的张力存在。具有社会文化品格的人的需要，在对自己有用的形式和规定上掌握、占有、享用对象的意志要求，实质上就是人对现有提出一种"绝对命令"，是人对外部世界现有对象的自在形式的一种否定性态度，也就是人要加以实现和满足的"应当"。如果世界已是人所要求的那样，意志的活动将会停止。所以，如果没有需要或

---

① 《马克思恩格斯全集》第 23 卷，人民出版社 1972 年版，第 202 页。

需要没有被自觉地意识到,即需要向人的意识事实的转化,那么,也就没有进行"是"到"应当"推论的必要,没有进行实践—精神掌握和实践掌握的必要,以及动力和方向。所以,被自觉地意识到的人的需要在实践—精神掌握过程中是作为内在尺度而加以自觉运用的。

实践—精神掌握作为从思维领域进行"是"到"应当","现有"到"应有"的推导,也必然蕴含着一个前提,就是必须以"现有"为起点,为初始条件。因此,要实现从"是"到"应当",从"现有"到"应有"的思想推导,首先就必须要对欲加改造的现有的自在世界的客观对象的结构方式、内外联系形式以及由它们所决定的事物的属性、本质和规律,加以真理性的掌握并作为推导的前提、尺度而加以自觉运用,必须要自觉按照对象的客观尺度来进行观念领域对客观对象的改造,否则,就会丧失现实性而沦为空想。

要实现对外部世界的实践—精神掌握还必须要实现对客观对象的价值属性的正确认识。只有当人们不但认识了事物的结构、属性、本质、规律,而且也认识了和了解了这些结构、属性、本质、规律对人具有何种价值,也就是能在何种关系、何种方面、何种程度上满足符合人的本性的需要,对客观对象的客观属性及运动规律对于人的生存和发展的意义作出正确的价值评估,才有可能在思想领域实现"是"到"应当"的推导。当然要实现实践—精神的掌握,还必须发现和掌握推导的中项和中介。那就是发现和掌握事物的使用方式,包括各种技术原理和工艺,发现那些同事物的结构、属性、本质和规律相适应,又与自己的需要相适应的使用方式。这种使用方式是通过知识、理论的中介所掌握的关于事物的结构、属性、本质和规律等等能否在符合于人的需要的形式上被实际应用的一个必要因素。有了这样一个能把推导的两端"是"与"应当",事物的客观尺度与人的内在尺度联系起来的中项、中介环节,人们在观念范围内,在思想领域,才能对现有进行观念的分解和组合,完成"是"到"应当"的推导。也就是说,人们通过观念地运用这种使用方式,借助于它的中介作用,才能把人的内在尺度和客观的物的尺度在观念上结合起来、统一起来,才能建构起体现了两个尺度的辩证统一,从而也按照美的尺度而创造的,现实中并不存在也不会自然产生的观念的理想客体,以及为实现这一理想客体(应当)而应采取的措施、计划、方法和步骤,即完成了实践理念的创造。

实践理念作为"是"到"应当"思维层面上推导的结果，作为思维创造和实践精神掌握的表征，即包含着对现有事物的肯定理解，也包含着对它的否定的理解，是对现有事物的自在状态的确认中包含着对它的自为状态的追求，在对现在事物的批判性的否定性的观念掌握中映现着对"应有"理想客体（应当）的肯定性的观念掌握。它意味着现有不仅以现在怎样的形式，而且以应该怎样，在实践中能够怎样的形式，被人们观念掌握。虽然实践理念作为"善、幸福、良好愿望，依然是主观的应有"。[①]虽然"客观性在另一方面作为一个机械的和化学的，还不曾为目的所规定并渗透的整体与目的对立"着，[②] 与实践理念对立着，但实践理念的创造和建构毕竟意味着在观念领域人们完成了"是"到"应当"的推渡，意味着人们实现了对外部对象的实践—精神的掌握，更主要的是实践理念作为实践善的冲动，作为以实践为指向的"实践—精神"掌握的结果，它必然驱动实际地扬弃现存外在世界的自在规定性的实践掌握的进行，以实现自己。因为实践理念"这样一种映射图的目的就具有实践的意义，它是行动的指南，是理性指导实践的工具。"[③] 因此，实践理念的建构既是实践—精神掌握的终结，又是实践掌握的开端，既是终点又是起点。正是在它的驱动和调控下，通过实践理念的现实化、外化和物化，人的内在尺度和物的客观尺度才能实际地实现统一，"应当"才能得以实际的创造，人们也才能最终实现对外部对象的实际的掌握。

实践掌握以实践—精神掌握为前提和起点。这是人的实践活动区别于动物本能活动的一大根本特征。实践掌握和实践—精神掌握都内蕴着理论掌握和艺术掌握，离不开理论掌握和艺术掌握，离开了理论掌握，人就不可能成功地对客观对象进行实际改造。即使在古代自然经济条件下，甚至原始人的具有浓重的重复性、循环性和经验性的采集、耕种等实践掌握，也必须以一定的真实性的知识为前提的。马林诺夫斯基说："原始人应用工具及对付环境不能没有知识。"[④] 戈登·蔡尔德也认为："人为了猎取不同种类的猎物和采集某些种类的蛋和果实，必须知道正确的季节。……人

---

① 《列宁全集》第55卷，人民出版社1990年版，第184页。
② ［德］黑格尔：《逻辑学》下卷，商务印书馆1976年版，第432页。
③ ［美］瓦托夫斯基：《科学思想的概念基础——科学哲学导论》，求实出版社1989年版，第168页。
④ ［英］马林诺夫斯基：《文化论》，中国民间文艺出版社1987年版，第46页。

为了制造工具，必须根据经验发现最好的石头及其产地。甚至最早的人们为了成功地生活，也需要大量的天文学、植物学、地质学和动物学知识。"[1] 如果说原始人要从事实践活动都必须以一定的经验、知识为前提的话，那么，到了近现代，实践掌握活动更离不开也不可能离开理论掌握了。

实践掌握也离不开艺术掌握。离开了对现实进行富有想象力、创造力的艺术加工的艺术掌握，离开了艺术掌握创造理想世界的范导作用，人们的实践活动也难以使现实世界趋于理想化。实际上，正如马克思指出的，人们在实践掌握活动中既按照任何一个物种的尺度进行，又处处把自己的内在尺度运用其上，这实际上也就是按照美的规律去创造，也就是在进行艺术掌握。这突出地表现在人们在实践地掌握外部世界、创造属人的对象的时候，在强调其实用功能的同时，总是尽可能使其艺术化，增加艺术内涵，增强美感，尽力追求高度实用性同高度艺术性的统一。

实践掌握和实践—精神掌握有时也渗透着宗教掌握方式，特别在原始社会，在那种混淆未分的整体性原始人活动中，人们为满足自己生存需要而进行的实践掌握活动同巫术活动是紧密地结合在一起的。巫术虽然不同于后来的宗教，但也可以说它是一种原始的宗教。马林诺夫斯基认为："巫术仪式的主要之点，是用人类自己超自然的力量去影响自然的秩序。"[2] 原始人相信，通过巫术活动，可以在人与它们之间发生一种交感作用，并影响它们起作用的方向和程度，以达到人所希望的结果。可以说，巫术仪式是原始人的实践—精神掌握世界的方式，因为在巫术仪式中实际上是预演着人所希望的成效，而且，从某种意义上还不只是实践—精神掌握，因为巫术活动在原始人眼里完全同类于工具性活动，也是直接指向对象的有用性，因此，它与实践掌握是融为一体的，成为实践掌握必要的组成部分，起码为实践掌握提供了一种心理准备状态。到了近现代，宗教掌握对于实践掌握的渗透也在不同程度上存在。马克斯·韦伯的《新教伦理及其资本主义精神》就曾揭示了宗教掌握方式对以求利为目的的资本主义工业大生产的影响。而有些学者对东亚经济圈与儒教伦理关系的揭示，也说明了宗教方式对以工业化为主要内容的现代实践掌握方式的渗

---

[1] Man Make Himself，伦敦，1951年重印版，第51页。
[2] ［英］马林诺夫斯基：《文化论》，中国民间文艺出版社1987年版，第87页。

透和积极意义。

实践掌握在人类掌握世界的各种方式中核心地位是显而易见的。因为无论是原始人还是现代人，维持自己的生命存在或满足生存需要都是压倒其他一切的最基本的需要。而这种需要的满足是离不开人对外部世界的实践掌握的。人的其他社会文化需要的产生和满足都是以实践掌握为基础和根源的。马克思说："人（和动物一样）靠无机界生活，而人比动物越有普遍性，人赖以生活的无机界就越广阔。"而人要获得这种普遍性，其中就必须要通过实践掌握把自然界的事物转化为人的生活和活动的一部分，乃至"把整个自然界——首先作为人的直接生活资料，其次作为人的生命活动的材料、对象和工具——变成人的无机的身体"。[1] 只有这样，人才能不断扩展赖以生活的自然界的范围，建构自己赖以生存和发展的功能圈和生存家园，获得生存的空间和自由。

马克思曾指出："诚然，劳动尺度本身在这里是由外面提供的，是由必须达到的目的和为达到这个目的而必须由劳动来克服的那些障碍所提供的。但是克服这种障碍本身，就是自由的实现，而且进一步说，外在目的失掉了单纯外在必然性的外观，被看作个人自己自我提出的目的，因而被看作自我实现，主体的物化，也就是实在的自由。"[2] 因此，实践掌握是人获得自由的重要途径。可以这样说，人在何种层次、范围和程度上实践地掌握外部世界就意味着人在何种层次、范围和程度上获得生存的自由和生存的空间。当人仅仅限于占有现成的自然界本身业已为消费准备好的东西来再生产他自身的躯体，当人还处于为满足其生存需要而进行近乎本能的生产活动时，当人只能以很少的调节边际来防御环境中的危险时，人在外部自然界面前是很少有自由的，人类赖以生存的时空间域是很狭隘的。但是，经人凿磨过的粗陋简单的石器工具，毕竟给予人类制约某些自然力量以附加的控制力，透散出人类早期对外部自然有了一定的实践掌握，从而获得了一定的尽管是非常微弱的生存自由的文化信息。人对外部世界实践掌握方式从狩猎、捕鱼和采集野生植物到开始驯养动物和种植植物的发展和转化，内含着人对环境的外延的控制的扩大，对自然力量的驾驭以及体力和智能的发展。但是，从原始社会到资本主义社会的整个史前时期

---

[1] 《马克思恩格斯全集》第42卷，人民出版社1979年版，第95页。
[2] 《马克思恩格斯全集》第46卷（下），人民出版社1980年版，第112页。

中，人掌握外部自然界的能力的增进是十分缓慢的，人所能实践地加以掌握的自然界的范围程度是十分有限，人所能实际地创造的体现真善美的理想的对象也是十分有限的。人仍然历史地处于被外部客观力量强制性支配的自然的必然性王国之中。人仍然处于对自然的崇拜阶段。只有到了资本主义社会，随着自然的发现和人的发现，随着对自然界客观规律理论掌握的不断深入和人的本质力量的增强，普遍性的扩大，随着一种历史形成的需要代替了自然的需要，人也就能在更大的范围、更深的层面、更大的规模上，实践地掌握外部自然界。其标志就是机器大工业的出现，从而导致资本主义社会中直接形式的自然必然性消失。所以马克思说："只有在资本主义制度下自然界才不过是人的对象，不过是有用物；它不再被认为是自为的力量。"① 只有出现以机器大工业为形式的实践掌握方式，人才能"使自然界（不管是作为消费品，还是作为生产资料）服从于人的需要"。人也才能"创造出社会成员对自然界和社会联系本身的普遍占有"。② 从而真正地成为生物圈居民中第一个比生物圈本身更有力的居民，从而在自然面前，也在社会生存层面上获得更大的自由。随着第二次浪潮和第三次浪潮到来，人类能够在更大范围、程度和层次上，实现对外部世界的实践掌握，从而也为人类建构更为广阔的生存和发展的功能圈，获得更大的生存自由提供了可能。

综上所述，实践掌握是人掌握外部世界的最基本的方式，是人类争取生存自由最根本的途径，是建构人生存家园的最主要的手段。所以，离开了实践掌握，人就无法生存，更无从发展。但是，实践掌握并不是万能的。仅有人对外部世界的实践掌握，人也是无法完全满足自己具有社会文化品格的各种需要的。实践掌握虽然在某种意义和程度上也能满足人们对真、美、信的需求。因为人们在实践掌握中去掉了虚假性获得了真实性，从而满足了人求真的某种需要；人们通过实践掌握在自己所创造的世界里观照自己，因而感到喜悦和快慰，获得美感。但是，在劳动还没有成为人的第一需要的历史时代，实践掌握就其功能来说主要是满足人的物质利益方面的需求，也就是广义的善的要求。满足人的物欲是实践掌握最直接的基本功能。因此，通过实践掌握建构起来的人和自然的关系主要是功利

---

① 《马克思恩格斯全集》第46卷（上），人民出版社1979年版，第393页。
② 《马克思恩格斯全集》第46卷（上），人民出版社1979年版，第393页。

性、实用性、有限性的关系。这样一种功能当然是远远不能满足人的各种需求的,"直接的功利主义实践和与之相应的日常思维,使人们可以在世界中自然地运行,使人们感到与物相熟悉,并且能操控它们。但是,它并不能使他们达到对物和实在的理解。"[1] 实践掌握不能完全满足人把握本真、追求美,以及渴望精神家园,追求永恒和无限等方面的需求的。所以,"如果以为人通过实践掌握、改造、储藏和控制自然的能量,就可以使人类境遇得到改善,并在一切方面都幸福",乃是不正确的。正因为实践掌握活动功能的局限性,所以,人类在实践掌握的基础上逐渐地分化出可以用来满足人多方面需要的各种独立的掌握外部世界的观念方式,以弥补其功能的不足和局限。而各种独立掌握外部世界观念方式的产生,特别是科学理论掌握方式的出现,又反过来促进了实践掌握的发展。而且,实践掌握的广度和深度,越来越依赖科学掌握的广度和深度,而实践掌握向深度和广度的拓展和推进又会促进其他各种方式的变动和发展。

第二节 科学理论方式的人学价值及其局限

人类在脱离动物界以前,只是按照自己所属的"种的尺度"和需要去对待周围世界,人在脱离动物界后首先是通过实践掌握"取得一定的外界物,从而满足自己的需要"。[2] 正是实践掌握使人类越来越懂得了认识、掌握和遵循外部世界的固有本性和规律的重要性,使人类越来越懂得按照任何一个种的尺度生产,按照客体本身尺度来规定自身活动的意义和价值。随着人类实践的发展,原先始终隐含在实践中的某种人对外部世界的审度、俯观仰察以及常识性认识逐渐发展成为以探寻事物客观规律,穷究万物之理为主要目的的,也就是以揭示对象"是什么"、探求其"为什么"、"怎么样"和"将如何"为主要目的的理论掌握活动。当然,人对外部世界的理论掌握本身一开始也是没有分化的。科学理论掌握和哲学理论掌握是融为一体的。科学理论掌握作为一种独立的掌握方式是随着实践的推进才逐渐从自然哲学中独立出来并按照认识自己构成自己的道路而向前发展的。正如瓦托夫斯基所说的:"科学并不是突然出现的,而是经过

---

[1] Kare. Kosik Dialectics of the concrete. D. Keidel Publishing Company. 1976. pp. 1 – 2.
[2] 《马克思恩格斯全集》第 19 卷,人民出版社 1965 年版,第 405 页。

了漫长而又艰难的过程才发展成为一种独特的认识方式。"① 至于人们对社会历史领域的认识,在历史唯物主义创立之前则一直处于前科学阶段。只有在马克思创立了历史唯物主义理论之后,人类才开始进入对历史领域的科学认识阶段。

科学理论掌握并不是实践掌握那样实际地直接地控制、驾驭、占有和享用客体,不是实际地改变客观对象的现实存在形式,并未重新创造出人与世界的新的客观关系,而是以科学理论体系的方式,观念地把客观事物的结构规律、建构规律、运动变化规律等外部世界客观对象的一般属性、内部本质和规律再现出来、展现出来、描绘出来。爱因斯坦说:"科学就是对表达未知的东西的企求。"② 所以,在科学理论掌握中,人将自身限于看世界、审视世界、解释世界的范围,只专注于理解和认识那些未被人所认识的对象的客观规律性,去发现隐藏在表面的混乱状况之后的规整模式。

科学理论掌握作为静观、审视、理解、认识、把握客观外部对象本质、规律的观念掌握活动,所掌握的实际上只是信息客体或信息化的客体。它所关注的是外部对象世界的信息方面或信息过程。它凭借语言符号的中介通过对观念化、符号化、信息化的客体进行观念的分解组合,信息的采集、破译、重组、编码、符号的操作和思维作业,在思维中建立起同外部对象的结构和建构逻辑相统一的信息组合。这种信息组合以合乎逻辑的概念、范畴体系、语言符号陈述体系的形式存在。而这是通过人的思维的创造实现的。爱因斯坦说:"在我们的思维和我们的语言表述中所出现的各种概念,从逻辑上看,都是思维的自由创造。"③

这种通过思维的自由创造在思维中再现外部对象世界的本质和规律的思维作业过程,也是人们突破感性掌握的局限的理性探索过程。人对外部世界科学理论掌握当然必须建立在感性反映基础上。感性反映尽管也有丰富多彩、真实可靠的一面,但它只能达到对个别孤立事物的感性的存在、感性形象及其外部联系的感性掌握,但要科学地解释外部世界就不能仅靠外部对象直接呈现给我们的东西,不能仅仅依靠我们的感观和经验,而必

---

① [美]瓦托夫斯基:《科学思想的概念基础》,求实出版社1989年版,第60页。
② 《爱因斯坦文集》第1卷,商务印书馆1983年版,第284页。
③ 《爱因斯坦文集》第1卷,商务印书馆1983年版,第405页。

须要超越直接呈现的表象和感觉经验。因为,当我们不能把自然现象追溯到以某一规律时,理解这种现象的可能性本身就不存在。"科学的伟大就在于它们拒绝满足于观察的经验论",① 而力求理解感性知觉材料之间的关系。这种理解、这种追溯、这种超越,"不可能靠对我们的普通经验进行单纯的扩展、放大和增多而达到,而是需要新的秩序原则、新的理智解释形式,"② 通过理性思维的创造才能实现。正是通过理性思维活动,才能超越感性反映的界限和程度,超越感性掌握的个别性和外在性、表面性和直观性、零散性和浅陋性,达到对事物的一般属性、内部本质和规律的理性掌握。也就是在思维中"把个别的东西从个别性提高到特殊性,然后再从特殊性提高到普遍性",③ 从而形成有着逻辑结构的系统化的并且可以验证和证伪的科学知识体系、普遍性的思维形式。也就是爱因斯坦所说的,"用概念来建立一种逻辑结构,使这些关系作为逻辑结果而纳入这样的逻辑结构"。④ 这种逻辑结构、这种思维形式是外部世界客观规律在人的意识、思维中的存在方式,蕴含着客观对象的存在和状况、结构和属性、本质和规律的某种确定的信息。外部世界的本质、规律向人的意识事实的转化,外部世界的普遍性在科学知识体系中被思维地再现,也就意味着人对外部世界实现了真理性的掌握,实现了科学理论掌握。

由此可见,科学理论掌握方式承担了人对外部世界的认识、理解的职能。科学理论掌握是以实现对外部对象的客观必然性的理性把握为目的的掌握方式。它力图透过种种扑朔迷离的外界现象把握事物的本来面目及其规律,为极其多样的现象提供某种因果性、必然性、规律性、普遍性的统一解释。内格尔指出:"科学事业的明确目标就是提供系统的负责的基础牢靠的解释。"⑤ 人们通过科学理论掌握所形成的各门科学理论体系,成为人对外部世界进行基本解释的构架和依据,从而能够满足人们理解外部世界各种现象的需要,满足人们求真的要求,也能帮助人们追溯过去,预见未来,并大大拓展了人类对宇宙的视野。科学作为一种使其一切主张经受检验和批判的批判性的非教条性的事业,还能帮助人们破除迷信。科学

---

① [德] 胡塞尔:《现象学与哲学的危机》,国际文化出版公司1988年版,第136页。
② [德] 卡西尔:《人论》,上海译文出版社1985年版,第265页。
③ 《马克思恩格斯选集》第4卷,人民出版社1995年版,第341页。
④ 《爱因斯坦文集》第1卷,商务印书馆1983年版,第235页。
⑤ [英] 内格尔:《科学的结构》,英文1979年版,第15页。

理性拒绝迷信和教条。在科学的世界里是没有神灵的位置的。因此，它使人们"摆脱了我们在宗教、伦理学和形而上学等方面常见的那种无休止的无法解决的争论。"① 从这个意义上说，科学理论掌握本身满足了人类的追求真理、追求客观必然性的需要。

但是，人们从事科学认识活动，获得科学知识，理论掌握作为自然界普遍性形式的规律，并不单纯是为了精神上的享用，而是为了"利用物的机械的、物理的和化学的属性，以便把这些物当作发挥力量的手段，依照自己的目的作用于其他的物。"② 所以，科学理论掌握方式对于人生存和发展的意义主要在于它为人类提供了支配外部世界的一种工具的效能和力量。作为科学理论掌握活动的积极成果——科学理论具有工具价值、实际应用的价值。

这种工具的价值首先表现在它为人类适应环境，适应外部世界提供了指南。可以说科学认识是人类适应的一种主要工具，因而也是人类生存的一种主要工具。怀特指出："科学主要不是一种控制手段。科学是一种适应手段，控制只是适应的一个层面。人们发现自己处于一个如果想继续活下去，便必须对之加以适应的宇宙之中。神话与科学都是适应的手段。它们是对于世界的说明，人则据之以活动。"例如，"我们不可能控制气候，而必须适应它，而知识与理解则有助于有效和令人满意的适应。"③

科学理论掌握为人类适应外部世界提供了理解力的基础和前提。而改造外部世界是人类适应外部世界、依赖外部世界的一种最重要的形式。科学理论掌握则为人类改造外部世界创造人工世界提供了客观的尺度，提供了前提和基础。理论地掌握作为自然界普遍性形式的规律，形成科学知识，最主要的就是为了在实践中应用这些规律以达到对自然界的实践掌握。正如马克思所说的："对自然界的独立规律的理论认识本身不过表现为狡猾，其目的是使自然界（不管是作为消费品，还是作为生产资料）服从于人的需要。"④ 所以，当科学应用于实践时，就会发挥巨大的工具的价值。可以这样说，人们在科学理论掌握活动中每取得一项新的成果，

---

① ［美］普特南：《理性、真理与历史》，辽宁人民出版社1988年版，第219页。
② 马克思：《资本论》第1卷，人民出版社1975年版，第203页。
③ ［美］怀特：《文化的科学》，山东人民出版社1988年版，第344页。
④ 《马克思恩格斯全集》第46卷（上），人民出版社1979年版，第393页。

就意味着人类发展了自己的意识的普遍性,扩大了自己的内部构造——动力世界,同时就为人们实践掌握活动的功能圈向自在的自然界的推进,为自在的自然界向人化的自然界的转化开辟出新的可能的前景,为在实践领域发展人的普遍性奠定了基础。随着科学理论掌握向深度和广度的推进,人类实践掌握的形式和内容、广度和深度、对象和工具都将随之或快或慢地发生改变。外部自然界也会随之在越来越大范围和层次上成为人类掌握的对象。就此而言,科学理论掌握也是人类从外部自然界中求得解放、获得自由的重要方式和武器。

古代人之所以生存活动的功能圈如此狭小,自由度如此低,所能实践地加以掌握的对象如此之少,关键就在于那时科学理论活动的不发达,就在于那时还没有产生真正意义上的自然科学,以至于那时人类的实践活动不得不主要根据人的常识、经验和技艺。近代工业革命以来人类之所以能在越来越大的范围内实践地掌握外部世界,其中一个重要原因就在于科学理论掌握活动的发展,以至科学理论知识在生产实践中的应用。可以说:"实现科学真正的概念的,是近代各门自然科学及其在经济与技术中的应用。"[①] 正如马克思所指出的,由于大机器的应用,"使得生产过程成了科学的应用,而科学反过来成了生产过程的因素即所谓职能……只有资本主义生产方式,才第一次使用自然科学为直接的生产过程服务,同时,生产的发展反过来又为从理论上征服自然提供了手段"[②]。从某种意义上说,英国工业革命实际上就是把宇宙构造的近代理性图式——经典力学转化为机器工业的科学基础而已。以工业生产实践为主要形式的近代实践掌握方式所以能够通过变革自然物的物理化学形态,创造出大量在自然界中原本不直接存在的产品,来满足人们的需要,不断地扩大着人的生存范围,关键就在于把近代力学、物理学和化学等科学理论掌握成果应用于工业生产实践中。所以,近代工业实践所开辟的人的新的生存范围是离不开科学理论掌握的,离不开人对自然界的理性的洞见和对自然奥秘的科学揭示的。

如果说科学理论掌握在近代工业实践中已经显示出了巨大的价值的话,那么,在现当代特别是知识经济时代就表现得愈加突出。现代的实践掌握活动,不同于经验型、技巧型的实践掌握模式,而是以知识型和科技

---

① [德] 伽达默尔:《科学时代的理性》,国际文化出版公司 1988 年版,第 1 页。
② 马克思:《机器、自然力和科学的应用》,人民出版社 1978 年版,第 206 页。

型为其主要形式的,具有智能化的显著特点。科学、技术和生产呈一体化趋势。在现代化生产实践中,科学已经不仅仅是生产实践通过技术得出的概括性成果,而且它一跃成为生产的前提条件,"科技是第一生产力"。缺乏科学知识、手段与装备,就不可能有现代意义的实践掌握活动。这一特点,一方面决定了现代实践掌握活动更加离不开科学理论掌握;另一方面也使得科学理论掌握成果能够迅速地在掌握活动中发挥出工具的价值、实际应用的价值。

总之,我们所进入的新世纪,我们所处的时代,从某种意义上说,"是一个科学的时代,科学正把自己本身和自己的应用扩展于整个世界。"[①] 在我们现代世界中,再没有第二种力量可以与科学思想的力量相匹敌,同时,也正是由于有了科学的广泛应用,人类在今天才获得了幻想般的惊人的进步,而且在将来还会作出更多的贡献。因此,我们对种种贬低科学的社会功能和人学价值的反科学主义的主张持否定态度。人类的实践掌握活动,人的生存和发展,人类的进步和自由都离不开科学理论的掌握,离不开科学理论掌握向深度和广度的拓展和推进。

但是,正如任何掌握外部世界的方式都有其局限性一样,科学理论掌握方式也不是万能的。这首先表现在科学理论掌握的历史性上。科学理论掌握方式是人们认识外部世界因果性、规律性的唯一途径,但是本身又是历史地产生和发展的。并不是有了科学理论方式就能一下子穷尽对外部世界客观规律的认识和理论掌握的。人科学地掌握外部世界的能力一方面是至上的;另一方面又是非至上的。从它的本性、使命、可能和历史的终极目的来说,是至上的和无限的。人们总是不断地扩大着,逐步逼近着对外部世界客观规律性、因果性的科学理论掌握。但是,从其现实性来看,科学理论地掌握外部世界总是由有限地思维着的具体历史时代的具体的人来实现的。每一历史时代的人们对外部世界客观规律的科学理论掌握只能在无限的前进过程中,在至少对我们来说实际上是无止境的人类世代更迭中才能不断地得以实现。所以,对生活在不同历史时代的人们来说,他们依赖于科学理论方式来解决自己的生存和发展问题的程度和范围总是有限的。在科学理论所掌握的领域之外,人们只能借助于其他方式来实现对外部世界的掌握。这在科学理论掌握还不够发达的时代尤其突出。

---

① [德]伽达默尔:《科学时代的理性》,国际文化出版公司1988年版,第1页。

科学理论掌握方式是人们认识外部世界因果性、规律性的唯一途径，满足了人们的求真的需要，并为人们摆脱各种盲目的自然力和盲目必然性的约束和支配，获得自由开辟了道路，为建构人类的生存功能圈和扩大人类的生存范围，为人类生活得更加富裕、舒适、更有保障和更有生存的主动性，提供了前提和可能。但是"科学总是一种片面的活动，在这种活动中，理智控制着并且从某种意义上来说压抑着人的其它力量。"[①] 特别是当科学还只是局限于对外部自然界客观规律的认识，当社会历史领域还在科学的视野之外时，当真正的人的科学还没有建立之前，单纯的自然科学是不可能昭示人生存的意义的，提供安身立命的价值承诺、保证和根基，从而解决人之为人的根本问题。所以，那种认为只要有了自然科学，人的什么问题都可以得到解决的看法是不正确的。科学并不能满足人多方面的精神需要。

科学理论掌握方式不但不能完全满足人的多方面的精神文化需求，而且科学如果停留在理论和观念的领域其实用价值也只是潜在的。只有当它转化为技术并在实践领域加以应用时，才能使其实用的价值现实化。技术是科学应用于实践的中介，即使在科学、技术与生产呈一体化趋势的当代亦不例外。技术不只是改造世界的手段，也是一种认识；不仅有对世界的实际的（物质形态）掌握的一面，也有对世界认识上的掌握；不仅表现为经验、技能等形态，也表现为理论形态、知识形态。在现代，技术的理论形态在技术体系中的地位更加重要。从这个意义上，我们也可以把现代技术首先看作是理论掌握方式。技术理论掌握方式是一种特殊形态的理论掌握方式。因为技术理论掌握的目的不是发现客观世界的新规律，更好认识事物，而是利用规律去设计器具，更好地控制和利用事物。它所建构的理论世界，是不同于以解释性、客观性为特征的，展示客观世界必然联系、因果联系的科学世界；而是以规范性、有效性为特征的，体现实践—精神的人工世界的观念形态。正因为在技术理论掌握中，人们把自然法则、客观规律与人的目的内在地、辩证地统一起来，所以它才能直接成为人们利用和改造外部世界的方法和知识，并能物化为人类实践活动的物质手段，向实践领域过渡，才能成为科学理论价值实现的中介。因此，尽管科学与技术在其生成上表现为具体历史的相互依赖形式，但在功能上，科

---

① ［德］卡西尔：《语言与神话》，生活·读书·新知三联书店1988年版，第17页。

学只有在技术领域得到应用时,才能发挥出实践效能、实用的价值。科学的实用价值的实现是依赖于技术的中介的。科学理论的实用价值实现有赖于向实践掌握领域的过渡。历史经验表明科学如果不能转化为技术,不能在技术和实践领域中加以应用,科学就不能实现其巨大的价值。

科学理论掌握功能的有限性还表现在它不能够保证其成果在实践领域的应用一定有利于、有益于人类的生存和发展。科学理论掌握是以实现对外部客观因果性、规律性把握为目的的掌握方式,不涉及人的价值领域。所以,科学理论到底被应用于什么目的是科学理论掌握方式所无法加以把握的。科学理论掌握方式无法支配人类应用科学成果的行为。粒子物理学所揭示的微观世界的客观规律,既可以运用于和平利用核能为人类造福的各项事业,也可以被运用于制造毁灭人类的原子弹、氢弹、中子弹等核武器上。现代分子生物学所揭示的生物规律以及克隆技术同样既可以造福于人类,又可能被用于不人道的目的。信息技术和计算机技术又何况不是如此。科学技术是一把双刃剑。生态危机、环境污染、能源危机等都与科学的不合理应用有关。可以说,科学既为人类开辟了通向幸福生活的道路,又向人类提供了自杀的手段。[①] 著名物理学家海森堡曾对科学理论掌握方式对人的生存和发展的意义、价值以及不足作过深入的反思。他说:"我们当然要问这样的问题:这样集中注意实在的一个局部的方面,并且局限于实在的特殊部分所获得的这些成就。究竟有什么样的价值?我们知道,我们这一代对这个问题作出了相互冲突的回答。我们谈到了科学的善恶相克。我们知道在世界的哪些部分,把科学和技术成功地联系起来了。贫苦阶级的物质贫困已经大部分消除了。现代医药已经防止了成千百万人因病死亡,交通和电讯已使生活方便了。另一方面,科学可以被误用来发展具有最可怕的破坏力的武器,技术的优先发展损害并威胁了我们的生存空间。但是除了这些直接的威胁,我们的价值(伦理标准)也改变了,对物质生活的富裕这一狭窄领域注意过多,而生活的其他方面却被忽视了。虽然科学技术只能用作达到某个目的的手段,但其结果却决定于使用它们的目的是否善良,目的不能由科学技术内部来决定。我们必须从整个人类和人类的整个实在的观念出发,不是从它的一部分出发作出决定,否则,

---

① 参见以爱因斯坦为首的 52 位诺贝尔奖获得者发表的《迈瑙宣言》。

我们将完全误入歧途。"① 总之，现代人的存在及存在方式同科学技术有着越来越紧密的联系，但科学技术对人的存在的意义也有其历史性和有限性的一面。科学万能论、泛科学主义与科学悲观主义、反科学主义都是错误的。

第三节　艺术方式的特殊性及其人学意义

人类在展开自身生命活动漫长的历史过程中，在对外部世界的实践掌握过程中，逐渐形成了独立的对外部世界的艺术掌握方式。当人类刚从动物界分化出来的时候，生存需要的满足是压倒一切的，而一切直接为满足肉体生命的生存需要这种功利目的而进行的劳动，以及为获取生活资料所制造的简陋的工具，虽然并不具有独立的审美意义和价值，但是它们作为认知的真和功利的善的原始统一，实际上已经包含着美的创造的萌芽。正是制造和使用第一批工具活动开启了人类艺术掌握外部世界的通道，因为，它不仅使人获得了生理上某种快感的满足，而且也促使生理上对快感的本能追求向有意识地追求形式美的感性快感的过渡。可以说，劳动实践使原始人在追求满足物质生活需要这种直接的功利价值的基础上，不但逐步萌发了审美的精神需要，而且逐步锤炼了人的审美的能力和创造美的能力，从而也生成了艺术掌握的现实对象。马克思说："我的对象只能是我的一种本质力量的确证，也就是说，它只能象我的本质力量作为一种主体能力自为地存在着那样对我存在，因为任何一个对象对我的意义（它只是对那个与它相适应的感觉说来才有意义）都以我的感觉所及的程度为限。所以社会的人的感觉不同于非社会的人的感觉。只是由于人的本质的客观地展开的丰富性，主体的、人的感性的丰富性，如有音乐感的耳朵、能感受形式美的眼睛，总之，那些能成为人的享受的感觉，即确证自己是人的本质力量的感觉，才一部分发展起来，一部分产生出来。因为，不仅五官感觉，而且所谓精神感觉、实践感觉（意志、爱等等），一句话，人的感觉、感觉的人性，都只是由于它的对象的存在，由于人化的自然界，才产生出来的。"② 而人化的自然界正是人的实践的产物。可见，艺术地掌握

---

① ［德］海森堡：《物理学和哲学》，商务印书馆1981年版，第163—164页。
② 《马克思恩格斯全集》第42卷，人民出版社1979年版，第126页。

世界的需要、艺术掌握世界的能力、艺术掌握的现实对象，从类发生的角度看都是建立在实践掌握的基础上的。生产劳动、实践掌握创造了艺术掌握外部世界的主体，也创造和生成了能够确证、肯定和重现人的本质力量的对象世界，即艺术掌握的客体。一句话，艺术掌握世界的方式是在实践掌握世界的基础上形成的。

艺术地掌握世界意味着人作为社会和文化的存在物对美的刻意追求的一种本性。人们按照一定的审美标准，通过艺术想象对客体进行艺术的加工，将现实生活中的美的因素按照一定的艺术形式加以典型化、形象化，创造出源于生活而又高于生活的具有深远意境又有形式美的艺术品，即按照主体最本真的目的构造出一个理想的艺术世界，并通过艺术欣赏而获得的体验、情感的享受和精神的愉悦。这意味着客体经过艺术加工而成为人们的审美享受和精神消费的对象，从而成为人的情感世界的内在组成部分。

作为一种相对独立的掌握外部世界的方式，艺术掌握有其自身所固有的特殊性。这种特殊性首先表现在主客体结构上。正如任何掌握外部世界的活动都是一种主体性活动，是主客体的相互作用一样。艺术掌握外部世界的过程也是主客体相互作用的过程。但正是在这里，显示出了艺术掌握方式与科学掌握方式不同的特点。

尽管从客体方面看，"在物理世界或道德世界中没有任何东西，没有任何自然事物或人的行动，就其本性和本质而言会被排除在艺术领域之外，因为没有任何东西抵抗艺术的构成性和创造性过程。"[①] 但毕竟艺术方式与科学方式掌握世界的视角是不同。观察角度和折射角度的不同必然导致它们所掌握世界的层面、维度是不同的。在科学中，我们力图把各种现象追溯到它们的终极因，追溯到它们一般规律和原理。艺术掌握则与此不同，艺术所要掌握的就不是数学的量、物理的性质、化学的元素、细胞组织、经济增长规律。艺术无视这些性质，也并不关心规律的齐一性。它所要掌握的是纯形象的深层，所要洞见的是事物的形式。可以说，"它全神贯注于事物的纯形式之中，直观事物的直接外观。"[②] 并且最充分地欣赏着这种外观的全部丰富性和多样性，关心直观的多样性和差异性，从而

---

① ［德］卡西尔：《人论》，上海译文出版社1985年版，第201页。
② ［德］卡西尔：《语言与神话》，生活·读书·新知三联书店1988年版，第140页。

给予我们以实在的更丰富更生动的五彩缤纷的形象,也使我们更深刻地洞见了实在的形式结构。

艺术作为对事物形式的洞见,它同要求尽可能排除主观因素对认识结果的渗透、扭曲,力图单纯地、严格地、如实地反映客观对象的本来面貌,坚持客观性原则的科学理论掌握不同,艺术掌握是客观对象主观化、情感化和主观因素客观化的统一。在对外部世界的艺术掌握中客观世界的对象是和自我的情感、态度和评价交织在一起的。在这里,"情感本身的力量已经成为一种构成力量(formative power)"。① 人艺术地观察对象、领会体验现实生活的时候,也就把人的情感、情绪、意志、趣味、理解等主观因素渗透到了客观事物之中。艺术地表达出来的对象,已经是一种浸透了主观情感的客观性。离开了人的某类特殊的情感、判断力和观照活动,事物不过是一个普通的事物而已。它的形式只是它自身内容的外在表现,而不成其为人的审美对象,不可能被人艺术地加以掌握。只有有了某种情感态度,人们才能把"对象从可能性的审美享受对象变为现实的审美享受对象"。② 因此,苏珊·朗格把艺术看作是人类情感的形式。她说:"艺术品本质上就是一种表现情感的形式,它们所表现的正是人类情感的本质。"③ 在这一情感化的艺术世界里,一切都没有单纯的客观实在性。哪怕是路边的小草,林中的大树,人所居住的房屋,人所使用的物器,只要它们被纳入了人的情感世界,就失去了单纯的客观实在性。反过来讲,自然实在的东西也只有在具体的生活情景中才变得富有意义。在艺术掌握中,人们不是在认知一幢房屋,而在领会一幢房屋。房屋本身在这一世界中是富有意蕴的,大自然同样如此。一句话,在情感世界中客观实在的东西失去了单纯的实在性,带有了生命的主观性,并据此向人显示了自身的意义。

正因为艺术掌握外部世界是客观对象的情感化和人的情感的客观化、形式化的统一,而情感实际上就是一种集中强化了的生命,是人的生命和内在本质。因为"如果要使某种创造出来的符号(一个艺术品)激发人们的美感,就必须使自己作为一个生命活动的投影或符号呈现出来,必须

---

① [德]卡西尔:《人论》,上海译文出版社 1985 年版,第 189 页。
② [德]汉斯·科赫:《马克思主义与美学》,漓江出版社 1985 年版,第 157 页。
③ [美]苏珊·朗格:《艺术问题》,中国社会科学出版社 1983 年版,第 7 页。

使自己成为一种与生命的基本形式相类似的逻辑形式。"① 而生命是具有有机统一性、运动性、节奏性和生长性，因此只有体验到生命形式的这些特征，才能激发人的美感。而艺术掌握正是通过对事物的外部感性形式特征的有选择的夸张、强化和典型化的方法，来形象化地显现、揭露和把握对象的动态生命和内在本质的。这也是艺术掌握和科学理论掌握方式的不同之处。科学理论掌握以抽象的概念形式和数学符号形式将事物的特征和本质抽象概括出来，使之具有普遍性，但借助于概念、范畴、数学符号等逻辑形式，凭借分析、计算等方法是无法形象地显现、揭露和把握对象的动态生命，也无法使外部世界、客观事物对人的意义显示出来的。艺术掌握则以具体生动的形象使对象的特征和内在本质得到强化式的再现，使之具有典型性。艺术总是根据各具特点的不同形式在表现事物本质中的地位和作用，及所要表现的事物所具有的外部形象特点，通过改变事物形式结构中各个部分、要素之间的比例关系，使之发生一定方式和指向的形式变换，使体现特定本质的特征得到强化、夸张，从而突出地、集中地表现出来。通过这种特殊加工处理，艺术在表现同类事物的特征和本质方面更具有典型性，因而也具有更广泛的普遍性。黑格尔曾指出，艺术掌握世界"不是把它的内容刨平磨平，成为这种平滑的概念化的东西，而是把它的内容加以具体化，成为有生命的有个性的东西"。② 歌德也说："艺术的真正的生命正在于对个别特殊事物的掌握和描述。"③

而筛选、概括、集中、凝炼、塑造典型艺术形象，赋予不重复的个性形象以灵秀与生气，实际上也可以说是艺术抽象。艺术抽象当然不同于科学抽象。艺术抽象得到的仍然是具体的某物，然而，这个某物却包含着某种普遍的意义。正是在艺术抽象过程中，注入了主体对对象的体验、感受、评价和期望，渗透着他强烈的情感。正如贝德特的《论自己》一文中所说，正是在艺术抽象中，"艺术表现越来越超越外部现实的限制，达到与生命运动形式的统一"。④ 正因为如此，艺术就不仅反映、表现或再现了对象和生活而又高出和超越于现实的对象和生活，从而更加真实、更

---

① ［美］苏珊·朗格：《艺术问题》，中国社会科学出版社1983年版，第43页。
② ［德］黑格尔：《美学》第1卷，商务印书馆1979年版，第339页。
③ ［德］爱克曼辑录：《歌德谈话录》，人民文学出版社1978年版，第10页。
④ 转引自［美］阿恩海姆《艺术与视知觉》，中国社会科学出版社1984年版，第67页。

加深刻地把外部世界各种感性形式所蕴含和表现的事物的生命本质和韵律再现出来,从而实现艺术的使命。因为"艺术的使命在于用感性的艺术形象的形式去显现真实"。① 因此,越有个性、艺术抽象程度越高、越典型的艺术形象就越能深刻地反映一般,显现真实。

艺术包含着强烈的情感因素,离不开情感。离开情感的艺术只能是虚妄的欺骗和疯狂的鼓吹。然而,形象地表现、情感地表现不过是艺术的特征。艺术中同样包含着理性的因素。离开理性的情感及艺术,也只能是动物本能的骚动,或者是歇斯底里的疯狂,或者是愚昧无知的蠢举,而不可能实现以感性形象显现真实的艺术使命。大家知道,艺术中的情感是人类普遍的情感,是对复杂的社会需要、精神需要的体验而形成的高层次情感,是在社会化的人与人化的自然相统一的基础上产生的情感,是以社会意识个体化与个体意识社会化相统一基础上产生的情感,是以美感为核心的与理智感、道德感等相统一基础上产生的情感。这种情感本身就渗透着人的理性的因素,可以说是情中有理、理中有情。如果说艺术情感是贯穿于艺术掌握活动全过程的话,那么,艺术理性同样存在于艺术掌握的各环节中,并以独特的方式发挥着自己的作用。黑格尔曾指出:"理想的艺术品不仅要求内在心灵显现于外在形象的现实界,而且还要求达到外在显现的是现实事物的自在自为的真实性和理性,艺术家所选择的某对象的这种理性必须不仅是艺术家自己所意识到的和受到感动的,他对其中本质的真实的东西还必须按照其全部广度和深度加以彻底体会。因为没有深思熟虑,人就不能把他身心以内的东西搬到意识领域来,所以每一部伟大的艺术作品都使人感到其中材料是经过作者从各方面长久深刻衡量过的、熟思过的。"② 从某种意义上说,没有艺术理性就不可能有作为艺术思维方式的形象思维,也就不可能有独立意义的艺术掌握方式。正因为艺术掌握中包含着理性的成分,所以,"艺术既表现人们的感情,也表现人们的思想",只不过"并非抽象的表现,而是用生动的形象来表现"而已。③

人类掌握外部世界的艺术方式对于人的生存和发展具有十分重要的意

---

① [德] 黑格尔:《美学》第 1 卷,商务印书馆 1979 年版,第 69 页。
② [德] 黑格尔:《美学》第 1 卷,商务印书馆 1979 年版,第 358 页。
③ [俄] 普列汉诺夫:《普列汉诺夫美学论文集》第 1 卷,人民出版社 1983 年版,第 308 页。

义。人不但有满足自己的直接生存目的的功利性需求，认识客观世界的认知的需要，而且在自己的生命存在中，还有满足自己情感生活的需要，以及理解自己生活世界和自己生活的意义和价值的需要。为此，人们在实在地改造客观世界和纯粹客观地理解世界的同时，也有一个艺术掌握外部世界的问题。大家知道，通过实践掌握所创造的纯粹的实用物虽然能给人的身体以某种满足，但它们对于人永远持有的生活理想来说，却是一种强制的外在的限定性。如果人们成天都钻在充满实用性物件的空间中，就会感到生命受到一种外在的物体性的压抑。人们只有通过艺术掌握，按照人的本真的目的，创造出一个理想的饱蘸和充溢着人类情感的艺术世界，才能补偿他在现实感性世界和科学理论世界中所不能实现的东西。

艺术地掌握外部世界首先能够满足人们对美的需要。嗜美是人精神上的饥渴。它与饥思食、渴思饮是人的基本需要一样，亦是人的一种高级情感需求。而通过艺术掌握活动，人们按照美的规律建构起的是蕴含着无穷意境的耐人寻味的形式美的艺术世界。在艺术世界中，每一种艺术形式中的每一种艺术作品作为美的存在物和结晶都以其独特的方式感染着人们，能够使人们获得美的享受。而在人们获得美的享受的同时，艺术掌握和艺术的世界也能把人们平凡之心灵引领飞升。因为艺术世界作为美的世界实际上也是一个理想的世界。它打破了人们日常生活的感受方式，把人们从现实世界的麻木状态中解放出来。狄尔泰说："诗扩大了对人的解放效果，以及人的生活体验的视角，因为它满足了人的内在渴求，当命运以及他自己的抉择仍然把他束缚在既定的生活秩序上时，他的想象则使他去过永不能实现的生活。诗开启了一个更高更强大的世界，展开出新的远景。……诗并不企图象科学那样去认识世界，它只是揭示在生活的巨大网络中某一事件所具有的普遍意义，或一个人所应具有的意义。"[1] 正是在艺术掌握外部世界的过程中，"精神生活才能依靠自己那避开了一切凡俗性的形象建立起自己的普遍的法则。"[2] 布洛赫也认为，美、艺术的境界是理想社会的前显现。美和艺术把尚未到来的存在，尚属理想的东西，处于现实和历史之外的东西，提前带入历史现实，展示给沦于苦难之中的感性个体，呈现给陷入平庸中的芸芸众生。艺术总是从一个更高的存在出发

---

[1] ［德］狄尔泰：《生命哲学》，1960年英文版，第37—38页。
[2] ［德］狄尔泰：《体验与诗》，1960年德文版，第180页。

来发出呼唤，召唤人们进入审美的境界，规范现实向纯存在转变。因此，艺术世界犹如明亮和强烈的光明把那些处于无聊和琐碎的日常存在中蛰伏状态的人们，沉沦于晦暗不透明状态中的人们唤起，使人们不至于在习惯中、麻木中、不假思索的理所当然中、固定不变的例行公事中，失掉自己的内在灵性，才使自己不被愚蠢疯狂、荒诞置于死地，使人们感应宇宙流动之节奏，翔发宇宙之冥合，与那幽静的自然界作会心的微笑，在大我中发现小我，小我中发现大我，亦使生命个体摆脱现实之羁绊，进入一个实际生存之外的世界中，使自己沉浸到对理想世界的模拟的再度体验之中，从而范导着人们趋赴审美的自由生活之境。

艺术世界作为理想世界也是意义的世界。艺术掌握活动建构美的理想世界的过程，也就是造就有意味的世界的过程，也就是依照植根于人性中的法则，亦即从我们身上的价值范畴，去构成富有意义的世界的过程。因此，艺术掌握方式在范导着人之心灵向理想之境飞升的同时，也使人们妙悟参会到人生之意义与真谛，从而使孤寂的心灵得到安宁，因为人生之意义乃是人之存在之根基。正是在这意义世界中，人们的焦虑得到适当宣泄，人的压抑得到了升华，人的生存苦恼得到排解。因此，艺术维持人类心理健康，伸展同情，传达情感意识，使人们于饮食男女之外，向往并追求真、善、美的世界。

艺术掌握方式之所以能够建构一个意义的世界，能够唤起晦暗不透明状态中的人们感悟人生之真谛，就在于建构艺术世界的过程，实则是向人们敞开一个世界，使真理显现、存在澄明的过程。海德格尔指出："艺术品以自己的方式敞开了存在者的存在。这种敞开，即显露，亦即存在者的真理产生于艺术品中。在艺术品中，所是的真理将自身设入作品。艺术乃是真理将自身设入作品。"[①] 正因为艺术方式能使世界敞开、真理显现、存在澄明，所以，它使人觉得亲切和适意的同时，也能获得某种启迪。

第四节　宗教方式的人和文化根源

人类只有依赖于外部世界才能获得生存的权利和可能，因而力图用各

[①] ［德］海德格尔：《艺术作品的本源》，《诗·语言·思》，文化艺术出版社1991年版，第40页。

种不同的方式尽可能充分地掌握外部世界。在一定的历史条件下，人们用实践方式和科学理论方式所能掌握的世界的范围是十分有限的，特别在人类历史的早期和中世纪，存在着大量影响和支配人们的生活，决定着人类命运的自然现象和社会现象，存在着大量为人们不可期待、不可捉摸、不可控制却往往出人意外地制约着支配着人的生活的神奇的力量，那样令人生畏的诡秘的异己力量。这些现象包括作为人之生存之维系、生命活动赖以展开的自然环境，那些环绕着人类生活的各种自然现象、自然物，尤其是那些怪异的令人惊恐的自然现象；那些冥冥中支配自己行为的思想感觉、意志等不可解释的精神力量，特别是人无法抗拒令人迷惘的生死现象；还有那些出乎意料地使人荣升或失势、发财或破产，使人终生在机会和命运的泥潭里挣扎、升沉起落的各种社会力量，即那些作为盲目的自然必然性支配着人、摆布着人的社会政治、经济的自发因素，及其造成的压迫。人在这些强大的难以控制的自然现象和社会现象面前是软弱无力的，但是人又不满于这种状态和处境，人类的本性决不会放过这一人必须加以依赖，但又为人类认识能力和实践能力在一定历史时期所不能及的这一领域，决不放过对这一已知世界与未知世界、已控力量和未控力量的交接处或连接面的掌握。虽然它在现存理性和意志所能达到的界限之外，不能通过科学掌握从而理性地去说明它，不能通过实践掌握从而实际地占有它控制它，但是人类却可以通过宗教信仰的方式去掌握它，宗教信仰的掌握方式是作为对那些人们想知道而又不知道、想解释而又无法解释的各种异己现象和力量的探索和破译而出现于人类历史一定发展阶段上的，"是受历史制约的社会现象，反映着人类生存、认识和活动的方式。"[1]

以宗教的方式掌握世界是要寻找外部世界不解的解，就是要在不可依赖的对象世界寻求依赖，对未能实际掌握的外部力量寻求心理上虚幻掌握。宗教掌握企图在可感知的现实世界之外，实际上是在自己的观念世界中建构起一个虚幻的信仰之国，把那些现实世界中还没有被掌握的对象或尚未被控制的力量，设想为某种神秘的因素，或赋予它们以神奇的属性或力量，以便对这些对象和力量作出一种自我安慰式的"圆满解释"。人们还企图通过虔诚的宗教信仰去感化那些冥冥之中的异己力量，使它们在对自己有利的方式上发生作用，转化为自己生活和活动中可以依赖的部分，

---

[1] ［罗］泰纳谢·亚:《文化与宗教》，中国社会科学出版社1984年版，第3页。

以实现有限自我的某种希望，以期在有限的生活现实中一定程度地超越自我的有限。

以宗教信仰的方式去掌握外部世界是人对外部世界的一种虚幻的掌握。恩格斯指出："一切宗教都不过是支配着人们日常生活的外部力量在人们头脑中的幻想的反映，在这种反映中，人间的力量采取了超人间的力量的形式。"① 宗教掌握的虚幻性当然并不是指掌握对象的虚幻性。如前所述，宗教掌握的对象并不是什么超出经验之外，不可捉摸的神秘力量，而是与人们日常生活密切相关，但却是支配着人们日常生活，对人具有严酷的侵夺性和威逼性，能给人们带来不可控的结果乃至危害的异己的自然力量和社会力量。这些力量和现象都是客观存在着的实实在在的力量，不是虚幻的。宗教掌握的虚幻性指的是人对这种异己的支配人的生活的外部力量，不是直接以自然力量和社会力量本身所固有的形式表现和反映出来，不是按照尘世生活及其周围环境的本来面目去掌握这些事物，而是采取了超人间化的特殊表现形式，因而具有超自然超人间的神圣性。也就是说人们首先借助于想象力，以幻想的形式，设想在现实世界的背后有一个超现实的神秘世界，在现实力量的背后有一种超现实超人间的作为人们生存所依所系的主宰的神秘力量，然后通过信仰的方式对这种神秘世界和神秘力量的实在性予以确认，并进而用来界说和统摄现实世界与现实力量。彼得·贝格尔指出："宗教是人建立神圣宇宙的活动，换一种说法，宗教是用神圣的方式来进行秩序化的。在此，神圣意指一种神秘而又令人敬畏的力量之性质，它不是人，然而与人有关联的。"② 这种神圣的宇宙就是人虚构的宇宙、虚构的世界。

宗教掌握的虚幻性不仅表现在把现实世界的内容转给彼岸之神的幻影世界，使现实的力量获得了某种超现实力量的神秘形式，而且还表现在人们还试图以宗教信仰的方式来战胜、控制、掌握这种异己力量，也就是人们在宗教想象里面依赖想象的力量来战胜、控制、掌握人们自身的现实力量所不能掌握、控制和征服的那种外部力量，企图通过虔诚的宗教信仰仪式活动（即宗教实践活动），通过祈祷、巫术、献祭、忏悔、禁忌等手段去感动神秘世界的神秘力量，求得他们的保持和帮助，从而使那些冥冥之

---

① 《马克思恩格斯选集》第3卷，人民出版社1995年版，第667页。
② [美]彼得·贝格尔：《神圣的帷幕》，上海人民出版社1991年版，第33页。

中的异己力量,在对自己有利的方式上发生作用,转化为自己生活和活动中可以依赖的部分。这种战胜、控制、掌握当然是虚幻的,它不具有真正实践的力量,不能帮助人们实际地占有外部世界的事物,控制那种支配着自己生活的异己外部力量,从而使外部的异己力量实际地转化为自己生活和活动中可以依赖的部分。所以,通过宗教掌握并不能确证作为掌握外部世界主体的自主、自立、自觉、自为的人格,相反,是人的本质力量的异化。宗教方式对外部世界掌握越广泛越普遍,那么,人的主体性就更羸弱、更贫乏。

正因为人类对外部世界的宗教掌握是虚幻的掌握,所以,它与实践掌握方式和科学理论掌握方式是根本不同,甚至是根本对立的。但是,在实践掌握和科学理论掌握所及的范围之外,宗教掌握又履行着实践掌握和理论掌握的职能。卡西尔指出:"从一开始起,宗教就必须履行理论的功能同时又履行着实践的功能。"[①]

宗教掌握当然不能代替人们对外部世界的实践掌握。它在实际上也并不具备人类劳动实践活动的社会功能。但在宗教社会里,宗教实践却往往与人们的实践活动交织在一起,特别是当人面临着一次危险的而其结局又不确定的实践任务时,更是渗透着宗教掌握活动。宗教实践甚至成为实践活动的先导和终结。在从事每一次重大的实践活动之前和结束之后,人们都按照一定的规则、形式举行宗教活动和宗教仪式。实际的劳动、实践活动的结果,也往往被附于神灵的恩惠和佑护。人们力图使宗教与劳动实践交织起来并赋予它以劳动实践的功能。这表明,人们对于那些由于自己现实的实践能力的局限性而尚未能控制和支配的异己力量,既有所觉察又无可奈何,既恐惧敬畏又不甘于俯首帖耳、任其摆布,于是诉诸宗教实践,寄希望于信仰的力量、精神和力量去调节和控制自然力等各种外部力量,并确信通过虔诚的宗教活动或宗教仪式(即宗教实践),凭借宗教信仰的力量,能感动神秘世界的神秘力量,能求得它们的帮助与保护,从而避开未知的危险趋向未来的吉祥。就此而言,宗教掌握是对人类客观生存缺陷的主观克服和弥补。正如马克思所指出的,"宗教里的苦难既是现实的苦难的表现,又是对这种现实的苦难的抗议。宗教是被压迫生灵的叹息,是

[①] [德] 卡西尔:《人论》,上海译文出版社1985年版,第120页。

无情世界的情感,正像它是无精神活力的制度的精神一样"。① 宗教是试图掌握外部世界强大力量的主观满足。

宗教掌握当然不能代替科学理论掌握。宗教的表象方式并不应用思维的批判于其自身,并不理解它自身。作为对超自然境界、超自然神灵及其创造的超自然神迹的信仰掌握结果的各种宗教信条、教义规定和神学体系的基本内容都不是通过感觉经验,借助于科学理性思维获得的,不是建立在科学思维和逻辑规律基础上的科学真理。因此,不能在经验事实的基础上作出合乎理性的逻辑证明和实验验证。帕斯卡尔认为:"感受到上帝的乃是人心,而非理智。而这就是信仰,上帝是人心可感受的,而非理智可感受。"② 宗教教义是依靠超经验、超理性的启示或神秘主义的直觉建立起来的。但这种以灵性的领悟、神秘的体验和超然的审视而把握整体,找寻普遍联系的信仰体系,也有着认知和解释世界的功能,并作为一种对世界的解释模式而起作用。因为,"用宗教的形象和比喻,我们有了一种语言,它使我们理解在现象之后的可领悟的有秩序的世界。"③ 因为,任何一个宗教教义体系总是"包含一个宇宙学和一个人类学,它回答世界起源的问题和人类社会的起源问题。"④ 在各种形式的宗教经典中都包含着以"创世说"为基础的关于世界起源问题的"宇宙观",关于人类起源的人类学以及对世界上诸多事物的联系变化和既成秩序等问题作回答的因果论等,从而构成了一个普遍性的整体世界观,勾画出人的生命存在的现实的世界图景作为对世界的基本阐释说明,虽然是虚妄的,在新的科学知识面前成为不堪一击的谬误。但在一定的历史阶段在一定程度上它能解答令人困惑的和要认识的情境,满足认识的需要。它满足了人类对宇宙是什么,人是什么,宇宙是否有意志和目的等关于人类生命的生存背景、生存条件、生存结局等问题的追问和探究。它提供给人以一种井然有序的世界秩序,使人摆脱混沌无序的境地。

正因为宗教掌握方式以其特有的形式回答了宇宙是什么,人是什么,并以上帝的存在来保证人生存的意义和价值,所以,虽然宗教是对外部世

---

① 《马克思恩格斯文集》第1卷,人民出版社2009年版,第4页。
② [法]帕斯卡尔:《思想录》,商务印书馆1985年版,第130页。
③ [德]海森堡:《物理学和哲学》,商务印书馆1981年版,第170页。
④ [德]卡西尔:《人论》,上海译文出版社1985年版,第120页。

界的虚幻的掌握,但是,它能够起慰藉心灵,使心灵有所归依的作用。人之异于动物的本然存在之处,在于他能够在耳目口腹的物质需求之外尚有精神的追求。这种精神需求包括力图探索和说明人类生命存在背景、条件及意义的需要,把握永恒和无限的需要,寻找自己安心立命的精神家园和终极关怀的需要。克尔凯戈尔指出:"任何冥思都有使人超逾当下现在,趋势于玄远,促使他去把握永恒的东西,由此,他才确实知道自己与世界具有一种切实的关系。不过,这种关系并非是一种关于这个世界的单纯的知识(Wissen),也不是关于作为这个世界之一部分的自我本身的知识,因为人自己在这种知识中对世界完全是无所谓的,不仅如此,这个世界就它自己那一方面来说,对关于它自己的知识同样是无所谓的。只有当关怀的问题在人的心灵中萌生之后,内在之人才在这种关怀中显现自己。所谓的关怀乃是指,世界对于人必须有意义,人对于世界也必须有意义,在人的内心,使人自己能倾听这个世界的那种东西对人来说必须有意义,从而,人对于世界才必得有意义。"[①] 找不到人之存在的意义和价值,使整个生命也就失去了根本的庇护和归宿,人就处于无所依归、无家可归、漂泊不定的虚无状态。而宗教作为人掌握外部世界的基本方式,它所探究的正是人类精神生活中终极的、无限的、无条件的方面。蒂利希说:"宗教就该词最宽泛、最基本的意义而论,就是终极的关切(ultimate concern)。"[②] 宗教所设定的神圣产品将人的生命安置于是一种具有终极意义的秩序中。终极始终是人类感受的极限,然而,它又是一种无限的力量,使人有可能超越以往的局限。由于生活具有必须充实的特性,终极实体总是超越于任何具体的(关于它的)感受和知识,与此同时,它又是表达欢乐、善、和谐与力量的最可能的方式。总之,它是最充分最真实的。"终极"的实际表现形式之一,是它在建立价值(包括终极价值或人们赖以生存的核心价值群)方面的作用。在确立什么是真的,或什么是最有意义的共同经验中,可以见到宗教对价值建立过程的影响。因此,宗教掌握世界方式作为"终极的关切","以各种各样的方式展现了它的实际作用。这种作用可表现为一种深厚的情感,也可表现为通过参加神圣的仪式

[①] [丹麦]克尔凯戈尔:《宗教的激情》,《20世纪西方宗教哲学文选》上卷,上海三联书店1991年版,第448页。

[②] [美] P. Tillich: Theology of Culture, Oxford University Press, 1959, pp. 7-8.

活动而获得自我认可；或表现为履行一种合乎宇宙秩序的，或体现神圣意志的伦理行为；或表现为经历某种超越意识的状态。在所有这些情形里，信教者都有体验到并领悟到终极实体是一种力量，它使他或她得到升华。宗教信徒就是在这种构成生命的终极源泉中确立了自己的存在。人们是在实现自身本质的过程中，使自己的精神变得充实圆满。"① 也就是说，人们通过宗教掌握方式领悟到终极意义的秩序或实体，并借此超越自己，达到与真正的终极实体的合一。这种实体可将人们从日常生活的破坏力量中拯救出来，并帮助人们摆脱生活中的困境和烦恼，超越世俗的羁绊。因为这种终极实体是提供了抵抗极度混乱之恐惧的终极保护。处于神圣宇宙正常关系中，就阻挡了混乱之可怕威胁，而脱离这种正常关系，就将被抛至无意义的深渊之边缘。因为失去了终极实体的支撑就等于"失去了价值的尺度，随之也就失去了我们的行动和忍受痛苦的意义，最后的结果只能是否定和失望。"② 而当人们充满自信地按照终极关怀的最深刻的意义生活时，就会改变自己的存在并赋予生活以新的目标，并为实现自我展现一条新的地平线。由此可见，宗教信仰掌握方式作为对终极的关切，为人类在无限的空间和永恒的时间中建构了精神的家园，在茫茫的社会生活中确定了行为规范和价值尺度，为盲目的人生标示了目的和归宿，从而使人从无知、怀疑、虚无和绝望中摆脱出来，使人获得某种确信的价值和希望，使人拥有一种归属感、家园感，使人的心灵得到慰藉，情感有所寄托，生命意志得以满足。正因为宗教是这样"深深地生根于人类的基本需要，以及这些需要在文化中得到满足的方式之上"③，所以，恩格斯在谈到宗教信仰时指出，"即使是最荒谬的迷信，其根基也是反映了人类本质的永恒本性"。④

正因为宗教方式作为对终极的关切，为人提供了某种生活的目的和意义，所以，在科学不发达的时代，在劳苦倦极、毫无希望的岁月里，在人们不能从哲学中求得理解、肯定和解脱的情况下，人们唯有转向宗教、皈依神明，以此求得一个人生目的和归宿，才能安慰其空虚、焦躁和痛苦的

---

① [美] 斯特伦：《人与神——宗教生活的理解》，上海人民出版社1991年版，第3页。
② [德] 海森堡：《物理学和哲学》，商务印书馆1981年版，第172页。
③ [英] 马林诺夫斯基：《文化论》，中国民间文艺出版社1987年版，第79页。
④ 《马克思恩格斯全集》第1卷，人民出版社1956年版，第561页。

心灵。即使在物质昌盛、科技发达的今天，这仍有广泛的社会基础。因为，即使在消除了广大人民群众的物质上的匮乏后仍留下许多社会问题和精神上的苦恼。个人仍然需要一个社会的精神方面能够提供给他的保护。宗教掌握为人类建构了精神家园，但是，这个精神家园尽管是神圣的但却是虚幻的。凭借宗教信仰，现实苦难带给人们的精神失落感、无家可归感、疏远感，尽管在这个神圣的宗教世界里找到着落和归宿，人们有了想象中的信赖和依赖，心理得到某种安慰和满足，但这种精神上的慰藉和满足都是虚幻的，仅仅是一种虚幻的自我安慰，就好像一种精神的鸦片，起的主要是自我麻醉、自我消解的作用。马克思说："宗教是人民的鸦片。"[①] 列宁也指出："宗教是一种精神上的劣质酒。"[②]

　　宗教作为人类对于世界的一种虚幻的歪曲的掌握方式，从根本上说是与人类的实践精神和科学精神相对立的。但是，它在人类历史的长期进化过程中确实是普遍存在过，并继续存在着，对人类的生活和活动产生着极大的影响。宗教在人类的实践掌握方式和理论掌握方式所及的范围之外寻找自己的地盘，并作为不充分的实践掌握和理论掌握的补充而存在。人类实践和科学发展的渐进性，决定了宗教不会很快地和轻易地自动消失。但是随着人类实践和科学的不断进步和日益充分的发展，宗教赖以生存的地盘将越来越小。但是在相当长的历史时期仍将有存在的必然性，因为导致宗教产生的社会根源并没有完全消除。所以，尽管从启蒙运动以来，西方社会宗教意识逐渐衰落。尼采还曾预言般地宣告了上帝之死。但是，宗教信仰仍在当今社会广泛存在，而且还有不少当代思想家对宗教意识的衰落深感不安。海德格尔为人们否定上帝而感到失望，觉得西方社会由此进入了一个无根基、无依托的时代。他希望人们在思与诗中为上帝的出现作准备，否则就会因盼不到上帝而没落。萨特也不无感慨地叹道："没有上帝是一件麻烦的事。"如此等等。他们都有为传统价值世界的失落，为无家可归已成为世界的命运，为人们因不再享有安身立命之所，找不到返乡之途，从失落的家园到被迫永远流浪而感到害怕和恐惧、痛苦和悲伤。他们找寻自己的心路历程，渴望能获得生命及世界的意义和根基，希望能重新听到那永恒的天国之音。这些看法和心态也从某个方面说明了宗教在近期

[①] 《马克思恩格斯全集》第1卷，人民出版社2009年版，第4页。
[②] 《列宁全集》第12卷，人民出版社1987年版，第131页。

仍有其存在的理由和必然性。但是我们不能因此而断言宗教信仰掌握方式是永恒的，不能把宗教信仰掌握方式混同于信仰掌握，不能视宗教掌握方式为建构精神家园的唯一方式。因为起码哲学也以其独特的方式为人建构精神家园。总之，宗教必将日益失去其存在的意义而逐渐走向消亡。

　　总而言之，人掌握外部世界的各种方式在人掌握外部世界的活动体系结构中所处地位和所起的作用是不同的，而且随着时代的变迁和人的本质力量的提高，其地位和作用还发生着一些变动，从而表征着人掌握外部世界的历史性的进程和演变。各种掌握外部世界的方式是相互作用着。从发生学上看，实践掌握方式居于母方式的地位，是其他各种观念掌握方式的基础和根源。观念掌握是子方式，是在实践掌握基础上逐渐分化出来的，是依赖于实践掌握的。从结构上看，实践掌握方式特别是现代意义上的实践掌握方式又必然蕴含着其他观念的掌握方式，离不开科学理论方式、艺术掌握方式、哲学理论掌握、道德掌握等方式的协同作用，而各种观念掌握也无不映现着、凝结着实践的成果。从功能上看，各种掌握方式都对人的生存和发展起着各自独特的作用，但是每一种方式对于人的生存和发展来说都是不充分的，因此，它们在功能上具有互补性。人类正是通过运用这些具有独特的功能的掌握外部世界的方式才获得自己不断丰富着的生存和发展需要的满足的。

第三章
人对外部世界的理性掌握与真理

人对外部世界的理性掌握就是对事物的理智的纯粹的认识性观照，就是实现对事物的普遍性、本质和规律的真理性认识。认识目的就是实现对世界的理性掌握，就在于追求真理。因此，解决什么是真理、能否获得真理、通向真理之路何在等问题，在一定意义上就成为人们对外部世界掌握的一个关键的基础的问题。一个人、一种思想和行动的生存权取决于它的真理权，违背了真理就意味着将被取消生存权。事实上，哲学历来重视对真理问题的研究。亚里士多德说："哲学被称为真理的知识自属确当。因为理论知识的目的在于真理。"[①] 黑格尔亦说："哲学是关于真理的客观科学，是对于真理之必然性的科学。"[②] 正如以往的哲学家们重视真理的研究一样，马克思主义哲学也把真理论作为其重要的组成部分。迄今为止，马克思主义哲学已经对真理的来源、属性、检验标准、发展规律以及真理与谬误、真理与价值的关系等问题，给予了唯物而又辩证的说明与阐发。时代在前进，实践在发展，马克思主义真理论也有待于深化和发展。要发展马克思主义真理论，必须要把握现时代的实践和科学发展的新情况，必须要反思和回答现代西方哲学在真理问题上所提出的挑战。只有把对真理问题的反思扎根于时代，扎根于实践，才能在理论上有所推进。

第一节 真理的认识论实质与存在论意味

真理是一个认识论范畴。它既是人们认识所要追求的目标，也是人们的认识活动的积极成果。一般说来，哲学家们大多肯定作为认识成果的真理是存在的。但是对于什么是真理，哲学家们却有各种各样的解释和规

---

① [古希腊]亚里士多德：《形而上学》，商务印书馆1983年版，第33页。
② [德]黑格尔：《哲学史讲演录》第1卷，商务印书馆1982年版，第17—18页。

定。在哲学史上曾出现过符合论、融合论（或称贯通论）、意志论、实用论、语义论和多余论等多种真理论。

实用主义者皮尔士认为："注定要为所有从事研究的人所终于要一致同意的意见，就是我们所说的真理。"① 詹姆斯认为真理是经验间的一种联系，即那些能对人有用，使人达到预期目的和效果的经验联系。"有用便是真理。"在他那里，"真理成了经验中所有各种确定的有效价值（waking value）的类名"。② 杜威认为一个观念的真理性取决于它的效用性，真理就是"有理由的可断定性"。达米特把真理解释为辩明。普特南则把真理视为理想的辩明。

贯通论认为真理表现为一组命题之间的贯通关系或相容关系，即一个命题的真理性取决于它是否与该命题系统中的其他命题相一致。早在古希腊，柏拉图的《智者篇》就有这种理论的萌芽。在近代，在斯宾诺莎、莱布尼兹、黑格尔等唯理论者的著作中都可找到这种理论的阐述。在现代，它首先在新黑格尔主义者布拉德雷、布兰夏德等人那里得到系统的阐发；其后又在逻辑实证主义者纽纳特、亨普尔以及其他学派哲学家那里得到进一步的发挥。布拉德雷说："真理是对宇宙的一种理想的表述，它既是融贯的，又是无所不包的，它不应自相矛盾，而且不应有任何它不能包罗的东西。简言之，完美的真理必须如实地体现出系统整体的观念。"③ 布兰夏德认为真理是一个融贯系统。融贯的真理也就是一个具有必然性的系统，是一个在其分子之间保持相互依存、相互蕴涵的内在系统。融贯性、必然性、系统性以及内在关系都是真理的特征。④ 纽纳特认为相容性（consistency）、关联性（connectedness）和完全性（completeness）是判断命题真理性的条件和根据。⑤ 美国哲学家 R.T. 列赫说："连贯性既是真理的标准，也是真理的本性。"⑥

符合论真理观认为，如果一个思想符合于对象，这个思想、认识便是

---

① ［美］怀特：《分析的时代》，商务印书馆1986年版，第150页。
② ［英］罗素：《西方哲学史》下卷，商务印书馆1982年版，第170页。
③ ［英］布拉德雷：《真理和实在论文集》，牛津1914年版，第223页。
④ 参见［美］布兰夏德《思想的性质》，伦敦1939年版，第265页。
⑤ 参见涂纪亮《分析哲学及其在美国的发展》（上），中国社会科学出版社1987年版，第216—220页。
⑥ 转引自《哲学译丛》1984年第4期，第32页。

真的，否则便是假的。真理符合论据说最早由亚里士多德提出。他认为："每一事物之真理与各事物之实必相符合。"① 后来，斯多葛学派、托马斯主义以及康德和黑格尔等也持这种看法。斯多葛学派承认真理的一般定义，即"真理是对象和意识的一致"。② 他们认为："单之意识本身并不就是真理或概念，还需要有对象。"③ 托马斯·阿奎那认为："理智的真理就是理智和所认识的事物的一致性。"④ 伽桑狄认为："真理只是判断和所判断的二者之间的一致性而不是别的。"⑤ 洛克认为："真理不是别的，只是指各种符号（观察或文字）的结合与分离，同它们所表示的事物的契合与不契合是一样的。"⑥ 狄德罗认为："真理就是我们的判断与现象的一致。"⑦ 康德认为："真理乃知识与其对象一致。"⑧ 黑格尔认为："真理定义所要求的东西，即概念与其对象的一致。"⑨ 在他看来"观念与对象的符合"、"对象意识的一致"是真理的一般定义。在现代西方哲学中，维特根斯坦从逻辑原子论和图像论出发，认为"图像之为真为假，就在于它的意义与实在是否一致"，"为了认识图像是真是假，我们必须把它与实在相比较"，"仅仅从图像本身是无法认识其为真为假的"。⑩ 罗素在其《意义和真理的探索》中明确主张真理符合论，认为基本命题的真理性则取决于它们与某些事件的关系，而其他命题的真理性则取决于它们与基本命题的句法关系。在《人类的知识》中他把真理定义为信念与事实的符合。石里克和卡尔纳普认为基本命题的真理性取决于它们与某些事实的关系，而其他命题的真理性则取决于它们与基本命题的句法关系。日常语言学派的奥斯汀试图提出一种以约定性惯例为根据的符合论，以取代罗素等

---

① ［古希腊］亚里士多德：《形而上学》，商务印书馆1983年版，第33页。
② 转引自［德］黑格尔《哲学史讲演录》第3卷，商务印书馆1978年版，第23页。
③ 转引自［德］黑格尔《哲学史讲演录》第3卷，商务印书馆1978年版，第24页。
④ ［意］托马斯·阿奎那：《神学大全》，引自《哲学译丛》1978年第3期，第64页。
⑤ 北京大学哲学系外国哲学教研室编译：《十六——十八世纪欧洲各国哲学》，生活·读书·新知三联书店1958年版，第203页。
⑥ ［英］洛克：《人类理解论》，商务印书馆1959年版，第566页。
⑦ ［法］狄德罗：《关于〈私生子〉的第三个谈话》，转引自《外国哲学史研究集刊》第3辑，上海人民出版社1980年版，第188页。
⑧ ［德］康德：《纯粹理性批判》，生活·读书·新知三联书店1957年版，第74页。
⑨ ［德］黑格尔：《逻辑学》下卷，商务印书馆1976年版，第261页。
⑩ 《西方现代资产阶级哲学论著选辑》，商务印书馆1982年版，第258、259页。

人以同构关系为根据的符合论。

其实,符合论的观点还不只为上述各派哲学家所持有。可以说塔尔斯基的语义论真理论也是一种真理符合论。塔尔斯基指出:"一个语句是真的,如果它指示一种存在着的事态。"① 语句的真理性取决于它与现实相符合或相一致。不过,他认为这些说法都不够清楚和精确。他给自己提出的任务就是以现代数理逻辑为手段,从语言学角度给真理下一个内容上适当的、形式上正确的定义。为此,他提出了"约定 T"(convention T):(T) X 是真的,当且仅当 P。这种形式表明,对象语言中任何一句话"X"成真的条件是客观存在的"P"。他分两步提出他的真理定义:首先他给"在对象语言中得到满足"来给"在对象语言中为真"下定义,即通过满足来给真下定义。"如果一个语句被所有对象所满足,那它就是真的。"② 他自己认为他的"表述与亚里士多德的直觉内容是一致的"。③ 此外,许多融合论者也同时持真理符合论观点。真理融贯论者斯宾诺莎认为:"真观念必定符合它的对象。"这意思就是说,"客观地包含在理智中的东西,一定必然存在于自然中"。④ 实用主义真理论从某种意义上说,也可以称为符合论真理论。詹姆斯把符合论真理定义看作是理所当然的事。他说:"任何辞典都会告诉你们,真理是我们某些观念的一种性质,它意味着观念和实在的符合,而虚假则意味着与'实在'不符合。"⑤ 由此可见,符合论真理观比其他各派涵盖面要广。

上述各派对真理的规定虽然或多或少有合理和可取之处,但不能由此认为这些观点就是科学的。诚然一个知识复合体内部有矛盾,那么,其中必定有假。这也就是说,在较深的意义上,真理的内在尺度在于认识自身的系统性。在这个意义上,贯通论是有意义的,因为它强调了一个命题与同体系中其他命题间的贯通关系或一致关系。但是,如果把贯通性视为真

---

① 《真理的语义概念和语义学的基础》,载费格尔和塞拉斯编《哲学分析读物》,1949 年版,第 54 页。
② 《真理的语义概念和语义学的基础》,载费格尔和塞拉斯编《哲学分析读物》,1949 年版,第 63 页。
③ 《真理的语义概念和语义学的基础》,载费格尔和塞拉斯编《哲学分析读物》,1949 年版,第 69 页。
④ 北京大学哲学系外国哲学教研室编译:《十六——十八世纪欧洲各国哲学》,生活·读书·新知三联书店 1958 年版,第 166、183 页。
⑤ 参见 [美] 戴维林《真理、意义、行动与事件》,商务印书馆 1993 年版,第 101 页。

理的本质规定那就会引起理论上的很大困难，因为没有逻辑矛盾的命题或理论并非都是真理。有些自圆其说的谬论可能不包含逻辑矛盾，然而并非真理。可见，融贯论并没有揭示真理的本质规定。

真理是人类生存和发展所必需的，其功能在于帮助人们正确地认识世界与改造世界。它揭示了客体本身所具有的满足主体需要的种种属性，因此，它对于人是有用的、有价值的。但是，对人有用的有价值的并不一定是真理，而且同一思想对于不同的阶级、不同的人有时其效用是截然不同的，这样岂不造成同一思想既是真理又不是真理的状况。所以，如果把有用性等同于真理性，只能导致取消真理论。

真理的古典符合论定义确实抓住了认识与其对象的符合关系这一真理问题关键所在，更加突出了真理问题的认识论意义，但过于抽象和一般，可以从哲学上作出不同的解释。不同派别的哲学家都可以从这一定义出发，通过不同的哲学解释，引出不同的真理观。唯心论和唯物论、先验论与反映论、形而上学和辩证法都可以接受这一定义。所以符合真理论并不是统一的真理论派别，仅仅在承认这个抽象的定义上具有一致性。至于与什么符合，真理所要符合的对象是什么，如何符合，符合指什么等等一系列问题，回答是完全不同的。

在亚里士多德那里符合是与客观存在的事物相符合。所谓"若对象相合者认为相合，相离者认为相离就得真理"。[①] 在托马斯·阿奎那哲学中，真理则是与上帝的理智相符合。在康德看来符合实际上就是知识与知性和理性能力所能达到的界限相一致，否则为先验假象。[②] 在黑格尔那里，真理作为观念、概念与其对象的一致实际上就是认识与独立自存的具有客观性的观念、概念相一致，亦即观念、概念与其自身一致。他说："认为这玫瑰是红的，或不是红的，这类性质的判断包含有真理，乃是一个最主要的逻辑偏见。至多可以说，这类判断是不错的……但真理完全取决于它的形式，亦即取决于它所确立的概念和与概念相符合的实在。"[③] 实用主义所谓符合就是与自己的主观需要和利益相符合。在维特根斯坦、

---

① [古希腊]亚里士多德：《形而上学》，商务印书馆1983年版，第186页。
② 参见《符合真理论的困境：康德的挑战》，载《德国哲学》第8辑，北京大学出版社1990年版。
③ [德]黑格尔：《小逻辑》，商务印书馆1980年版，第345页。

罗素、石里克、卡尔纳普那里，符合只是认识与"事实"、"事件"相符合，而"事实"、"事件"是什么，在他们那里又是含糊不清的，由此可见，各派对于与什么相符合看法是不一致的。

同时，各派对于"符合"（correspondence）本身的理解也众说纷纭。近代机械唯物主义认识论把符合理解为照镜子式的摹写、复写、摄影。实用主义把符合理解为满足或引导作用。俄国马赫主义巴扎罗夫则有意把"关于事物及其特性的知觉是同存在于我们之外的现实相符合的"其中的"符合"，歪曲为"等同"，从而得出"感性表象也就是存在于我们之外的现实"这样荒唐的结论。在现代西方语言哲学中对符合一词的理解也不甚一致。正如皮彻、格雷林等人所认为的至少有两种：一种是强意义的理解，即把符合理解为"吻合"（congruity），就如，当我们把一张撕破了的纸重新拼接时，其边缘恰好吻合到一起。罗素和维特根斯坦把符合理解为"逻辑的吻合"应属这一类。他们把符合理解为命题和事实、基本命题和事态、名称和对象一一对应关系或同构关系。这种理解有一定的机械论色彩，亦会碰到一定的理论困难。如事实和命题中究竟有多少构成成分，这些构成成分是否严格对应等。另一种是弱意义的理解，即把符合论理解为"关连"（correlation），如收支簿上一笔账与某一笔交易相关连，陆军中一个官阶和海军中一个官阶相关连。怀特倾向于作这样的理解。在他看来，这种理解保留了"P为真当且仅当P"无可辩驳的原则。因为谈论一个断定这就是事物的存在方式的特定陈述时，其意思不过是指所说的东西符合于事物的存在方式而没有必要作进一步的解释。格雷林认为对符合所作的弱意义的理解并没有清楚地说明命题与事实之间的关系，也是不能令人满意的。[①] 奥斯汀对符合的理解也属这一类。他把"符合"仅仅看作通过约定或规则使陈述和世界连结起来。他说："描述性约定把语词（＝语句）与世界上发现的境况的类型，即事物、事件等等联系起来，指示性约定把语词（＝陈述）与在世界上展现的某些历史境况等等联系起来。当通过指示性约定与一个陈述相联系的历史事态（即这种陈述所指示的事态），隶属于通过描述性约定与用以作出这个约定的语句相联系的那种类型时，这个陈述性便是真的。"[②] 这种用描述性约定和指示性约定之间

---

① 参见［英］格雷林《哲学逻辑导论》，1982年版，第148—151页。
② ［英］奥斯汀：《真理》，载皮彻（G. Pitcher）编辑的《真理》，第22页。

的一致关系来说明符合关系虽然有新颖之处，但仅仅适用于那种与某个特定的表述者和表述时间相联系的"索引式陈述"，而不适用于普遍陈述或非限定陈述，更主要的，它用约定来说明符合关系，就否定了符合关系所具有的客观性质。

塔尔斯基的语义论真理论基本倾向是唯物主义的，因为它强调一个语句的真理性取决于它是否与客观实际相符合，试图从语义学角度给符合论真理概念下一个内容上适当、形式上正确的定义，这种做法本身也是一种可贵的尝试。诚然，对真理的认识不只是为真语句下一个适当的定义，但是，如果能够确切地规定语句在什么条件下才为真，自然亦是认识真理的一个重要方面。所以，从这个新方向进行探索是有意义的，它有助于我们进一步完善古典真理定义。但是，它的真理定义只适用于形式化语言，而不适用于自然语言，因为后者无法满足定义所要求的形式上正确这个必要的条件。这一点表明了语义论真理的局限性。当然，这里的关键问题不在于自然语言和形式语言的区别，而在于真理问题其实并不仅仅是语言问题，仅仅从语言学甚至语义学角度给真理下一个形式的定义，那仍然不能正确地解决这个问题。从某种意义上，正如 D. 维蒂希所指出的，"塔尔斯基所谈的不是真理概念的定义——这是一项哲学任务——而是部门科学的要求：怎样在语言中准确地使用真的这个语言词汇"。[①]

概而言之，上述各派真理论虽然对真理问题作了许多有益的探讨，但从本质上看都是不科学的。这种情况的存在是同它们没有科学地揭示认识的本质以及科学地回答哲学基本问题有关的。真理问题不是一个孤立的理论问题，而是受认识论和本体论其他理论问题制约的。反过来，对真理本质的揭示也体现了一定的存在论和认识论观点，蕴含着对哲学基本问题和认识本质的回答。可以说，真理问题的科学解决是建立在对哲学基本问题，对认识本质等问题的正确回答基础上的。而这个任务就历史地落到马克思主义哲学肩上。

马克思主义哲学在批判吸收前人认识成果的基础上，以实践的唯物主义为出发点，运用合理的辩证法解决思维和存在、精神和物质的关系问题，对真理问题作出了自己的理论回答。

在实践唯物主义看来，真理是主客观的统一，而不是主客观的分离和

[①] 《真理观在马列主义认识论中的地位和内涵》，《哲学译丛》1984 年第 6 期，第 23 页。

对立，是在实践基础上，主客体相互作用达到统一的一种认识结果。它表征着主体对客体的存在状况、结构、属性、本质和规律，在观念上实现了如实的把握，标志着主体获得了关于客体的某种确定的信息，从而实现了与客体的实际状况相符合的认识。一句话，真理就是客体的状况及规律在人的意识里的正确反映。列宁说："真理是对象和认识的一致＝真理的著名定义。"①

主客观的统一可以说是真理的本质所在。因此，真理也就既具有客观性又具有主观性，是客观性和主观性相统一的认识。这里所谓客观性不是指康德所说的认识之必然的"普遍有效性"，也不是指波普意义上的认识的"非私人性"，即客观知识所具有的能被主体间相互体验分享的性质。这里的客观性指的是认识与对象的符合性、一致性，指的是达到了不以认识愿望和意志为转移的内容，不管其认识对象是自然界的物质运动或社会的物质运动，还是地球上最美丽的花朵——思维着的精神。真理的客观性取决于反映内容确有其事，不管这些事是物质的客观性，还是精神的客观性。按照世界的本来面貌去反映它，没有丝毫的主观臆断和任意歪曲。这就是真理，这就是认识的客观性。否则就是谬误。恩格斯说："人们决心在理解现实世界（自然界和历史）时按照它本身在每一个不以先入为主的唯心主义怪想来对待它的人面前所呈现的那样来理解；他们决心毫不怜惜地抛弃一切同事实（从事实本身的联系而不是从幻想的联系来把握的事实）不相符合的唯心主义怪想。"② 列宁把真理看作是在人的表象中，所具有的"不依赖于主体、不依赖于人、不依赖于人类的内容"。③ "对真理的认识就在于：把客体作为不附加主观反思的客体来认识。"④ 这些论述都进一步阐发了真理客观性的内涵。

真理的客观性是一种观念形态的客观性。如果离开人的认识，客观事物本身无所谓真理与谬误的区分。那种以对真理的语源学和语义学分析为根据把真理的客观性等同于客观事物本身的观点是错误的。大家知道，真理一词在西方哲学中源于希腊文。在希腊文中真理（αληθεια）的意思是

---

① 《列宁全集》第55卷，人民出版社1990年版，第251页。
② 《马克思恩格斯文集》第4卷，人民出版社2009年版，第297页。
③ 《列宁选集》第2卷，人民出版社2012年版，第81页。
④ 《列宁全集》第55卷，人民出版社1990年版，第155页。

没有保留、没有遮盖，意即事物的真实性和实在性。在英文中，真理（truth）一词具有三种含义：（1）符合于事实或实在并具有必然性的判断、论点；（2）自然界事物的真实存在或状况；（3）概念判断同实在相一致的那种属性。不过就其原义来说，truth 就是"真"或"真实"。在德语中，真理（wahrheit）一词也具有实情、真相、真实性的含义。俄文 ИсТИНа 也可作事实、真相、实际情况的解释。在西方诸多语言中，真理这个词，还可以解释为本质、规律甚至笼统地指客观世界。可见，在语源学和语义学上，真理与真实可以用同一语词来表达。但是，尽管如此，真理与真实，真理的客观性与客观实在作为哲学范畴其内涵是不同的。真实、真在，无论是相对于虚幻性而言的实实在在的存在，还是相对于假象而言的本质，还是相对于遮盖性而言的展开性、敞开性，还是从事物发展变化角度而言的合规律性存在，在认识论范围内都只能指认识的对象，认识的客体，而不是认识本身。而真理则涉及认识、知识与其认识对象的关系问题。真假与否在认识论范围只是人的认识的真假与否，离开主体对客体的反映，离开人的认识活动也就根本不存在什么真理和谬误的问题，也就不存在真理的客观性问题。真理的客观性同客观事物的客观性是不同的。客观事物的客观性是独立于人的意识之外的客观实在性，而真理的客观性则是在意识中真理内容与其对象符合性，不掺杂和附加主观成分性。因此，不能把真理的客观性混同于客观事物的客观性，混同于客观事物本身。

真理具有观念形态的客观性，也是具有客观性的观念形态，因此具有主观性。真理的主观性当然不是内容的主观性而是指其形式的主观性。人对客观事物的本质和规律的反映过程就是人把客观事物加工改造，转化为观念的过程。关于客观事物的观念无论如何正确地反映了客观事物，但它并不是客观事物本身，它与客观对象相比，永远是第二性的东西。也就是说，作为观念形态的真理，它的内容虽然来自于客观事物，具有客观性，但终究是经过人脑加工过了的客观事物的主观映象，是人们运用概念、判断、推理等思维形式对客观事物的本质和规律进行抽象、概括而产生的，是主体运用已有的认知框架、图式的选择、确定、建构、重铸等作用，在观念上形成主体对属性、关系、本质及规律的辩证重建后主体化的产物，其客观性的内容是通过主观性的思维形式表达出来的。这样，它就不得不具有主观性。

总之，作为人类认识的积极成果的真理性认识都是思维形式和客观内容的辩证结合。人们是借助于语言、文字，运用概念、判断等逻辑形式即思维形式来实现对客体的客观内容的正确把握的。因此，真理按其内容来说是客观的，按照形式来说是主观的，主观的思维形式负载着客观性的不带主观附加成分的关于客体内容的信息，而客观性的内容则以概念、判断等思维形式为外显方式，因此，真理是主客观的统一。

真理作为主客观的统一是在主客体相互作用的动态过程中，在主体客体化的实践基础上逐步实现的，因此，真理也是主客体的统一。可以说，真理是代表和体现着主客体相互作用基本内容的范畴。真理本身不是自生自灭的东西。具有真理性的认识、思想来自实践，又必然超越人的思想领域进入实践范围，接受实践检验，以实践为唯一检验标准，并在实践中得以进一步发展。可以说，实践活动是认识发生更是真理发生、形成和发展的关键性环节和根据所在。所能正确把握的客体只是那部分与人的实践需要相联系并经过实践的中介已经人化了的或者正在人化着的客观世界。"实践是一个环节，并且也就是向客观的……真理的过渡"。[①] 正是通过实践这一环节的能动作用，现实的各个环节的全部总和才向实践—认识活动主体展开，束缚在、隐匿在事物中的关于事物内部本质、内在规律的大量信息才向主体输送，为主体接收，并在主体的头脑中以理论的形态被反映出来。因此，真理的获得和确立离不开主客体相互作用的实践，离不开主客体之间全面关系的分析和综合，而不只是与主观、客观的静止有关。

真理作为与主客体的全面关系相联系的范畴，作为主客体之间整体性关系的范畴，它不是一种单纯的思想形式、认识形式，而是思维形式中具有的不依赖于主体，没有任何主观附加的客观性内容。在主客体关系中它主要代表和体现着客体性的成分，是客体在主体中实现自己、映现自己的一个结果。它高度概括了人类生活中普遍存在的一个基本内容，即主体客体化或客体尺度的内容。因此，它能为实践活动提供规范化的"客体"，是实践活动中不可缺少的客体性要素。它代表客体规律并作为条件制约着和匡正着主体的行为，成为主体在实践中必须接受和服从的一种客观力量。因此，真理具有实践的功能、意义和价值。可以说，成功的实践过程也就是真理掌握主体，主体执行贯彻真理的过程。由此可见，真理不但是

[①] 《列宁全集》第55卷，人民出版社1990年版，第181页。

认识中的真实性内容，而且也是实践中的真实性的内容。

因此，如果我们不是人为地限定真理的理论范围，不拘泥于真理的认识形式，而是把它的实质作为标志，从人和世界、主体与客体的总体性来把握真理，就不难看出真理扎根于实践之中这一事实。可以说，真理是在实践中才能形成和被确立的，是为着实践而把握的，脱离了实践，真理就失去了客观依据和存在形式。真理的形成和应用体现了人类对客观尺度及其作用的自觉意识。它是这一尺度的现实思想和理论形式。因此，从更广泛、更全面的意义上，真理就不只是认识论范畴，而且也是一个实践论范畴，是实践—认识活动的整体性范畴。

真理作为一个实践—认识整体性范畴，同时还具有本体论意味。过去我们常常忽略或不习惯于了解真理的这一面。除了强调真理论的本体论前提和预设外，即真理问题的解决同哲学基本问题有直接关系外，很少谈论这个问题。而在现代西方哲学中，与唯科学主义把真理局限于认知范围内不同，人本主义特别是海德格尔的存在主义和伽达默尔的解释学则特别强调真理的存在论和本体论意义。

"真理具有本体论存在论意味"与"真理是本体论范畴"这是两个性质不同的命题。后者指的是真理问题属于本体论问题，如果坚持这样的看法，就势必混淆真理与客观事物本身的关系，这是错误的。而前者强调的真理问题与本体论、存在论问题具有某种关联性质。

真理问题虽然是一个认识论问题，但具有深刻的世界观性质。真理不是与本体论、存在论毫无关系的纯主观思想范围内的东西。真理所表示的不仅仅是一般所谓认识、思想、观念、表象与对象的一致、符合，而是具体表示与对象符合一致的认识、思想、观念、表象中的客观性内容。因此，真理不但通过思想形式反映客体的状态、状况、结构、属性、本质和规律的某种确定信息，而且也意味着指称了具有这些确定信息的对象的存在。因此，当我们说某种认识是对客观实在的客体的正确反映时，就意味着这个认识确实指称、表示了某种客观实在的客体（的真实情况）的存在。如果一个思想没有对客观实在的客体作出正确的反映，那么，这个思想认识也就没有指称、表示某种真实的对象。反过来说，如果某种思想形式没有指称、表示某种真实的对象，它就不是真的。由此可见，真理不但是一个认知概念而且也是一个意义指称概念，它在逻辑上蕴含着人们对外部世界的一种事实性肯定或确认，具有某种本体论意味或牵涉一种本体论解释或理解。真理是主客体相互作用所达成的统一的一种认识成果，而且同价值一样，真理意义也表现出主体与客体之间的承诺意味。如果说价值是人类合目的性地作用于对象世界的实质性意义，是客体对于主体之存在和本质的主体化意义的承诺，反映着人类自我主体化世界的内在意义，那么，真理则是人类合理性地表达对象世界的基本方式，是主体对客体之存在和本质的客观性意义的承诺，反映了人类对象化世界的存在意义。

真理是人的认识活动的积极成果，但作为实现了对客体的状况、结构、属性、本质和规律正确把握的认识成果，它与人的存在及其状况有着极为重要的关系。马克思说：真理是"思维的现实性和力量"，是确证人之主体性的人的本质力量。发现真理和掌握真理就意味着客观对象的物质力量向人的本质力量的转化，向人的精神无机界的转化。人所掌握的真理越多，那么他的本质力量就越强大，他的精神无机界就越丰富。人在什么程度上获得了真理就意味着这个人在什么程度上掌握了世界。所以，真理是人的存在的一个构成部分，真理的状况决定了人的生存状况及生存时空的界限。可以说，一个人、一种思想和行动的生存权取决于它的真理权，违背了真理就意味着将被取消生存权。从古到今，人类生存质量的改善、生存空间的扩大和拓展，都是真理的力量使然。因此，真理具有存在论的意味。

由此可见，我们既不能因为真理是一个认识论范畴而忽视真理所具有的本体论、存在论意味，也不能因为真理具有本体论、存在论意味就把它视为本体论范畴。这两种倾向都是错误的。

总而言之，真理是人类认识和掌握对象世界的结果，它以概念等形式为外显方式，以实践为发生学基础和目的所在，以合规律性或认识主体对外部客观世界的内在因果必然性和普遍规律性把握为内容的主客观、主客体的辩证统一。它既是人对外部世界的认知，也是人对外部世界的事实性肯定，表征着人的一种本质力量。它是实践活动的客体性要素和人的生存的一个基本准则。因此，人类对真理的认识追求既表现出自在目标的理想意味，又表现出自为的合目的性质。

第二节　人对外部世界真理性掌握的辩证运动

人对外部世界的真理性掌握是一个不断拓展与深化的历史过程，充满着辩证法。

（一）认识的主体性与真理的客观性

认识具有主体性，而认识活动所要追求目标是具有客观性的真理。认识的主体性并不是指主观随意性，它强调的是认识是积极能动的创造和反映，它表明认识总是在一定的认知定式的统摄下展开认识活动的，总是自觉不自觉地运用已有的认知图式去筛选、加工整理客体的信息，认识和把握对象世界，因而使整个认识活动不可避免地打下主体因素的印记，具有主体性特征。而真理的客观性指的是认识与客观对象的符合一致性，指真理的内容的客观性而非主观随意性。客观性要求人们必须最大限度地排除主体因素对认识结果的消极影响、干扰和扭曲，以便获得关于客观对象本质和规律的正确认识，即按照客观事物的本来面目去反映事物，从对象自身去说明对象。我们认为认识的主体性与真理的客观性并不是完全统一的，亦非截然对立、互不相容。认识的主体性具有两极性，从其消极影响来看，它是导致认识主观性的渊薮所在，但从其肯定方面来看，它又是获得具有客观性的真理性认识的根据和条件。

那么，为什么说认识的主体性有可能成为导致认识结果主观随意性的根源呢？大家知道，人的心灵不是一块白板，不是客观对象如何刺激就如何反映，认识不可能像机械唯物主义所认为的那样是消极的、被动的、直观的照镜子式的反映。可以说，主体对客体的反映，主体对客体的本质和规律的观念把握，主体对客观真理的探寻是通过一系列的主体能动作用实现的。马克思说："观念的东西不外是移入人的头脑并在人的头脑中改造过的物质的东西而已。"[1] 列宁认为认识过程是"一系列的抽象过程"。[2] 这种"移入"、"改造"和"抽象"都是在主体认知定式作用下进行的。所谓认知定式，就是主体完成一种认识的现实的内部的准备状态和主体性条件。它包括世界观、经验和知识储备、认知图式和思维模式、需要意识和价值观念以及意志、情绪等方面因素的综合。作为一种已经现实地设置着的具有相对稳定性的主体势，它影响和制约着主体接收信息、加工处理信息的感知过程和思维过程。可以说，主体在认识过程中正是根据自己的

---

[1] 《马克思恩格斯文集》第5卷，人民出版社2009年版，第22页。
[2] 《列宁全集》第55卷，人民出版社1990年版，第152页。

需要、凭借自己已有认知图式、思维模式、知识和经验储备，通过思维操作对客体所提供的信息进行选择、疏导、加工、整理，从而超越了客体的个别性、现象的表面性、感性的杂多性，达到思维的反映形式。但是在这个能动的抽象过程中，在这个"无限地近似于一串圆圈、近似于螺旋的曲线"的认识运动过程中，随时有可能"把认识的某一个特征、某一方面、某一侧面、片面地、夸大地……发展（膨胀、扩大）为脱离了物质、脱离了自然的、神化了的绝对"，随时有可能把"这一曲线的任何一个片断、碎片、小段"，"（被片面地变成）独立的完整的直线"，[①] 从而导致认识结果的主观性、片面性和随意性。

认知定势是新的认识得以发生的主体势能，但是在认识过程中如果把它的功能加以夸大，或不适当地加以运用就有可能导致认识的主观性。大家知道，认知定势一经形成就有某种相对的稳定性，特别是对具体的主体来说，认知定势在形成以后就比较难以改变，或改变的幅度往往受到限制。每一特定的认知定势结合和同化外界事物的空间容积、功能、格局和模式在可容性、可塑性和普适性方面都是有限度的。如果超越其原有的界限，无限制地扩大其可容性和普遍性，丧失其可塑性和开放性，就势必导致认识的主观性。当认知定势的结构僵化、功能凝固时，人们不但不能根据事物的变化来建构新的认知定势，相反会沿着某种封闭性的思维惯性去看待事物，甚至把本来同原有认知定势不相适应的事物（或其各个层次、各种属性、各个方面和规定等）强行纳入到原有认知定势的框架和模式，削足适履地使复杂多变的事物适应僵化的认知定势，其结果必然造成主体信息在深度和广度上的局限性和加工处理信息的单一性、主观性，使内外信息交流发生阻塞性效应，最后势必造成谬误和认识活动的失败。

不但认知定势的总体功能不能加以夸大，结构不能固化僵化，而且组成认知定势各个要素的功能也不能加以夸大，否则亦会导致认识结果的主观性。在认知定势中，已有的经验是主体同外部具体事物的一种具有明显感性特征和直接性特征的联系方式，但它的空间容积和功能是有严重局限性的。如果把它固定化，并把它的功能夸大，那么，在面对新的认识对象时就不但不能突破它原来所及的范围和层面，而且原有的经验定势会抗拒接受新的经验事实。知识是人们观念地或理论地掌握的关于事物的某种有

---

① 《列宁全集》第 55 卷，人民出版社 1990 年版，第 311 页。

逻辑结构的系统化的信息组合。它为主体接受和加工处理信息，提供内在的参照系以及操作的工具、方法、范本和样式，对完成新的认识起着准则、规范和范例的作用。但是如果把它的功能加以膨胀，一切从已有的知识，而不是从实际情况出发，用已有知识来裁剪现实对象，那么就会导致认识的主观性。人是智、情、意的统一体。因此，在实际的认识过程中，意志、感情、情绪、价值观念和需求意识也参与了认识的活动过程，成为认识活动的激活因素和支撑因素，但是，如果认识主体不注意控制和克服它们对认识内容的渗透，不把它们置于理智的支配下，甚至一切从目的、要求、愿望、动机出发，一切从想象、意志、情绪、情感出发去看待事物，代替对客观对象的全面的分析，这样非理性因素势必会歪曲客体的本来面目。世界观是主体精神世界的核心和灵魂，但有正确和错误之分。唯心主义和形而上学往往阻碍主体对客观真理的全面把握。在阶级社会里，任何主体都处于一定的阶级关系中，因此，世界观也就带有阶级性。阶级性是制约主体在认识中能否使自己的思想具有客观性内容的重要因素。如果不能超越自己的阶级局限性，而是从本阶级的利益需要出发去看待事物，以阶级利益、立场、原则作为轴心和参照系来筛选信息，那么，必然无法全面把握客观对象。特别是在剥削阶级那里，阶级性和认识所要求的客观性往往是相矛盾的。阶级性往往成为一种固定的定势，限制着剥削阶级特别是处于没落阶段的与历史发展潮流相违背的剥削阶级对客观真理，特别是社会历史发展规律的掌握和应用。

由此可见，在主体能动地认识客体的过程中，由于主体认知定势及各种组成因素的干预和渗透，认识过程有可能受到严重消极的影响和干扰，有可能把一些主观的成分加到客体上去，并把这种主观的成分作为自己思想中关于客体的内容，甚至有可能以臆想代替客观的分析，以成见代替实际结论，以片面的认识代替全面的真理，从而导致谬误的产生。因此，认识的主观性、片面性、随意性的产生，是与认识活动的主体性有关的。但是我们不可由此断定，认识的主体性与真理的客观性是互不相容的、彼此截然对立的。因为主观随意地歪曲反映客体及其本质这不是主体性的全部功能特性或主流，更不是其目的和本质所在，它仅仅是认识活动主体性的负面效应，亦可称为反主体性效应，主体性的否定效应。它是没有正确地发挥主体性作用的结果，从某种意义上，也可以说主体性不足的表现，即主体的本质力量没有强大到足以驾驭认识对象的程度所导致的结果。认识的主体性除了负面效应外,更重要的还有正面效应、肯定效应、积极效应。那是认识主体通过发挥认知定势的能动作用从而接近客观对象,获得真理性认识的效应。具有客观性的真理性认识的获得正是人们正确发挥主体性作用的结果,也是积极高扬主体性的目的和本质要求所在。正是认识的主体性使真理的获得成为可能。可以说,人在认识中不能超越主体性,但是能够超越主体性所产生的消极影响,能够克服反主体性负面效应。那种认为要保证真理的客观性就必须克服和抛弃认识的主体特性的观点,以及那种从认识的主体性出发否定客观真理的观点都是错误的。认识的主体性和真理的客观性在一定条件下是能够达成辩证统一的,这是一种途径和目的的统一,前提和结果的统一。

那么,为什么说认识的主体性是获得真理性认识的前提和根据呢?

首先,人在何种程度、何种层次上、何种范围内能够实现认识的客观性,获得具有客观性的真理,是由人的本质力量和认知定势所决定的。诚然,真理的最终源泉是客观实在,客体决定主体认识内容的客观性,但客体不会自动地转化为主体思想的客观性内容。大家知道,客观事物无论种类、性质、层次、结构、关系、功能等等都具有无限丰富性。列宁说:"世界比它的显现更丰富、更生动、更多样化。"[①] 那么为什么有的事物成为了认识所指向的对象,有的却未能进入认识领域,这不能由客观事物单方面来说明。何种事物或现象成为现实的认识客体。客体的哪个层次、方面、属性能转化为主体思想的客观内容,这是由主体的状况所决定的。可以说,真理的内容来源于客观实在,但就真理的获得和掌握来说,又是依赖于主体。首先就依赖于主体的认识目的。目的和需要决定着认识主体对认识对象的选择。一定的主体总是有选择地去认识那些同自身的主导需要相一致和有关联的对象。其次就取决于主体的认知定势和本质力量。"对象如何对他说来成为他的对象,这取决于对象的性质以及与之相适应的本质力量的性质;因为正是这种关系的规定性形成一种特殊的、现实的肯定方式"。[②] 人们所拥有的本质力量的不同,认知定势的不同,导致人们所能获得的具有客观性的真理性在对象、范围、层次、程度上的不同。主体能否获得认识客体的客观性内容、确定性信息,达到真理性认识,关键就

[①] 《列宁选集》第2卷,人民出版社2012年版,第88页。
[②] 《马克思恩格斯全集》第42卷,人民出版社1979年版,第125页。

看主体的本质力量是否强大到足以驾驭客观对象的程度。古代人之所以不能获得微观领域的真理性认识，就在于他们的本质力量无法驾驭这类对象。"我的对象只能是我的一种本质力量的确证，也就是说，它只能象我的本质力量作为一种主体能力自为地存在着那样对我存在，因为任何一个对象对我的意义（它只是对那个与它相适应的感觉说来才有意义）都以我的感觉所及的程度为限。"① 总之，人们能够在何种范围内和程度上实现对客观对象的真理性把握就取决于体现了主体的本质力量的认知定势对外部世界有效结合、同化达到了什么程度和范围。

其次，真理的客观性之所以必须以认识的主体性为根据，还在于真理的获得是建立在作为主体性的表征和实现途径的实践活动基础上的。客观事物诚然是真理的源泉，但客观事物在进入认识范围之前，总是以一定的结构、功能状态存在着。人只有通过自己能动的实践活动，对其进行加工、改造，才有可能使客体的结构、功能特性暴露出来，成为可以被人的感官所接受的信息，或者可以被仪器所反映的"效应"，才能实现对它的认识。特别在微观的科学研究领域，主体和客体之间的联系是借助于复杂的中介手段而进行的实验来实现的。因此，马克思在批判旧唯物主义认识论只从客体去理解时指出，应该"从物质实践出发来解释各种观念形态"。② 普列汉诺夫指出："我们的'我'因为自己对客体的影响才认识了客体。"③ 因此离开实践和实验等主体能动作用，我们就无法完成认识的任务。现代自然科学就表明，在微观高速运动领域中，客体及其性状从潜态到显态转化的实现主要取决于主体的作用。不能由此认为主体所获得的认识内容是主观的，因为这里同样有一个无法抹杀的基本事实，即主体的活动方式一旦确立后，它便同客体和工具中介物一起形成一种不依赖于主体和主体意识为转移的客观关系。因此，在主体的实践和实验作用下显示出来的客体性状是其本身固有的性状和规律，而不是我们主体的性状和规律。

再次，认识的主体性之所以是获得真理的客观性内容的前提条件，还

---

① 《马克思恩格斯全集》第 42 卷，人民出版社 1979 年版，第 126 页。
② 《马克思恩格斯文集》第 1 卷，人民出版社 2009 年版，第 544 页。
③ 《普列汉诺夫哲学著作选集》第 3 卷，生活·读书·新知三联书店 1962 年版，第 146 页。

在于如果认识是消极的原封不动的被动感知，那么，事物的各种信息就会全部并且同时涌入我们的感官，我们所得到的只能是一堆毫无头绪的乱麻、杂多，而难以正确把握感性杂多背后的本质和规律。正因为认识活动是在一定的认知定势基础上进行的，所以，当客观实在的客体的存在及其状态、结构、属性、本质和规律，通过一定中介以信息的形式输入主体的头脑时，就受到认知定势的选择、疏导和整理，并在此基础上对感性材料进行去粗取精、去伪存真、由此及彼、由表及里的改造加工和思维操作，对客体进行观念的分解和组合，于是事物的状态、本质和规律就借助于概念、范畴、判断、推理、理论框架等中介转化为观念和理论形态。人的认识从感性杂多上升到理论一般似乎是更远离客观事物，但这正是认识为了深入到事物的本质的前进而作出的后退。"如果不把不间断的东西割断，不使活生生的东西简单化、粗陋化，不加以划分，不使之僵化，那么我们就不能想象、表达、测量、描述运动。"[①] 因此，"思维从具体的东西上升到抽象的东西时，不是离开……真理，而是接近真理。物质的抽象，自然规律的抽象，价值的抽象等等，一句话，一切科学的（正确的、郑重的、不是荒唐的）抽象，都更深刻、更正确、更完全地反映自然。"[②] 总之，正因为认识是能动的主体性活动才能在思维中达到对客体的本质和规律的正确把握。

最后，正因为认识是一种主体性活动，所以随着主体本质力量的增强，主体能够根据通过反映所获得的新的信息突破自己已有的认知定势的局限，重新建构新的认知定势，从而使自己能在更深刻和更广泛的基础上实现对客观规律的正确把握，克服由于原有认知定势结构凝固和功能固结所造成的认识的主观性，克服由于某种主体因素功能夸大所造成的认识的主观性。可见，认识的主观性的克服和纠正，也必须通过充分发挥人的主体性，增强主体本质力量才能实现。

综上所述，可以断言，正确地发挥人的主体性是实现认识客观性，获得真理性认识的前提和保证。真理是以人类的主体性（类主体性）为基础的。认识也是从主体方面决定了客观性的。

[①] 《列宁全集》第55卷，人民出版社1990年版，第219页。
[②] 《列宁全集》第55卷，人民出版社1990年版，第142页。

（二）认识的此岸性与真理的具体性和普遍性

正如马克思所说，认识的真理性也就是自己"思维的此岸性"、"现实性"。它实现了认识对象从彼岸到此岸，自在之物向为我之物转变，即客体的主体化。可以说，认识的真理性取决于认识是否获得了客体的客观性内容，实现了主客观的统一，是否如实地反映了认识的对象。而要实现思维的此岸性，认识的客观性，获得真理性认识，就必须对客体的各个方面的属性以及它们之间的内在联系有个全面的、深入的、系统的认识，从而在思维中再现客观事物的一般本性、内在本质和规律性的内容。这就涉及真理的具体性和普遍性问题。真理的具体性和普遍性是真理的客观性这一本质规定的进一步展开，是真理客观性的要求，也可以说是保证真理客观性的必要条件。离开了具体性和普遍性及其相互统一也就不可能有认识的客观性，不可能有思维的此岸性。所以，列宁说："没有抽象的真理，真理总是具体的。"① 又说真理具有普遍性的品格。

真理的具体性根源于客观事物的具体性。"具体之所以具体，因为它是许多规定的综合，因而是多样性的统一。"② 任何事物都是由各种因素、成分构成的，是多种矛盾和多方面规定性的统一体。从统一体中抽取任何一个方面的因素、成分或规定都不能代替完整的事物，也不具有事物整体的属性和功能。黑格尔说："这些规定，单独来看，都没有真理，只有它们的统一才有真理。"③ 所以要如实地了解事物，对客体作出正确的反映就必须从它的一切联系和关系中去把握。要正确地反映客体内含的矛盾诸方面及其对立统一关系，要弄清楚矛盾诸方面如何具体地相互影响、相互制约、相互依存，它们在客体中又各占何等特殊地位，做到全面性。如果只满足于盲目地复写外表的、偶然的、紊乱的现象，使自己的认识只停留于感性具体，那么只能得到一个"关于整体的一个混沌的表象"，④ 而混沌的表象是不能反映客体的真正的整体性的。如果实现了从感性的具体到抽象规定的飞跃，但只是正确地把握了客体的某一方面，那么充其量也只

---

① 《列宁选集》第 1 卷，人民出版社 2012 年版，第 523 页。
② 《马克思恩格斯文集》第 8 卷，人民出版社 2009 年版，第 25 页。
③ 转引自《列宁全集》第 55 卷，人民出版社 1990 年版，第 98 页。
④ 《马克思恩格斯文集》第 8 卷，人民出版社 2009 年版，第 24 页。

是实现了对客体某一方面的真理性认识，而没有实现对这个客体总体的真理性认识。如果把这一正确把握了的方面加以夸大，视为全体，就只能导致以偏概全，以主观臆想代替客观实际的情况，从而得到片面的、抽象的、错误的认识结果。如果"坚持着固定的规定性和各规定性之间的彼此的差别，把每一个有限的、片面的规定性都看成是独立自存的"。[①] 将许多规定罗列起来或堆积起来，没有在思维中，把认识对象各个方面的规定按其内在的本质联系综合成一个统一的整体，也就不可能在思维中如实地再现多样性统一的客体。只有扬弃各规定的独立性，只有使思维行程从抽象规定上升到思维的具体，在对立面统一中把握客观对象，才能实现对客观事物本质和规律的正确认识。由此可见，全面性是真理具体性的突出表现，是真理性认识的内在环节。正如列宁所说：单个的存在仅仅是真理的一个方面，"真理还需要现实的其他方面，这些方面也只是表现为独立的和单个的（独立自在的）。真理只是在它们的总和中以及在它们的关系中才会实现"。"真理就是由现象、现实的一切方面的总和以及它们的（相互）关系构成的。"[②] "真理是全面的。"[③] 所以，"要真正地认识事物，就必须把握住、研究清楚它的一切方面、一切联系和'中介'。我们永远也不会完全地做到这一点，但是，全面性这一要求可以使我们防止犯错误和防止僵化。"[④]

要实现思维的此岸性，获得真理还必须得注意认识客体的特殊性和条件性。特殊性和条件性是真理具体性的又一表现。这是因为真理所反映的对象，客体本身的存在是有条件的，其规律起作用也是有条件的。任何客体都是处于普遍联系和永恒发展之中，它是整个世界普遍联系之网的一个纽结，也是世界永恒发展长链中的一个环节，因此，具有与众不同的特殊性，而特殊性与条件性是紧密相连的，就是说，任何客体要保持自己质的稳定性是有条件的，质的稳定性及其所依赖的条件，也就是该客体发展规律起作用的范围。由于所处的时空条件和其他条件不同，事物的规定和联系也就不同。由此就显示出它们各自特殊的面貌来。真理作为客观的本

---

① ［德］黑格尔：《小逻辑》，商务印书馆1980年版，第172页。
② 《列宁全集》第55卷，人民出版社1990年版，第166页。
③ 《列宁全集》第55卷，人民出版社1990年版，第168页。
④ 《列宁选集》第4卷，人民出版社2012年版，第419页。

质、规律的正确反映，无疑应当弄清楚客体的本质、规律所具有的特殊性及所依赖的特殊的条件，否则，离开了特殊性和条件性就不可能保证主观和客观的统一性，实现思维的此岸性，而只能导致谬误。所以，恩格斯说："真理和谬误，正如一切在两极对立中运动的逻辑范畴一样，只是在非常有限的领域内才具有绝对的意义。""只要我们在上面指出的狭窄的领域之外应用真理和谬误的对立，这种对立就变成相对的。"超出一定范围和条件，"对立的两极都向自己的对立面转化，真理变成谬误，谬误变成真理。"① 列宁也指出："任何真理，如果把它说得'过火'（如老狄慈根所说的那样），加以夸大，把它运用到实际适用的范围之外，便可以弄到荒谬绝伦的地步，而且在这种情形下，甚至必然会变成荒谬绝伦的东西。"②

强调真理的具体性并不排斥真理具有普遍性。事实上，真理的具体性和真理的普遍性是不可分割的。马克思说："真理是普遍的。"③ 所谓真理的普遍性指的是真理的内容和适用范围都带有相应的一般性和普遍性。同真理的具体性一样，真理的普遍性亦是真理客观性的要求和体现，或者说这也是由真理内容所反映的客观事物本身所决定的。纷繁复杂的客观世界有一个普遍性、一般性的基础。这个一般性的基础就是客观事物的本质和规律。可以说，在客观世界中事物的存在和变化发展本身是一个受必然规律支配的，有因果联系的过程。而规律性和必然性则是事物普遍性的基础。正如恩格斯所说："自然界中的普遍性的形式就是规律。"④ 而真理按照更深的意义来说，它是人的认识对客观世界本质和规律的反映。这就决定了真理只要反映了客观性就必然具有普遍性。因此，真理的普遍性是反映了或者来源于实践所揭示的客观规律的普遍性。黑格尔从客观唯心主义角度也阐明了这一道理。黑格尔说："我所知道的合乎理性的、真的东西，是从对象性的东西的回归，即从感性的、个别的、确定的、存在的东西的回归。但理性所知道的在自身内部的东西，也正是必然性，或存在中的普遍性；它是思维的本质，也是世界的本质。"⑤

---

① 《马克思恩格斯文集》第9卷，人民出版社2009年版，第96页。
② 《列宁选集》第4卷，人民出版社2012年版，第172页。
③ 《马克思恩格斯全集》第1卷，人民出版社1956年版，第7页。
④ 《马克思恩格斯文集》第9卷，人民出版社2009年版，第499页。
⑤ 转引自《列宁全集》第55卷，人民出版社1990年版，第224页。

真理的普遍性在于它正确地反映了客观事物的普遍性，而这种普遍性又是通过真理有一个相应的适用的范围而表现出来的。正因为真理揭示了客观事物的普遍本质、规律性及实践本身的活动规律，才能对往后的实践在一定的时空条件下具有普遍的指导意义。在一个相应的普遍范围内，真理必然显示出自己的作用和力量。当然，真理所能适用的范围是不同的。这与真理所揭示的客观事物普遍性的层次和深度有直接关系。它所反映的客观事物的发展规律涵盖面、包容性越大，普遍性层次越高，那么，其适用范围也就越广。综上所述，真理的具体性和普遍性从不同的视角揭示了真理的特殊性，而从更根本的意义上，则反映了客观对象客观存在的不同方面。真理的具体性的着眼点在于强调真理客观性内容的特殊性、多样性、丰富性、全面性、多种规定性、条件性等。而真理普遍性则侧重于指出真理客观性内容的一般性、共性、普遍性。因此，它们的着眼点、侧重点和含义又是不同的。虽然如此，但是它们都是真理客观性、认识此岸性的要求和展开。它们从不同角度、侧面说明了和保证了真理的客观性。作为同一真理的两个不同属性，它们是辩证统一的。

首先，真理的具体性蕴涵着真理的普遍性。虽然任何具体真理都是处于一定条件下的认识主体对客观世界发展的某一阶段的某一事物或某一具体过程的认识。因此，具有特殊性、条件性以及区别于其他真理性认识内容的多种规定性。但是，只要它实现了对这一特定认识客体的本质和规律的正确把握，从而具有普遍的意义和品格。

其次，真理普遍性是具体的，而不是抽象的。列宁指出：真理"不只是抽象的普遍，而且是自身体现着特殊的、个体的、个别的东西的丰富性的这种普遍。"[①] 这种共性、普遍性既是对许多个性、特殊性的抽象概括，又是不能脱离个性、特殊性而是与它们结合在一起的，更主要的作为客观对象普遍性形式规律只有通过各种规定性统一的思维具体才能再现出来，而且任何具有普遍性的真理也都有具体的适用范围。普遍并不是无条件的到处适用，而是在其特定的具体的时空范围内的普遍。因此，可以这样说，因为真理是具体的，所以它是普遍的；因为它是普遍的，所以它是具体的。

真理之所以是普遍性和具体性的辩证统一，这是由所反映的客体本身

---

① 《列宁全集》第55卷，人民出版社1990年版，第83页。

是普遍性与特殊性、共性与个性的辩证统一体所决定的。列宁说:"任何个别(不论怎样)都是一般。""任何个别经过千万次的过渡而与另一类的个别(事物、现象、过程)相联系。"又说:"一般只能在个别中存在,只能通过个别而存在。""任何一般都是个别的(一部分,或一方面,或本质)。"① 毛泽东亦指出:"由于特殊的事物是和普遍的事物联结的,由于每一个事物内部不但包含了矛盾的特殊性,而且包含了矛盾的普遍性,普遍性即存在于特殊性之中,所以,当着我们研究一定事物的时候,就应当去发现这两方面及其互相联结,发现一事物内部的特殊性和普遍性的两方面及其互相联结,发现一事物和它以外的许多事物的互相联结。"② 客观对象的共性和个性,普遍和特殊的辩证统一决定了拥有客观对象真实性信息的真理必然是具体性和普遍性的辩证统一体。只有具体性而没有普遍性,或只有普遍性而没有具体性的真理是不存在的。因此,在具体运用真理于实践时,就必须要善于把握和运用真理的这种内在的辩证关系。有人割裂真理的具体性和普遍性的辩证关系,认为逻辑真理是普遍的、必然的,但不具体。而事实真理是具体的,但不普遍、或然的。这种看法是错误的。其实逻辑真理和事实真理都是普遍性和具体性的辩证统一,只不过"统一"的表现方式不同而已。

(三)认识的过程性与真理的相对性绝对性

认识是个辩证的发展过程,这是由认识的主客体状况所决定的。从认识客体看,作为认识对象的客观实在——整个物质世界是无限多样性的统一,是不同物质形态不断转化的永恒过程。无限永恒的客观世界是由无限多的有着无限层次的有限的暂时的具体事物所构成的,是无限和有限的统一。而无限永恒发展的客观实在的物质世界向认识主体的开放并转化为主体思想的内容,也只能通过有限的暂时的具体事物来实现。这就决定了认识主体只有通过对有限的暂时的具体事物的不断扩展和拓深的无限的认识发展过程,才能实现对客观事物的正确认识。正如毛泽东所言:"客观现实世界的变化运动永远没有完结,人们在实践中对于真理的认识也就永远

---

① 《列宁全集》第55卷,人民出版社1990年版,第307页。
② 《毛泽东选集》第1卷,人民出版社1991年版,第317—318页。

没有完结。"① 从认识主体看，人的认识能力既是至上的、无限的，又是非至上的、有限的，是至上性与非至上性的辩证统一。绝对地进行思维的意识性，是由无限多的有限的人脑所组成的。人的认识能力"按它的本性、使命、可能和历史终极目的来说，是至上的和无限的；按它的个别实现和每次的现实来说，又是不至上的和有限的。"② 这种认识主体能力的至上性非至上性、有限性无限性的矛盾决定着人类认识必然是一个矛盾运动过程。因此，对无限的发展着的世界"作恰当的、毫无遗漏的、科学的陈述，对我们所处的世界体系形成精确的思想映象，这无论对我们还是对所有时代来说都是不可能的。""无论是从人们的本性或世界体系的本性来说，这个任务是永远不能完全解决的。"它只能是"在人类的无限的前进发展中一天天不断得到解决。"③

认为过程性决定了真理的过程性。"思想和客体的一致是一个过程：思想（＝人）不应当设想真理是僵死的静止，是暗淡的（灰暗的）、没有冲动、没有运动的简单的图画（形象），就象精灵、数目或抽象的思想那样。"④ 而真理的过程性也就表现为真理是绝对性和相对性的辩证统一。

认识的过程性表明：作为客体的客观实在的物质世界不可能无条件地绝对地向主体开放，并转化为主体的认识内容，而是在无限的发展过程中有条件地、相对地、逐渐地与人类活动有关的那部分展现在认识主体面前。而处于一定社会关系中具体的现实的主体只能在具体的历史条件下，在其本质力量所及的范围和程度上，把握有限的认识客体，通过对有限客体的认识来逐步拓展对无限世界的认识，因而从其现实性来说，主体不可能一下子绝对地一览无余地把握客观对象的全部内容，从而穷尽真理。这种在认识的发展过程中，受主客体条件限制，带有时代的印记，在一定条件下和一定阶段中，一定环节、层次上所获得的同客观对象符合一致的真理性认识，所达到的主客观相符合的真理的现实表现形式必然带有条件性、近似性、历史性、有限性、可超越性等特性。这就是真理的相对性。

条件性主要指认识主体只能有条件地掌握物质世界的有限的对象，所

---

① 《毛泽东选集》第 1 卷，人民出版社 1991 年版，第 296 页。
② 《马克思恩格斯文集》第 9 卷，人民出版社 2009 年版，第 92 页。
③ 《马克思恩格斯文集》第 9 卷，人民出版社 2009 年版，第 40 页。
④ 《列宁全集》第 55 卷，人民出版社 1990 年版，第 164 页。

获得的真理性认识是有一定条件的，是在一定的历史条件下的现实的一致，超出保证主客体现实一致的条件就会转化为谬误。

近似性指的是任何具体真理都是对客体的本质、规律的近似正确的反映。所谓近似不是说真理包含有错误，而是指真理只是正确地反映了客体的本质、规律的一定方面、一定程度和一定层次，广度和深度都是有限的。不但相对于无限多样永恒发展的客观世界的总体性来说，即使相对于无限物质世界的某一有限部分而言，由于它本身亦包含一个具有许多层次的结构体系，包括许多规定、属性、联系，因此，有限的认识主体所能把握的也只能是有限的。任何真理都没有穷尽客体的一切方面和所有层次。因此，已经正确反映了的客体的方面和层次同客体本身具有的方面和层次是有差距的。因此，真理总是具有近似的性质。列宁多次揭示真理的近似性质。他以科学定律为例说明真理"只是近似"的真理。即只有在一定界限内才是绝对真理，它不可能达到绝对穷尽的程度。[①]

历史性指的是任何真理都是受一定时代条件限制，打上时代印记的。因此，随着时间的推移和实践的发展就必然会显示出历史的痕迹、局限和阶段特性。真理之所以具有历史性首先是因为客体本身无论是自然界还是以实践活动为展开形式的社会都不是一个静止的僵死的对象。客观对象运动变化的阶段性决定了真理性认识的历史性。其次是由认识主体本质力量的时代性所决定的。任何一个现实的认识主体都是处在一定的社会关系中，受着一定的社会历史条件、实践活动水平、认识中介手段以及主体本身的知识、经验、世界观、思维方式、思维方法等诸多因素所构成的主体本质力量的限制的，而主体本质力量又是随着时代推移而变化发展的。可以说，不同社会、不同时代的人的本质力量是不同的，而主体本质力量的不同也就决定了主体所能正确把握客体的层次、范围、方面的不同。因此，任何时代所获得的真理性认识都不可避免地具有时代性和历史性。

有限性指的是真理性认识的获得是受主客观条件的限制的。条件达到什么程度，认识也就达到什么程度。所以，任何真理都是有限制的，是有限的具体的认识主体对无限多样永恒发展世界中的有限部分在某一阶段某一方面某一环节某一层次上的有限的正确的把握。

可超越性。真理既然具有有限性、条件性、历史性，因此，也就具有

[①] 参见《列宁选集》第2卷，人民出版社2012年版，第94页。

可超越性。可超越性也就是可否定性、可扬弃性。任何真理都不是僵死的，一成不变的。任何具体的有限的真理性的认识都只能是认识过程和真理发展过程中某一历史阶段的表现形式。真理就是在对其无数历史形态的不断超越过程中得以发展的。一切先行的阶段都将为后来的阶段所超越，所扬弃，所否定。当然超越不等于摧毁，扬弃不等于抛弃，否定不等于消灭，不是形而上学绝对意义上的绝对否定，是包含肯定的辩证否定。超越的只是其界限凝固性僵死性，抛弃的只是其绝对的、超历史的普适性，而不是真理的客观性内容。相反，把先行阶段的真理的现实形态的客观性内容作为环节包含在新的更高阶段的真理的现实形态中，正是超越原有形态的必然要求和实质内容。爱因斯坦相对论对于牛顿力学就是这种超越的范例。这种以辩证否定为实现机制和表现形式的超越正是真理自己构成自己发展道路的内在契机。真理的可超越性也表明了真理的开放性，也就是说任何真理都不应脱离物质世界的发展过程形成自我封闭的界限。真理是个有待于不断发展的开放的系统。列宁说："每一科学原理的真理的界限都是相对的，它随着知识的增加时而扩张，时而缩小。"[①] 真理就是通过不断突破原有的界限而不断发展的。

无视认识的过程性和真理的相对性势必在真理问题上滑向绝对主义。绝对主义真理观认为人们可以一下子穷尽对世界的认识，建立起一种把现实世界全部内容都包罗无遗的绝对真理体系，获得终极真理。这样就把尚待深化发展的相对真理当作了万古不变的教条。杜林就是这种真理观的典型代表。他断言真正的真理是根本不变的。并且提出了一整套用永恒道德、抽象平等来解释历史的终极真理，自诩"解决了科学的最终任务"，而实际上则"封闭了一切科学走向未来的道路"。[②] 在现代西方哲学中也不乏绝对主义真理论。现象学派胡塞尔认为，真就是绝对的真，它只有一个，它是超时间的，超越一切相对性的绝对的终极有效的。新黑格尔主义者布拉德雷认为通过本能的直觉能达到对绝对的真理性认识。它的实现"必须毫无剩余地包括所给予的一切"，"包容一切并成为一才能达到"真理。[③] 在科学研究领域也有不少科学家持绝对主义真理观。拉普拉斯就曾

[①] 《列宁选集》第2卷，人民出版社2012年版，第95页。
[②] 《马克思恩格斯文集》第9卷，人民出版社2009年版，第40页。
[③] [英] 布拉德雷：《真理与实在论文集》，牛津1914年版，第114页。

把古典力学绝对化，试图建立关于物质运动的某种绝对公式。在19世纪末，一些自然科学家用绝对主义观点看待经典物理学所取得的成就，认为理论物理学即将具备自己的终极的稳定形式，很快就能够做到完全精确地解释全部自然现象和自然过程，以致后辈物理学家只要作一些零碎的修补工作就行了。于是，英国剑桥学派宣布随着完整的物理理论的建立，物理学的"终点"已经在望了。绝对主义在实际工作中表现为教条主义和经验主义。教条主义把已有的理论认识加以绝对化，把它当作不变的教条到处套用，而无视真理的具体性、有限性、条件性、相对性。经验主义则把个人原有的经验或局部的经验绝对化，当作普遍适用的指导原则，从而导致实践失败。由此可见，科学地认识真理的相对性，对于认识的发展和实践的成功都是有重要意义的。

诚实，认识的过程性决定了真理的相对性，无视这一点，把真理绝对化是错误的。但是，认识的过程性也同样表明真理的绝对性。认识主体正是在认识过程中通过这种有限的、有条件的形式，把握到了无限多样、永恒发展的客观物质世界的思想内容，从而在一定层次、一定阶段、一定环节、一定范围内实现了与有限的具体客体的相符合的真理性认识。这是主客观相统一的现实表现。这种在一定的时间、空间和层次上正确地反映了客体，同客体相符合的认识，在一定时间、空间范围内是真理而不是谬误。这是绝对的、无条件的。这种真理内容的客观性以及真理在一定时间、空间、参照系和条件系统内的超时空性、无条件性，就是真理的绝对性。真理的过程性同时也表明，随着认识沿着自己构成自己的道路前进，物质世界的自在之物能够不断地逐渐地转化为人类思维中的为我之物。这一点亦是绝对的。

正因为真理不仅具有相对性而且具有绝对性，是相对性和绝对性的辩证统一。所以，我们必须反对相对主义真理观。相对主义反对把人的认识凝固和僵化，无疑有合理之处，但是，它们把真理的相对性夸大为主观随意性。"他们在否定一些最重要的和基本的规律的绝对性质时，竟滑到否定自然界中的一切客观规律性，宣称自然规律是单纯的约定、'对期待的限制'、'逻辑的必然性'等等。"① 庄子的"彼亦一是非，此亦一是非"，就是典型的相对主义真理观。马赫主义、实用主义，所谓真理是人

---

① 参见《列宁全集》第18卷，人民出版社1988年版，第274页。

造的体系，方便的假设，只具有工具的意义，完全可视其是否方便，是否有工具意义而随意改变。这也是相对主义真理观的典型论调。批判理性主义把科学理论的发展过程看作为后起的理论摧毁以往的科学成果，而被摧毁的理论实质不是真理，因此，科学的发展只不过是从一种错误过渡到另一种错误。历史学派库恩说："只有承认牛顿的理论是错误的，爱因斯坦的理论才能够被接受。"① 在他们看来，"物理学家们起初犯了牛顿式的错误，而现在是犯了爱因斯坦式的错误，还会出现天才的物理学家，他会把我们引入新的谬误。"② 可见，如果看不到真理的绝对性，无视每一个真理发展阶段所拥有的真理的绝对性，即客观性的内容，确定性的信息，夸大真理的相对性就必然滑向相对主义、主观主义的泥坑。总而言之，真理的绝对性和相对性是真理两个方面、两个不同的属性，真理不可能单纯是绝对的，也不可能单纯是相对的。真理的绝对性和相对性是辩证地统一于每一个具体真理中的，也是统一于真理自己构成自己的运动过程中的。

（四）实践标准的唯一性、确定性与非确定性

不仅人的真理性认识来自实践，而且要判定人的思维是否具有真理性，也需要通过实践。只有通过实践这一途径、手段、方法，才能查明、判定认识、思维是否具有不依赖于主体，不带有任何主观附加的客观性内容，是否同客体相符合、相一致，是否对客体作出了正确的反映。

如何判定人的思维的真理性。这是哲学史上长期争论不休的问题之一。两千多年来，由于各派都未能把握真理的实践论本质，所以，对这一问题也不可能作出科学的回答。信仰主义、心理主义、逻辑主义、感觉论、约定论、实用论关于检验真理标准的看法虽不甚相同，但实质上都是错误的。

在信仰主义那里，真理的标准就是上帝的理智、宗教教义和圣经上的词句，宣扬的是宗教神学的天启标准。托马斯·阿奎那就说："上帝的真理是衡量一切真理的标准。"③ 中国古代"以孔子之是非为是非"，也是信仰主义真理标准的一种表现。

---

① 《科学学译文集》，科学出版社1980年版，第88页。
② ［苏］科普宁：《马克思主义认识论导论》，求实出版社1982年版，第157页。
③ ［意］托马斯·阿奎那：《真理论》，载《哲学译丛》1978年第5期。

感觉论或经验论则认为感觉、感受性、感性经验是真理的检验标准。应该说,感觉经验、感受性都属于感性认识的范围,以它们作为检验真理的标准仍然是以认识检验认识,况且,凭借感觉经验和感受性是很判定认识特别是那些必然的普遍的判断和复杂的科学理论的正确与否。因为"日常经验只能抓住事物诱人的外观,如果根据这种经验来判断,科学的真理就总会是奇谈怪论了"。① 事实表明,单凭感觉经验甚至会引出错误的虚假的判断。中国古代墨子曾根据"众人耳目之实"证明鬼神观念之正确;贝克莱曾以"共同感知"为标准,断定"神迹"是真理;华莱士、克鲁克斯这些科学家也曾根据经验、感受性验证了神灵现象的存在。这一切都说明感受性、感觉经验难以充当真理的检验标准。

理性主义、逻辑主义认为,理性是真理的检验标准。他们认为自明性、融贯性、连贯性或不矛盾性是真理的检验标准。笛卡儿说:"凡是我们十分明白、十分清楚地设想到的东西都是真的。"② 斯宾诺莎以真观念自身的清楚、明白、完满作为真理的标准。他说:"除了真观念外,还有什么更明白更确定的东西足以作真理的标准呢?正如光明之显示其自身并显示黑暗,所以真理即是真理自身的标准,又是错误的标准。"③ 在莱布尼茨那里,推理真理的真假问题最终可归结为纯粹逻辑的问题。逻辑上能自圆其说的理论就是真理,自相矛盾的理论就是谬误。他说:"矛盾原则,凭着这个原则,我们判定包含矛盾者为假,与假的相对立或相矛盾者为真。"④ 这一切表明唯理论者把检验认识真理性的问题完全归结为逻辑证明问题,或者说,在他们看来,用单纯的逻辑证明的方法就可以检验认识的真理性。这显然夸大了逻辑证明在检验真理过程中的作用。逻辑证明得以进行是以前提的正确性为必要条件的。但前提的正确性又是需要证明的,当这种追溯终止于真理性是不证自明的最普遍的原理时,必然又会遇到它来自哪里的问题;结果往往陷入天赋观念论,从而从逻辑主义转向了心理主义。

---

① 《马克思恩格斯选集》第 2 卷,人民出版社 1995 年版,第 74 页。
② 北京大学哲学系外国哲学史教研室编译:《十六——十八世纪西欧各国哲学》,生活·读书·新知三联书店 1958 年版,第 148 页。
③ 北京大学哲学系外国哲学史教研室编译:《十六——十八世纪西欧各国哲学》,生活·读书·新知三联书店 1958 年版,第 296 页。
④ 北京大学哲学系外国哲学史教研室编译:《西方哲学原著选读》上卷,商务印书馆 1981 年版,第 482 页。

彭加勒提出了约定主义的真理鉴别标准。认为在可供选择的各种理论中，凭借方便、简明、合乎习惯与直觉来判别孰是孰非。马赫则提出以"思维的经济原则"作标准。这实际上仍然是停留在人的主观认识范围，但是，人的认识是否具有真理性，单纯在主观范围内是不可能彻底解决的。只要人的认识、思维的运行停留在主观的范围内，就不能超越自己，不能提供关于它自己是否具有客观性内容，是否与客体相符合相一致的根据。

实践唯物主义第一次科学地揭示了真理的标准问题。马克思指出："人的思维是否具有客观的［gegenständliche］、真理性，这并不是一个理论问题，而是一个实践问题。人应该在实践中证明自己思维的真理性。"[①] 列宁指出："人的和人类的实践是认识的客观性的验证、标准。"[②] 毛泽东也指出："判定认识或理论之是否真理，不是依主观上觉得如何而定，而是依客观上社会实践的结果如何而定。真理的标准只能是社会的实践。"[③]

社会实践之所以能够成为检验真理的标准，这是由真理的本性和实践特性所决定的。既然真理是主客观的统一，因此鉴别认识的真假显然无法由认识自身来解决。即使已有的正确认识本身，由于适用范围的限制和实践的发展，它也无法充当新的认识真理性的检验标准。停留在主观范围内兜圈子，不超出主观思想的范围，不同客观世界打交道就不可能，也没有资格去谈论在人的表象中是否包含有"不依赖于主体、不依赖于人，不依赖于人类的内容"。而客体或客观实在作为被认识的一方，它们是认识的对象，不能直接回答人的认识是否具有关于它的内容，是否与它们相一致、相符合，是否正确地反映了它们。既然认识的真理性标志着主客观相统一，那么，充当它的检验标准就必须能够把主观与客观联系起来加以对照的中介物。具备这个特点的只有实践。

实践是一种有意识的自觉的感性物质活动，它是认识的基础，同时又是在一定的认识基础上进行的。它包含认识的因素于自身并同认识一样，具有普遍性。实践的普遍性表现为同样的实践，在同样的条件下，会重复地产生同样的结果。实践的普遍性以客观的必然规律性和因果制约性的普遍作用为基础。实践一旦建立在对必然规律性和因果制约性的观念掌握的

---

① 《马克思恩格斯选集》第 1 卷，人民出版社 1995 年版，第 55 页。
② 《列宁全集》第 55 卷，人民出版社 1990 年版，第 181 页。
③ 《毛泽东选集》第 1 卷，人民出版社 1991 年版，第 284 页。

基础上，以理论普遍性为中介和要素，它自身也就获得了普遍性的品格。正因为实践具有普遍性的特点，人们才能自觉地有计划地通过多次反复的实践来揭示客观事物的规律，以其实践的普遍性的结果来比较和验证认识是否与客观事物的规律相符合，实践的普遍性是充当检验真理标准的重要前提。但是实践之所以能充当真理的检验标准，还在于它具有直接现实性的特点。"实践高于（理论的）认识，因为它不仅具有普遍性的品格，而且还具有直接现实性的品格。"① 可以说，实践的普遍性是同其直接现实性紧密相连的。正是这种联系才使它有资格充当检验真理的标准而优于感性经验标准与逻辑标准。感觉、感受性标准虽有直接现实性的特点，但不具备普遍性的品格，因此，不能成为检验具有普遍性品格的理论真假的标准。具有真理性的思想理论应该是具有现实性的，但是这种现实性不是直接的现实性，不能由思想理论自己直接证明和直接表现出来。而实践则具有与普遍性紧密相联系的直接现实性的品格和优点。实践之所以具有直接现实性，就在于它是一种感性的物质活动，是在思想理论指导、支配、控制下的物质力量同外部现实的物质力量间的实际相互作用。它本身具有外部可感知的直接现实性，它的物质手段、通过物质手段而实现的主客体的实际相互作用以及它所产生的结果都是直接现实的。同时，它作为主体对象化活动使得用以指导支配控制它的思想理论，越出了主观观念的领域，成为可以感知的直接现实性，因此，其现实性是双重的。总之，具有普遍性的品格和直接现实性品格的实践是主客观、主客体关系中的现实的"交错点"②、桥梁和纽带。因此，人们要检验和证明理论认识的真理性就必须把理论转化为实践的观念模型，并通过实践这个交错点进行实际鉴定。如果人们在实践中既"扬弃客体的直接性"，又扬弃"目的主观性"，从而达到"目的实在化，即客观的有与目的的联合"，③ 主观与客观现实地达到了一致，产生了人们所预期的效果，即思维变为现实，那么就证明用以指导实践的思想理论具有客观性的内容，是真理。如果根据某种理论认识提出的主观目的和实践观念模型通过种种实践途径也不能获得"外部现实性"的形式，不能达到主客观的统一，那么，这种目的、模型和

---

① 《列宁全集》第 55 卷，人民出版社 1990 年版，第 183 页。
② 《列宁全集》第 55 卷，人民出版社 1990 年版，第 239 页。
③ ［德］黑格尔：《逻辑学》下卷，商务印书馆 1976 年版，第 432 页。

作为它们根据的理论就可能错误的或部分是错误的。

总之，尽管认识的被证实或被证伪取决于思想认识本身所包含的内容，而检验认识是否具有客观性的内容则只能通过实践这一唯一的途径、手段。承认实践是检验真理的唯一标准，并不排除逻辑证明的作用。在许多情况下，逻辑证明往往是实践检验的先导，它在一定范围内对判定某种认识的正确与否可以先于实践检验。也就是说，人们往往不是立即把理论付诸实践，而是先进行逻辑证明，如果在逻辑证明中都不能成立，那么就不会付诸实践，而应加以修正。这种情况在一些抽象性程度比较高的科学，如数学中更是普遍存在。逻辑证明更主要的还是实践证明的内在环节。要使一个普遍性的理论得到实践的检验，就必须运用逻辑证明方法"把这个理论的推论发展到使它们成为在经验上可检验的地步"，① 把普遍性的理论转化为实践的观念模型，否则，理论就无法在实践中接受检验。同时，在实践过程中和在实践结束的时候，对实践的一系列中间结果和最终结果也必须运用逻辑的方法进行分析，这样才能把实践检验由特殊提高到普遍，才能说明普遍性的理论是否具有真理性。可见逻辑证明在实践证明中也是不可缺少的。但是尽管如此，也不能否认实践证明的唯一性。这不但是因为逻辑证明中的前提必须是在实践中被证明是正确的，而思维的逻辑及其规律归根到底也是在实践中产生的。它是实践的逻辑经过思维的抽象、升华、内化的结果。而且，逻辑证明所得到的结论，最后仍然需要实践检验，才能确定其正确与否。因此，逻辑证明只有同实践检验结合起来并成为实践检验中的一个环节才能发挥自己应有的作用。

实践是检验真理的唯一标准。但是，"在这里不要忘记：实践标准实质上决不能完全地证实或驳倒人类的任何表象。这个标准也是这样的'不确定'，以便不让人的知识变成'绝对'，同时它又是这样的确定，以便同唯心主义和不可知论的一切变种进行无情的斗争。"② 就一切认识归根到底要由实践来检验，没有任何别的东西能取代它的这个意义上说，实践标准是绝对的、确定的。今天的实践水平还不能证实或证伪的，今后的实践会予以确证或驳倒。这就表明，实践在检验真理问题上的权威性、至上性。

---

① 《爱因斯坦文集》第3卷，商务印书馆1979年版，第382页。
② 《列宁选集》第2卷，人民出版社2012年版，第103页。

但同时，我们又必须看到社会实践在检验真理问题上的不确定性。实践标准的不确定性，首先是由实践的具体性、历史性所决定的。实践是普遍的，但是实践的普遍性只能存在于具体的实践活动中，可以说任何实践都是具体的，而任何具体的实践活动，它只能是"事物同人所需要它的那一点的联系的实际确定者，"因而也是人的认识、思想、理论"同实在事物的无限多的方面中一面相符合的标准"。任何具体实践作为检验认识真理性标准的功能是有限的。实践是具体的也是历史的，任何实践都是一定历史条件下的实践，它是随着历史的发展而发展。随着社会历史条件的变化，实践的广度和深度也发生着相应变化。因此作为一定社会历史条件下的具体实践对真理的检验是具有一定的历史局限性的。它不可能完全证实或驳倒它那个时代提出的一切理论或学说。即使是对某一方面的检验也是有条件的，任何具体的历史的实践不可能一次完成或最终完成对它的检验，被一定历史阶段的实践所证实的某种真理性认识随着社会的发展、时代的推移还要接受新的实践的检验。特别是对关于社会规律的认识检验上更明显地表现出实践标准的历史局限性。如果把仅仅是关于某一历史阶段或某一地区、部门的实践检验所证实的真理性认识，看成是适用于所有历史阶段、所有社会、所有国家和地区的永恒的、普遍的真理，那就很容易犯教条主义或经验主义的错误。

实践标准的不确定性也表现在并不是任何实践都能充当检验任何真理的标准的。实践是一个有结构、分层次的动态体系。仅从实践主体的不同来看就有个体实践、群体实践和社会主体的实践之分。但是，对于复杂一些的认识，或对于关于社会发展规律的认识，个别人的个别实践就不足以成为检验真理的可靠标准。如果以个别人的实践所提供的事实材料作为检验社会知识的真理性标准，就会显得不确定。只有把各种不同的实践活动甚至直接相对立的实践活动联系起来，从它们的总和中，全面地严密地检验认识，才是比较确实可靠的。所以，列宁说："必须把人的全部实践——作为真理的标准。"[①] 毛泽东说："只有千百万人民的革命实践，才是检验真理的尺度。"[②]

实践标准的不确定性还表现在并不是任何实践的效果都能判定认识正

[①] 《列宁选集》第 4 卷，人民出版社 2012 年版，第 419 页。
[②] 《毛泽东选集》第 2 卷，人民出版社 1991 年版，第 663 页。

确与否的。实践判定认识是否具有真理性是根据是否达到了预期结果，所以，实践结果在实践在检验真理的过程中起着十分重要的作用。但是实践的效果也是多层次的，甚至是充满矛盾的，是一个系统。"如果不是从全部总和，不是从联系中去掌握事实，而是片断的和随意挑出"某一事实来充当根据，判定实践有无达到预期目的并进而判定用以指导实践的理论是否正确，那"只能是一种儿戏，甚至连儿戏也不如"。正如列宁所指出的，"在社会现象领域，没有哪种方法比胡乱抽出一些个别事实和玩弄实例更普遍、更站不住脚的了。挑选任何例子是毫不费劲的，但这没有任何意义，或者有纯粹消极的意义，因为问题完全在于，每一个别情况都有其具体的历史环境"①。所以仅仅根据个别、片断不足以检验真假，只有"从事实的全部总和，从事实的联系去掌握事实"，实践才能担当起检验真理标准的角色。只有在人民群众的历史实践，人类的全部实践、总体实践中，才能把实践标准的确定性和非确定性辩证统一起来，才能在不确定性中把握确定性。

第三节　人理性掌握外部世界的使命和真理的价值

人掌握世界的理性认识活动根源于人与世界、主体与客体的矛盾关系之中，因此决不是"纯粹动物式的意识"活动，决不是无目的的自在的活动，而是一种负有重大使命的有目的为我的自为的主体性活动。主体在认识活动中的根本任务就是要在思维中实现对客体的正确反映，即获得关于客体的状况、结构、属性、本质、规律等的真理性认识。人们认识世界总是希望揭开奥秘、获得真理、避免错误，这是人的认识活动的目的、任务、使命和本质的要求。要不是为了揭示真理，获得关于客观对象的真实的确定的信息，人就根本没有必要也不会去从事艰苦的上下求索的认识活动。认识肩负揭示真理的使命，归根到底是实践活动，也是人的生存发展，向认识提出的要求。可以说，只有揭示了客观世界的内在奥秘，获得了真理，才能为改造外部世界、建构理想的属人的世界，为人们实践地掌握客观世界，获得真正自由创造条件，提供前提和可能。认识以揭示真理为使命，也植根于人的存在的本质中。人不但追求价值对象、理想对象，

---

① 《列宁全集》第 28 卷，人民出版社 1990 年版，第 264 页。

也追求真理。追求真理，实现对客观对象世界的观念和理论掌握正是一种由人的本质力量决定的人的理想。人不是以满足自己的生存需要为限度的，也不是以获得某些实用价值为满足的。人们在获得了个别实际效益后，还会产生对制约着这些效益的规律的理解欲求。在获得某种价值满足的同时，还总是要寻根究底地要问个为什么，要寻求一个合规律性的正确的解释和说明，也就是要求揭示对象的内部奥秘、获得真理。这是人与以自己的生存需要的满足为限度的动物的不同处之一。正因为如此，所以，整个人类认识的发展史，就是世世代代的人们为完成认识使命不断地在各自的历史条件下追求真理、探索真理的历史。

人的认识以揭示真理为己任，以获得真理为神圣使命，但是这并不是意味着每一次认识活动都能实现这一任务，完成这一使命的。由于受客观事物在发展过程中其本质方面逐步显露的制约，由于受实践活动广度和深度等方面的局限，由于受认识主体的世界观、价值观念、经验知识、思维方式、所处地位等等方面的限制，人们随时随地有可能在认识上犯错误，随时随地有可能收获谬误而不是真理。歌德曾说："人们若有所追求，就不能不犯错误。"雨果亦说："不犯错误，那是天使的梦想。"恩格斯曾指出："因为很可能我们还差不多处在人类历史的开端，而将来会纠正我们的错误的后代，大概比我们有可能经常以十分轻蔑的态度纠正其认识错误的前代要多得多。"[①] 毛泽东也曾断言："任何政党，任何个人，错误总是难免的。"[②] 确实，从整个人类认识的发展过程来看，谬误的产生也同真理的获得一样具有必然性和深刻原因。要在认识过程中彻底根绝谬误那是不可能的。

尽管谬误和真理是认识过程中的一对孪生兄弟，尽管谬误产生从认识运动总过程看，是难以避免的。但是这并不意味着在每一个具体认识活动中都难以避免。所以，对于每一个具体的认识活动来说，谬误的产生只能说明人们认识活动的失败，只能说明人们尚未完成自己的认识任务和使命。因此，认识主体要完成自己的认识使命，就必须坚持不懈地与谬误作斗争。真理和谬误按其性质、运动的倾向和发展的趋势是根本对立的，要揭示真理就必须和谬误作斗争。揭示真理、发展真理与发现、纠正和排除

---

① 《马克思恩格斯文集》第9卷，人民出版社2009年版，第91页。
② 《毛泽东选集》第4卷，人民出版社1991年版，第1480页。

谬误是同一过程的两个方面。毛泽东曾经指出:"正确的东西总是在同错误的东西作斗争的过程中发展起来的。真的、善的、美的东西总是在同假的、恶的、丑的东西相比较而存在,相斗争而发展的。当着某一种错误的东西被人类普遍地抛弃,某一种真理被人类普遍地接受的时候,更加新的真理又在同新的错误意见作斗争。这种斗争永远不会完结。这是真理发展的规律,当然也是马克思主义发展的规律。"① 为了战胜谬误,在真理和谬误的斗争中,必须认真研究、分析谬误。认真研究谬误,不仅可以从反面吸取经验教训,或者受到启发,从而使真理更加发扬光大,而且还可以把其中可能包含的真理颗粒、因素保存下来,并得以显现。所以黑格尔说:"扬弃了的错误或异在,本身即是达到真理的一个必然环节。"② 恩格斯说:"拥有无条件的真理权的认识是在一系列相对的谬误中实现的。"③

为了完成认识的使命,认识的主体应该敢于实践,勇于探索,不要陷入谬误的泥坑而不敢问津,举足不前。如果是那样,那么,人们将永远也无法揭示真理、发展真理。只有与时俱进,不断地总结经验教训,不断地使已有的认识接受实践的检验,并使认识中谬误的成分得到剔除,在实践中不断开辟认识真理的道路,才能使自在之物在人类无止境的认识的辩证运动中向为我之物转化,才能实现思维的此岸性,才能不断地完成认识的使命。

真理的价值在于实践。虽然不能像实用主义那样把有用性价值性混同于真理性,但也不能反过来否认真理的价值性。真理是有价值的。列宁说:"认识只有在它反映不以人为转移的客观真理时,才能成为生物学上有用的认识,成为对人的实践、生命的保存、种的保存有用的认识。"④ 真理的价值首先表现为它具有揭示事物的本质和规律、解释过去和现在、预见未来的认识功能,从而能够满足主体认识事物、理解现象、预测将来的需要,而具有一定的认知价值。真理作为被生产、被创造出来的精神产品,作为人类活动的积极成果,它不是个人私有或群体所有,而是属于全人类的。它是在社会中客观存在的可以为人们享用和消费的精神食粮。通

---

① 《毛泽东著作选读》下册,人民出版社 1986 年版,第 785 页。
② [德] 黑格尔:《小逻辑》,商务印书馆 1980 年版,第 397 页。
③ 《马克思恩格斯文集》第 9 卷,人民出版社 2009 年版,第 91 页。
④ 《列宁选集》第 2 卷,人民出版社 2012 年版,第 100 页。

过对它们的享用和消化,真理能够将外部世界转化为人的精神无机界,转化为新的主体的意识、思维的一部分,成为新的主体的精神本质力量和认知定势的有机构成成分。它可以使其他的或后来的人超越自己现实的时空界限。它也可以作为知识的背景、概念和理论框架、观念和思维模式,为每一个掌握了它的人们接收和加工新的信息提供内在的参照系统、操作工具和处理范本,对完成新的认识起着准则、规范、范例的作用。所以,从真理是人对客观世界的理论掌握的现实形式来看,真理无疑具有独立的认知和理论价值。但是,真理的价值不仅表现在认知领域,更重要的还表现在实践活动中。因为认识真理本身并不是最终目的。人们并不满足于通过具有客观真理性的知识达到现成的现实世界的本来如此的了解,而是要运用具有客观真理性的知识,按照人们的需要这一内在尺度,发现和创造对人来说是应当如此的对象世界,而是通过实践活动来实现的。因此,真理的价值性只有通过实践把具有客观性的内容的真理对象化出去,才能真正得以实现。也就是说,真理只有通过实践转化为客观实在和物化对象,才能实现其满足人们社会生活需要,推动人类社会历史发展的意义。这才是真理的功能和价值的最重要的最根本的表现。爱因斯坦说:"在科学对历史进程的作用中,使我们最感兴趣的还是在于科学的物质作用,而不在它对人们思想的作用。"[1] 毛泽东说过:"如果有了正确的理论,只是把它空谈一阵,束之高阁,并不实行,那末,这种理论再好也是没有意义的。"[2] 因此,真理要实现自己应有的价值,就必须越出思想的范围和主观的领域,而过渡到实践的领域和范围。

真理只有进入实践的领域,才能最终实现自己的价值,而实践也只有把真理性的认识作为建立实践观念和实践模型的客观根据、基础和尺度,作为客体性的要素贯穿于活动的始终,才能保证活动的自觉性、科学性和有效性,才有可能实现预期的目的并获得成功。一句话,实践的成功需要真理。这就从另一角度说明了真理的价值所在:即真理具有实践的功能和意义。

实践活动是一种主体性的活动,而不是动物式的消极被动的单纯适应

---

[1] 《爱因斯坦文集》第3卷,商务印书馆1979年版,第16页。
[2] 《毛泽东选集》第1卷,人民出版社1991年版,第292页。

环境的活动。列宁说:"世界不会满足人,人决心以自己的行动来改变世界。"① 确实,人们之所以要从事改造客观世界的实践活动首先就意味着对现存世界的某种不满足,其根本目的就是为了改变事物的既成形式,创造对自己有用的但客观自然过程不会自动产生的那种形式的客体,以满足自己的需要。按照人们自己的需要实际地改变外物的既成形式和规定,创造具有符合人们需要的形式和规定的客体,亦即在对自己有用的形式上占有客体,这既是实践的目的,亦是实践的动因。可以说,实践必定以达到主体的一定目的,实现主体一定的价值目标为动因,非如此则无实践必要。这种从实践活动主体的利益、需要、目的、愿望等为实质内容,并作为实践活动的目标和动力机制,而发挥着导引和驱动等功能作用的实践要素,就是实践活动得以进行的主体内在尺度。实践活动离不开主体内在尺度,人们在实践中"处处把内在尺度运用到对象上去"。

但是,实践除了必须遵循主体的内在尺度外,还必须遵循客体的尺度,实践活动主体必须"懂得按照任何一个种的尺度来进行"实践,非如此则无实践成功之希望和可能。也就是说,主体的实践活动要创造出合乎主体目的和需要的对象物,实现对客观事物存在形态的超越,使自在世界属人化、主体化,是有前提条件和制约因素。这就是必须达到外部对象的客观尺度和人们自己内在尺度的统一。任何一种客观事物都有自身的结构方式和内外联系形式及由此决定的事物属性、本质、规律、功能等,这是一种事物之所以是它自身的客观尺度。这种尺度是不以人和人类的意志为转移的。自然事物的尺度是在物质运动变化发展过程中形成的和表现出来的,因而是客观的。因此,要获得实践的成功必须要把实践活动所指向对象的具体的结构方式、内在联系形式及由此决定的属性、本质和运动变化的规律作为活动的客观根据。而这就需要真理性认识为中介。这就是说,要使客体的内在尺度转化为实践活动所自觉遵循的活动尺度,是以人们对客体的内在尺度的正确认识为前提条件的。

真理本质上是人的表象中不依赖于主体的内容。它体现了人类对于作为世界普遍本性和客体尺度的意识和认肯。它是主客体关系中客体性内容的概括和抽象。在实践活动中,它反映和体现着全部客观规律的作用的一般性质和地位。它从事物因果必然联系中揭示了目的和手段的内在一致

---

① 《列宁全集》第55卷,人民出版社1990年版,第183页。

性，它侧重于确定目的的前提，侧重于实现目的的道路、手段的必然性，侧重于原因，它为实践活动提供着规范化的客体。因而是实践活动不可缺少的客体性要素，也是实践活动必须全面贯彻的一条基本原则。作为事物客观尺度的观念把握，真理性的认识发挥着实践活动指针的功能，它是引导和制约人的价值目标追求的客观力量。真理对实践活动的目的没有从属关系。它对人们有目的的实践活动保持着独立的地位。在人们有目的的实践活动中，真理不是目的所选择的对象，而是使目的受选择的标准。人们只有以真理的内容来规定、校正自己的目的，才能使实践活动沿着正确的轨道前进。

真理在实践中发挥着制约、引导和校正等作用，首先表现在实践观念的建构过程中。实践观念也就是实践的目的和计划。它是实践的结果（理想客体）及实现这一结果的实践过程（理想客体取得外部现实性形式的实际过程）的观念模型。它按照外部事物的客观尺度和人们自己的内在尺度的统一，通过思维操作或思想实验以加工处理信息的形式对外部事物进行观念的分解和综合而建立起来。真理作为主体在观念上正确把握了事物的客观尺度，在建构过程中，一方面，本身作为因素向实践观念转化，成为实践观念的组成部分；另一方面，又作为衡量主体内在尺度是否合理的准绳、标尺决定其取舍和调整修改。因此，客观真理性知识是建构实践观念的基础。此外，真理性的知识在实践观念对象化过程中也会不时起着制约、引导实践活动进行、及时调整目标等作用。真理性的认识作为映现了客体内在尺度的内容实质和作用的条件，决定着实践活动的命运。可以说，实践观念能否达到预期的目的，根据就在于是否把实践观念建筑在对客观事物内在尺度的真理性把握上，能否运用具有客观真理性的知识来指导改造和创造世界的实践活动。人们自己的本性、本质力量（包括意志和情感）之所以能对象化出去、物化为客观现实，人们的理想的目的、意图之所以能感性显现出来，就在于这一过程同时也是真理性知识对象化，转化为客观实在的过程，没有后者也就没有前者。如果一个实践观念不是以对客观事物尺度的真理性掌握为根据，而是以对客观事物内在尺度的主观臆想、错误认识为根据，那么，用这样的实践观念指导实践活动，势必惨遭失败。

实践成败取决于真理，实践的盲目与自觉之分亦取决于真理。如果实践不能把真理作为中介环节和要素包含于自身内，这样的实践也只能是盲目的实践，因为这意味着没有以客观规律性和因果制约性作根据，因此，就无法科学预见活动的结果。因此，真理性认识是人们能够自觉地有计划地通过实践来实现预定目的的可能性基础。可见，真理决定着实践的命运。真理还决定着实践的深度和广度。可以这样说，认识在何种范围和何种程度上获得真理，那么，实践也能在何种范围和何种程度上获得成功。

总之，真理是有用的、有价值的，但它应该对象化为客观实在。而这种对象化或向客观实在的转化，又是通过运用真理指导实践来实现的。这是人们掌握真理的根本目的，亦是真理本身的有用性和价值性的根本表现。

正因为真理只有通过实践才能最后实现其价值，这就决定了真理实现其价值是有条件的。真理性具有普遍性的品格，它虽在一定的实践基础上产生出来，但能相对地超越原有实践的具体性和历史性的限制，揭示客观事物的普遍本质、规律性或实践本身的活动规律。正因为如此，才能对往后实践具有指导意义，但归根到底，它总是具体的历史的，具有相对性。真理的相对性决定了任何具体真理价值的有限性。某一具体真理有什么具体的社会价值，并不是真理本身决定的或固有的，而是人在真理所揭示的客观可能性（必然性）范围内，具体地选择和创造的结果。爱因斯坦揭示的 $E=mc^2$ 这一真理，既可以用于制造原子武器，又可以用于核能发电。因此真理的具体价值，必须联系具体主体的具体实践来解决，而不能简单化和凝固化。

至于实践尽管也有普遍性的品格但更主要的实践还具有直接现实性的品格。与认识相比，它更加具体更加特殊，更具有历时性，任何实践都有自己特定的目的、手段和对象。它总是在一定的历史阶段、一定的社会条件下，为了解决一个特殊的问题而进行的。世界上只有具体的现实的实践，而没有超历史的实践。所以，不但不是任何用以指导实践的认识都能成功地见之于客观的，而且即使是曾经被实践所证实了的真理性认识，如果超历史跨范围地使用，同样不可能实现向客观实在的转化，同样不可能最后实现其价值。真理是具体的相对的，真理的价值也是具体的相对的。真理通过实践实现价值也是有条件的。只有当真理性认识和实践活动达到具体的历史的统一时，真理的价值才能得以最后实现。

真理性的认识揭示了客观事物的本质、规律和铁的逻辑，揭示了客观事物所具有的满足主体需要的种种属性，成为指导人类认识世界和改造世界的根本武器，是人类获得自由、幸福、解放的根本条件，对人类的生存和发展有着肯定和积极的意义和价值。但是真理的价值具有局限性。真理只重"理"，它试图用理性来说明一切现象和事物，但是事实上它又不可能说明和涵盖人的生存的一切方面。正因为如此，当代许多科学家深感科学不能包办一切，真理不是唯一的最高权威，所以，在肯定真理的价值同时，不能片面夸大，吹胀真理的价值性，对真理的价值性也应有个辩证的态度。如何合理地利用人类真理性的认识成果，为人类的自由、幸福和解放服务仍然是我们面前的一大课题。

第 四 章
人对外部世界的分工掌握及其交换

人掌握外部世界就是为了满足人的需要。人的需要具有社会文化的品格和性质,而且极其复杂多样。人的需要实际上也是社会大系统的需要,两者具有同构性。这些需要只有在社会大系统中通过全体社会成员即总体性社会主体的协同活动,通过普遍的社会联系和社会交往,通过有分工地掌握不同领域的不同对象,才能实现对外部世界的总体掌握;只有通过掌握成果的互相交换,才能满足人的各种需要,并促进人对外部世界掌握的深入和拓展。也就是说,人们为了满足自己多样性的不同领域的需要,总是相互依赖着人们对外部世界的有分工的在不同领域的不同方式的掌握,及其掌握成果的相互交换。因此,对外部世界的有分工掌握,是人类掌握外部世界的具体的实现形式,也是人依赖于外部世界的现实形式。当然,人对外部世界掌握的有分工,也带有一定的历史局限性。这种局限性只能随着人对外部世界掌握的拓深和扩展,随着人掌握外部世界积极成果特别是物质产品的极大丰富,才能逐步得以克服,并且只有在扬弃了私有制的共产主义社会才能得以真正超越。

第一节 人对他人、社会的依赖与分工交换的产生发展

大家知道,人是有意识的社会存在物、文化存在物,其需要域远远超出了生物学意义上的直接的机体的生命的界限。人不仅要保证自己作为有生命的存在物的生存和发展,而且要保证自己作为社会存在物、文化存在物的生存和发展。其实,对社会的人来说,这两者是完全统一的。只要是一个现实的具体的人,他作为有生命的存在物的生存和发展,就是作为社会存在物、文化存在物的生存和发展。因此,人的需要在本质上是社会性的、文化性的,而且具有极其复杂的多样性。作为社会的文化的生命存在物,人既有社会物质生活的需要,又有社会精神生活需要。它们各自又有

不同方面和层次。即使是维持人机体动态系统的积极平衡和内稳状态的生存需要,就包括了衣、食、住等形式和种类。为了满足这些需要就要饥有食品,渴有饮料,寒有衣着,住有居所,病有医疗等。更何况除了物质需要外,人还有丰富多彩的精神文化的需要。人们只有享用和消化经过人观念和实践地加以改造过的各种对象,使它们转化为自己的精神和物质的生活与活动的一部分时,才能满足自己多样性的需要。

不同的需要有不同的对象领域,因而满足需要的对象也有不同的领域。不同的需要域和满足需要的不同对象领域,要求人们对外部世界实现有分工的掌握。否则,如果所有的社会成员都去从事某一种掌握外部世界的活动,而且仅仅从事这种活动,那么,要满足不断增长着、不断分化着的多样化的具有社会文化品格的各种需要是不可能的。因为,不管是何种掌握外部世界的活动方式其功能总是有限的。它所能创造的积极成果总是有着特殊的形式和内容的,只能满足人的某一方面的需要。从逻辑上说,在没有分工的条件下,只有当人们各自都能从事各种掌握外部世界的活动时,才能依靠自己获得各种需要的满足;或者说只有当人有了某种需要就有对应的用以满足这种需要的掌握外部世界的本质力量时,人们才能凭借自己的力量,凭借自己掌握外部世界的活动,获得自己多样性需要的满足。问题在于这是不可能的、不现实的。因为,任何一个具体的现实的个人尽管其需要是多方面的,但其掌握外部世界的能力却总是有限的,无论是体力还是智力都是有限的,人的本质力量系统的功能是有限的。

大家知道,人作为社会文化的存在物,其本质力量是受着自己的生产力一定发展以及这种发展相适应的交往(直到它的最遥远的形式)的制约。"人的存在是有机生命所经历的前一个过程的结果。只有在这个过程的一定阶段上,人才成为人。但是一旦人已经存在,人,作为人类历史的经常前提,也是人类历史的经常的产物和结果,而人只有作为自己本身的产物和结果才成为前提。"[①] 在任何历史阶段上,任何人只要他降临到这个现实的社会中,就必然处于特定的人群、团体和社会中,并与社会发生着这样或那样的联系,成为社会关系之网新的纽结而受其制约。这些社会历史条件很大程度上规定了具体的现实的人拥有何种形式和功能的掌握外部世界的本质力量。因此,任何一个具体的、现实的人,他掌握外部世界

[①] 《马克思恩格斯全集》第 26 卷第 3 分册,人民出版社 1974 年版,第 545 页。

的能力、他所拥有的本质力量总是具有历史性的、有限的。现实的人只有有限的能力，因此，也只能从事有限的几种掌握外部世界的活动。在没有社会分工的条件下，在人人都必须亲自担负生活所需要的各项劳动的情况下，受个体精力和能力限制的人们，只能从事几种最必须掌握的活动，满足其很有限的生活需要，以维持单调而贫乏的生活，而不可能有什么多样性需要的满足。

只有在分工的条件下，由于一些人承担了全部的农业生产实践，为所有社会成员提供必需的食物等维持机体生命需要的对象物时；另一些人才能用来发展工业生产，为人类提供各种生活和活动所需要的工业品。只有当一部分人担负了全社会的全部物质生产工作，为满足所有社会成员的物质生活需要提供了可能性时；另一部分人才能专门从事创造各种精神产品的观念掌握活动，为满足社会成员的精神需要提供可能。可以说，有分工地掌握外部世界既是人类满足多样性需要的必然要求，也是满足人类在质上和量上不断增长的多方面需要的现实途径。卢卡奇说：人类掌握外部世界的过程，就是"通过发现和实现新内容、新需要以及满足新需要的新途径而不断地向前发展。因此，它在社会上不仅越来越得到扩展和完善，而且同时还实现着一种不仅是技术性的，而且是社会性的分工。"只要通过这些环节，"这个劳动再生产过程以及由劳动中产生的分工，在本体论上重新塑造着社会存在的结构"。[1] 一句话，只有在分工掌握的条件下，只有在不同的人中间分配不同的掌握外部世界的能力，人类总体才能获得和形成与人的多样性需要相适应的掌握外部世界的总体本质力量和"全面能力体系"，人们多样性的需要的满足才能成为可能。因此，人的多样性需要的满足总是依赖于人对外部世界的有分工掌握的。

人们要实现自己多样性需要的满足，就必须相互依赖着人们对外部世界的有分工的在不同领域的不同形式的掌握。这实际上也就是指人们要满足自己多样性需要就必须相互交换其各自的掌握成果。只有通过人们之间对掌握成果的交换，人们的多样性需要的满足才成为现实。正如上文所述，每个人所能掌握的对象领域总是十分有限的，所能亲自创造和生产的物质文化产品和精神文化产品的种类总是极其有限的、片面的或单一的。有的甚至对于从事这一掌握活动的主体来说本身不具有直接的使用价值。

---

[1] ［匈］卢卡奇：《关于社会存在的本体论》上卷，重庆出版社1993年版，第11页。

因此，只有获得其他人、其他集团或其他民族和国家所创造的积极成果才能满足自己的多样性需要。黑格尔曾指出："技能和手段的这种抽象化使人们之间在满足其他需要上的依赖性和相互关系得以完成，并使之成为一种完全的必然性。"① 马克思认为："社会分工按照它的内容来看是以（不同的）需求、（不同的）活动等等的相互关系为基础。"② 也就是说，在有分工掌握外部世界的条件下，人们不可能在不同另一个人发生联系的情况下，独立地自己满足自己的全部需要。因为，分工意味着不同的掌握外部世界的活动领域在不同的个体中的分配，也就意味着"目的—手段"关系两极在不同个体中的分配。在这种情况下，一个人的需要必须而且也可以用另一个人的产品来满足，反过来也一样，一个人能生产出另一个人所需要的物品。"每一个人在另一个人面前作为这另一个人所需要的客体的所有者而出现。"③ 孔德认为：分工涵盖了"理性的所有范围，换言之，为我们提供了各种活动的全部领域，而不是被普遍限定在单纯的物质利用的范围里。""非但每个人，每个阶级从多种角度来说，各个民族都加入到了分工行列中，每个人都以自己的方式，以特殊而又确定的程度，加入到雄心勃勃的公共事业中。它注定要逐渐地发展起来，以至于把今天的合作者与过去的先行者，以及未来各种各样的后继者结合在一起。这样，人类的不同工作就会不断得到分配，它构成了社会团结的主要因素，构成了社会机体一天比一天扩大，一天比一天复杂的首要原因。"④ 因此，人们为了满足自己的多样性需要，就不得不互相依赖着，不得不发生着各种各样的交往和交换。

可以说，通过有分工地对世界不同领域的不同方式的掌握，以及掌握成果的交换来满足自己的多样性需要，是人区别于动物的一大特点，是人类不同于动物的社会性的体现和反映。也正是由于人有社会性，是社会的存在物，才有可能通过各个社会成员的有分工掌握，来实现对外部世界的总体掌握。这种情况在动物那里是不可能出现的。康德说："在其它一切

---

① ［德］黑格尔：《法哲学原理》，商务印书馆1961年版，第210页。
② 《马克思恩格斯全集》第47卷，人民出版社1979年版，第356页。
③ 《马克思恩格斯全集》第46卷（上），人民出版社1979年版，第195页。
④ 孔德：《实证哲学教程》第4卷，第425页，转引自［法］埃米尔·涂尔干《社会分工论》，生活·读书·新知三联书店2000年版，第26页。

自顾自的动物那里，每个个体都实现着它的整个规定性。"① 动物不能生产出任何超越其自然获得的规定性的东西。它们不能互相交换其天赋和成果。确实，尽管"同类而不同品种的动物的特性的天生差别比人的秉赋和活动的差别显得多。但是因为动物不能从事交换，所以同类而不同品种的动物所具有的不同特性，不能给任何动物个体带来任何好处。动物不能把同类的不同特性汇集起来；它们不能为同类的共同利益和方便做出任何贡献。人则不同，各种各样的才能和活动方式可以相互利用，因为人能够把各种不同的产品汇集成一个共同的资源，每个人都可以从中购买所需要的东西"②。按照自己的需要获得别人劳动产品的一部分。可以说，分工造成了个体才能的差别，交换则使这种差别变成了有益的东西。涂尔干说："交换之所以产生，其原因在于两个不完整的人所形成的相互依赖关系。因此，交换就是对这种依赖关系的外在阐释对其内在和深层状态的外在表现。"③ 所以，在文明状态中，在有分工掌握外部世界的条件下，每个人都靠交换来生活，来满足自己的多样性需要。

这种建立在分工基础上人们之间掌握外部世界积极成果的交换，实际上既是一个个体掌握外部世界活动及其成果转化为社会活动及社会总体成果，也是社会总体活动及其成果通过交换向个体的转化的过程。即使个体与个体之间的交换也是社会成果个体化和个体成果社会化的表现。要知道分工使社会活动转化为个体活动、私人活动，同时也就是使个体掌握外部世界的活动变为社会活动。从一定意义上讲，个体掌握外部世界的活动大都不是为了个体自己占有和享用的某种对象而进行的，不是仅仅为了自己的享用去掌握外部世界的某一对象领域，创造某种物质产品和精神产品的，更是为了承担社会总体掌握的部分职能，为了满足社会总体需求，满足社会其他成员的生命和活动需要。一位科学家从事科学理论掌握，创造一个新的学说、新的理论，并不是为了自己独占它。从一开始起，科学家就想把这个学说公布于众，得到大家的承认，得以传播，得以社会化，成为大家的共同财富。物质文化产品的创造也同样如此。人们通过实践地掌

---

① ［德］康德：《实用人类学》，重庆出版社 1987 年版，第 235 页。
② 《马克思恩格斯全集》第 42 卷，人民出版社 1979 年版，第 147 页。
③ ［法］埃米尔·涂尔干：《社会分工论》，生活·读书·新知三联书店 2000 年版，第 25 页。

握外部世界的活动创造某一具体物质文化产品，目的大多不是为了个人享用，有些也不可能成为个人自己的消费品。只有当个体掌握外部世界的活动所创造的成果，转化为社会产品，转移到社会上一系列人的手中时，才能使自己的个人活动转化为社会活动，才能实现其价值。反之，如果他的活动成果不能社会化，那么，就说明其掌握活动及其成果不能满足社会总体的需要和社会其他成员的生命和活动需要，他掌握外部世界的活动就是无用的、无价值的。可以说，"在社会中，产品一经完成，生产者对产品的关系就是一种外在的关系，产品回到主体，取决于主体对其他个人的关系。"①

个体掌握外部世界活动及其成果的社会化，是有分工地掌握着世界的人们实现其相互依赖的一个方面；另一方面则表现为社会总体成果的个体化。如果说个体成果的社会化是为了使他人分享其掌握外部世界的积极成果，那么，社会成果的个体化则是个体去分享社会总体和他人掌握外部世界的积极成果，是个体依赖于他人和社会总体掌握外部世界的活动来满足自己多方面需要的一种表现。

社会成果的个体化表现为个体通过与社会和他人的物质产品和精神产品的交换，获得其机体生命的需要的各种消费品和从事掌握外部世界活动所必需的生产资料性产品，获得各种感性经验，各种系统化、理论化的科学文化知识，制造和使用工具的各种技术，以及认识规范、思维方式、价值规范体系，以及纯粹为了满足精神享受的艺术产品等，从而使社会总体掌握外部世界的积极成果转化为自己生命和活动的一部分，也就是通过依赖他人和社会总体掌握外部世界的活动，来实现自己对外部世界的依赖。因此，社会总体掌握外部世界成果的个体化，一方面满足了个体的各种生命需要；另一方面也通过社会文化成果转化为个人生活的生命要素，克服了个人的主观性和局限性，形成了主体间的共通性，从而使个体提高为客观的即具有普遍意义的存在。

人们通过个体成果的社会化和社会成果的个体化，实现了掌握外部世界积极成果的相互交换，并由此实现了自己多样性的需要的满足。而那些用来满足人多样性需要的积极成果，有些是现时提供的，有些则是历史积累和留传下来的；有些是本民族、本国创造的，有些则是别的民族和国家

---

① 《马克思恩格斯文集》第 8 卷，人民出版社 2009 年版，第 18 页。

所提供的。因此，人们对积极成果的分享也就存在着横向交换和纵向传递两种形式。

横向交换指的是个体间、群体间、民族间、国家间相互交换其掌握外部世界的积极成果，以达到互补、互助、互益，满足其各自的多样性需要的交换活动。大家知道，人类在掌握外部世界过程中逐渐分化出不同性质的掌握方式。这些不同性质、类型的掌握外部世界的方式，不仅在时间上贯穿为一个文化进化的历史过程，而且在空间上形成了不同性质和方式并存的多样化、丰富化的掌握外部世界总体格局，而且随着人的需要的发展，掌握外部世界的具体形式、方式也可以向着所有可能的方向尽量变化，呈辐射式发展的态势，专业化程度越来越高、细分程度越来越强。这就使得有分工地掌握外部世界的人们所能掌握的对象领域越来越有限，因此他们的多样性需要的满足就越来越依赖彼此之间的横向交换。不但同一国家内部不同行业、不同职业、有分工地掌握着外部世界的人们，需要彼此之间的横向交换，而且不同国家和民族之间也有横向交换其掌握成果的必要。由于社会历史、文化传统、资源禀赋等各种复杂因素的存在，民族与民族间、国家与国家间，不但发展水平有差别，而且他们的发展模式也是有所不同的，掌握外部世界的本质力量的类型也是有区别的，由此，必然导致掌握外部世界成果的差别性。只有互相交换其成果，才能满足各自生活和活动的需要，才能分享各民族所创造的积极的文化成果。通过横向的交换，一方面，可以使某一个体、某一民族、某一国家所创造的成果扩大到类，从而具有类的普遍的意义；另一方面，其他人、其他民族和国家则可以通过直接利用他人、其他民族和国家的积极成果，而避免一切都需要自己创造的局限。这种国家与国家之间的横向交换其掌握成果，有些是通过贸易来进行的，有些则通过文化传播和文化交流（如艺术、宗教、哲学、科学等）来实现的。不管是何种形式，都为人们产生和满足多样性需要提供了新的可能。所以，人们在什么范围内实现互相之间横向交换，就意味着在什么范围内实现了对有分工掌握的相互依赖，就意味着能在什么范围内享用人们掌握外部世界的积极成果。

人们不只是通过交换现时提供的掌握外部世界的积极成果，而且也分享着历史积累和留传下来的积极成果。人类代际间存在着掌握成果的传承关系。这是社会历史遗传进化规律的具体表现形式。因此，人不但存在着横向的分工掌握，而且也存在着纵向分工掌握。不仅相互依赖着同时代人们对外部世界的有分工掌握，而且后代总是依赖着前人对外部世界的掌握，并以前辈已经掌握的成果为自己活动的起点和基础的。这是人与动物又一区别。动物总是在已经获得了物种规定性上再生产自己的。动物物种规定性是通过生物遗传进化方式获得的。它使动物的需要、力量、行为方式世世代代为这种规定性所制约，因而，动物总是停留在某种已经变成的东西上。人是历史的存在物。它是按照新型的社会历史遗传进化方式发展的。他总是把以往的人类掌握外部世界的积极成果作为前提。在这基础上追求并创造新的规定性，并通过自己的新的掌握活动为未来的人们提供更为广阔的历史前提。人类之所以能把掌握成果传递下去，就在于人类掌握外部世界的积极成果具有体外遗传性，不因个体的死亡而消灭和毁灭。人类实践掌握外部世界的积极成果除了供人的机体需要的食物衣服等消费性资料难以沉淀下来外，那些生产性成果如生产工具则以实物形态沉积下来、传承下去，人类观念地掌握外部世界的积极成果也以客观精神的形式（以语言符号为载体的科学理论、技术理论、艺术、宗教、哲学、道德等）存在着。人们之所以能够把这种超个体性社会化了的存在于社会之中的人类掌握外部世界的积极成果传承下去，就在于人类在代际之间存在着纵向的传递和继续关系，存在着后代对前辈的慎终追远、传承发扬的文化心理。一方面，人们通过享用和消化前辈在掌握外部世界活动中所创造的灿烂的物质文化成果和精神文化成果，即通过总体成果的个体化，而获得自己多方面需要的满足，并因此整合起积累起了前辈掌握外部世界的本质力量，使自己掌握外部世界的活动建立在前辈掌握活动的基础上，从而避免了像动物那样一切都趋向原点的活动的局限性。另一方面，人们又通过自己掌握外部世界活动所创造的积极成果的社会化，为后代提供了可享用的积极成果。这样，人们通过代际间的纵向传递，通过对历史积累和遗传下来的掌握成果的享用和消化，以以往的历史成果为前提，不断积累和整合人类世代掌握外部世界的本质力量，从而不断推进人类对外部世界的掌握。

总之，有分工地掌握外部世界的人们通过横向交换和纵向传递，通过彼此间物质、能量、信息和情感等方面的交流和交换，才能享用和消化能够满足自己各种需要的分工掌握的成果，也包括历史地积累和遗传下来的凝结着共同体成员集体智慧、力量和价值的文化成果，并转化为自己生活和活动的一部分，成为自己的无机的身体和精神的无机界，从而不但使自己的各种需要普遍地得到满足，而且也因他人的体力成为自己体力的延伸，他人的知识和智慧成为自己智力的扩充，从而使自己的本质力量和内部构造—动力世界也普遍地得到了发展、增长和强化。所以，马克思把与他人的交换和交往，看作是"我的生命表现的器官和对人的生命的一种占有方式。"① 通过对外部世界的有分工的掌握和掌握的成果横向的人际、族际、国际的交换和交往，通过纵向的代际的历史传承和发展，人类掌握外部世界的积极成果就能巩固下来，延续下去，人们才能在越来越广阔和越来越深入的层面上，扩大和拓深着对外部世界的掌握，从而不断地扩大着人类赖以生活的外部世界的范围。

第二节 分工掌握的历史局限性及其超越

既然人对外部世界的掌握不单纯是主客体的相互作用，而且交织着主体间的交往，是有分工的。既然人的多样性需要的满足，是依赖于人对外部世界不同领域不同对象的有分工掌握，及其成果的相互交换。因此，现实的人分享人类在掌握外部世界过程中所创造的成果，从而满足自己需要的状况，就不仅取决于人类掌握外部世界的深度和广度，还取决于交往关系的性质，取决于现实的人在交往关系和分工中的地位。因此，人类对外部世界掌握的拓深和扩展，并不直接地或简单地表现为每个社会成员本质力量的普遍发展，并不意味着每个现实的人具有社会文化品格的生活和活动的需要都能更加普遍地得到满足。

如前所述，人要拓深和扩展对外部世界的掌握，要满足自己的多样性需要，就必然采取分工的形式，必然要对外部世界进行有分工的掌握。但是，正如马克思所指出的，"分工不仅使物质活动和精神活动、享受和劳动、生产和消费由各种不同的人来分担这种情况成为可能，而且成为现实"②。与分工同时出现的分配和所有制关系，则是使享受与劳动分离、生产和消费分离的现实条件。马克思指出："与这种分工同时出现的还有分配，而且是劳动及其产品的不平等的分配（无论是数量上或质量上）；

---

① 《马克思恩格斯全集》第 42 卷，人民出版社 1979 年版，第 125 页。
② 《马克思恩格斯全集》第 3 卷，人民出版社 1960 年版，第 36 页。

因而也产生了所有制。"① 分工从最初起就包含着劳动条件、劳动工具和材料的分配，因而也包含着积累起来的资本在各个私有者之间的劈分，包含着资本和劳动之间的分裂以及私有制本身的各种不同形式。分工发展的各个不同历史阶段，同时也就是所有制的各种不同历史发展形式。就此而言，"分工和私有制是两个同义语，讲的是同一件事情，一个是就活动而言；另一个是就活动的产品而言。"② "在分工的范围内，私人关系必然地、不可避免地会发展为阶级关系，并作为这样的关系固定下来。"③

正因为分工的出现必然伴随着阶级的分化和私有制的出现，所以，它在为人性带来进步的同时，也带来了消极的一面，不可避免地带有历史局限性。

第一，分工一方面促进了人的多样性活动形式的发展，从而实际地证明了人是一种具有多方面需要和能力的禀赋全面的存在物；另一方面却又剥夺了至少是大多数人的这种全面发展的现实机会。分工使个人"变成片面的人，使他畸形发展，使他受到限制"。④ 由于在私有制条件下，私人利益和公共利益之间分裂，由于阶级对抗的存在，分工具有外在性、强制性的特点。分工把一定的特殊的活动范围强加给每一个人，每一个人都不得不屈从分工，屈从于他被迫从事的某种活动。每个人都不得超出强加给它的一定的特殊的活动范围。这种强制性的分工把一部分人变为受局限的城市动物，把另一部分人变成了受局限的乡村动物，而且只要他们不想失去生活资料，他就始终应该是这样的人。可见，只要分工是强制性的，只要分工还不是出于自愿的而是自发的，那么，"人本身的活动对人说来就成为一种异己的、与他对立的力量，这种力量驱使着人，而不是人驾驭着这种力量。"⑤

第二，分工确实不断地创造着人的新的需要，不断创造着用于满足人的新需要的新的掌握外部世界的本质力量，不断地创造着满足人的需要的新的对象。但是，随着私有制的出现和阶级的分化，人的需要本身也发生了分化。有些人的需要得到了多样性的发展，而另一些人的需要却受到了

---

① 《马克思恩格斯全集》第 3 卷，人民出版社 1960 年版，第 36 页。
② 《马克思恩格斯全集》第 3 卷，人民出版社 1960 年版，第 37 页。
③ 《马克思恩格斯全集》第 3 卷，人民出版社 1960 年版，第 513 页。
④ 《马克思恩格斯全集》第 3 卷，人民出版社 1960 年版，第 514 页。
⑤ 《马克思恩格斯全集》第 3 卷，人民出版社 1960 年版，第 37 页。

压抑、压制。也就是说，在对外部世界分工掌握的条件下，并不是全体社会成员、现实的每一个人都能得到多样性需要的满足的。分工使广大劳动人民的多样性需要受到统治阶级、剥削阶级的压制。它使广大劳动者的需要降低到只是单纯地维持机体生存的、最简单的、最粗糙的动物需要。劳动者被当作劳动的动物，被当作仅仅具有最必要的肉体需要的牲畜。马克思说："对于一个忍饥挨饿的人说来并不存在人的食物形式，而只有作为食物的抽象的存在；食物同样也可能具有最粗糙的形式，而且不能说，这种饮食与动物的饮食有什么不同。忧心忡忡的穷人甚至对最美丽的景色都没有什么感觉。"①

第三，分工促进了人们之间的交往、交换范围扩大和社会关系的发达化，同时却又使本来作为个人从事掌握外部世界活动的必要条件的社会关系，反过来成了一种支配个人的强制力量，束缚个人的自由自觉的活动。在分工的条件下，社会关系必然变成某种独立的东西，反过来决定着和管制着个人，因而"在观念中就成为'神圣的'力量。"②

第四，分工掌握扩大了人类掌握外部世界的本质力量，发展了生产力，从而也为人们创造了更加丰富多彩的积极成果。但是，在阶级对抗和私有制的条件下，这种力量已经不再是个人的力量，而是私有制的力量。对外部世界的有分工掌握的积极成果也成了被私有者占有的成果。而广大的劳动者是与这些人类分工掌握外部世界活动创造的成果相分离的，他们成了丧失了一切现实的生活内容的抽象的个人、偶然的个人。也就是说，人对外部世界掌握的拓深和扩展，对大多数人来说，不但没有带来主体力量和能力的增长，反而导致主体力量的贫乏。在私有制条件下，分工掌握它所带来的只是统治阶级的自由，而不是广大劳动大众的自由；它所创造的只是统治阶级的自由的时间和发展的空间，而带给大多数劳动群众的只是被奴役的时间和狭窄的生存空间。它造成了一种新的压迫人、反对人的异己力量，造成了一些人占有其他人剩余劳动和剩余时间的人剥削人、人压迫人的对抗形式和异化局面。马克思说："作为过去取得的一切自由的基础的是有限的生产力；受这种生产力所制约的、不能满足整个社会的生产，使得人们的发展只能具有这样的形式，一些人靠另一些人来满足自己

---

① 《马克思恩格斯全集》第42卷，人民出版社1979年版，第126页。
② 《马克思恩格斯全集》第3卷，人民出版社1960年版，第273页。

的需要，因而一些人（少数）得到了发展的垄断权；而另一些人（多数）经常地为满足最迫切的需要而进行斗争，因而暂时（即在新的革命的生产力产生以前）失去了任何发展的可能性。"① 可见，在私有制条件下，在阶级社会，分工掌握必然导致人的异化状况。因此，马克思把分工称作"人活动的异化了的、外化了的状态"或"形式"。②

这种人在掌握外部世界过程中的异化状态，在不同的历史时期其表现形式是有所不同的。在前资本主义阶段，在奴隶社会和封建社会，奴隶的全部产品和农奴的大部分产品，均不归劳动者所有，奴隶被当作牲畜和生产工具被奴隶主所奴役，农民则束缚在土地上，他们都不得不从事强制性的劳动。他们连自己的生存大权都操纵在别人手里，只能勉强维持自己生命的再生产，既不能分享社会掌握外部世界的物质成果，更无法分享精神财富，处于人对人的依赖关系中。在资本主义社会，由于人类掌握外部世界的本质力量得到了很大提高，人类在自然界面前获得了更多的自由，在新的社会生存层面上创造出更加广泛的生活条件，因此也获得了社会存在层面上的更大的自由。这突出地表现在个人从原来的人身依附关系中解放出来，获得了人身自由。但是，资本主义创造的自由并不是人的真正的自由，只是资本的自由。"自由并不是个人，而是资本"。工人因为与劳动资料的分离，一无所有，剩下的不过是出卖自己劳动力的自由，而没有从事掌握外部世界活动自由和享受人类掌握外部世界积极成果的自由。"一个除自己的劳动力外没有任何其他财产的人，在任何社会的和文化的状态中，都不得不为占有劳动的物质条件的他人做奴隶。"③ 也就是说，在资本主义条件下，工人只有出卖自己的劳动力，受雇于资本家，成为资本家的奴隶，才能获得从事生产实践活动、掌握外部自然界的机会，也只有这样，才能获得满足自己生存需要的生活资料。因此，"对于通过劳动而占有自然界的工人说来，占有就表现为异化，自我活动表现为替他人活动和他人的活动，生命过程表现为生命的牺牲，对象的生产表现为对象的丧失，即对象转归异己力量、异己的人所有。"④ 可以说，"工人生产得越

---

① 《马克思恩格斯全集》第3卷，人民出版社1960年版，第507页。
② 马克思：《1844年经济学—哲学手稿》，人民出版社1979年版，第52页。
③ 《马克思恩格斯全集》第19卷，人民出版社1963年版，第15页。
④ 《马克思恩格斯全集》第42卷，人民出版社1979年版，第102页。

多，他能够消费得越小；他创造价值越多，他自己越没有价值、越低贱；工人的产品越完美，工人自己越畸形；工人创造的对象越文明，工人自己越野蛮；劳动越有力量，工人越无力；劳动越机巧，工人越愚钝，越成为自然界的奴隶。"①

当然，这种异化状况，"不过是历史的必然性，不过是从一定的历史出发点或基础出发的生产力发展的必然性，但决不是生产的某种绝对必然性，倒是一种暂时的必然性，而这一过程的结果和目的（内在的）是扬弃这个基础本身以及过程的这种形式。"② 也就是说，分工对人的奴役性，人在掌握外部世界历史过程中所必然出现的异化现象不过是一种历史的现象，不过是人类掌握外部世界的本质力量有了一定的发展，但又发展得不够充分的产物。随着生产力的巨大增长和高度发展，那种迫使个人奴隶般屈从于分工的情况，对于生产力的发展就不仅成为不必要的，反而成为生产力发展的桎梏，成为阻碍人类掌握外部世界的活动向纵深发展的桎梏。随着"社会必要劳动时间缩减到最低限度"，由于"给所有的人腾出了时间和创造了手段"，③ 人们就获得了全面自由发展的空间，因为"时间实际上是人的积极存在，它不仅是人的生命的尺度，而且是人的发展的空间。"④ 那时，尽管人对外部世界掌握活动工艺性、技术性分工仍然存在，但人与人之间那种强制性的分工就将完成其历史使命。人们之间的那种强制性的异化分工的消灭，也就是私有制的消灭和阶级的消灭，"同时也就是个人在现代生产力和世界交往所建立的基础上的联合。"⑤ 这种"各个个人在自己的联合中并通过这种联合获得了自由"⑥ 的条件，就是共产主义，就是建立共产主义社会。共产主义"排除一切不依赖于个人而存在的东西"⑦。

在消除了个人与虚幻共同体对立的共产主义社会，以往由于分工而变成异己力量的生产力被人们重新驾驭，那种人被外部客观力量所支配的物

---

① 《马克思恩格斯全集》第42卷，人民出版社1979年版，第92—93页。
② 《马克思恩格斯全集》第46卷（下），人民出版社1980年版，第361页。
③ 《马克思恩格斯全集》第46卷（下），人民出版社1980年版，第219页。
④ 《马克思恩格斯全集》第47卷，人民出版社1979年版，第532页。
⑤ 《马克思恩格斯全集》第3卷，人民出版社1960年版，第516页。
⑥ 《马克思恩格斯全集》第3卷，人民出版社1960年版，第84页。
⑦ 《马克思恩格斯全集》第3卷，人民出版社1960年版，第79页。

役性和人类社会历史畸变出的似自然性得以消除。社会活动固定化片面化已经被打破。也就是说，"任何人都没有特定的活动范围，每个人都可以在任何部门内发展。"① 人们可以自由地从事各种形式的掌握外部世界的活动。那时谋生的劳动、手段性劳动、强制性生产活动，转变为自由的劳动、非手段性的劳动。劳动和享受之间对立的基础消失了，劳动本身成了生活的第一需要，劳动成为自由的生命表现，从一种不堪忍受的重负变成了一种快乐。人对物的需要和享受从此失去了自己的利己主义的性质。别人的感受和享受也成了我的占有。因此，到了共产主义社会，人类掌握外部世界的活动就重新成为人本质力量的自我确证，重新成为目的与手段的统一体。只有在那时，人才能全面地发展自己多方面的人的属性。人以一种全面方式，也就是说作为一个完整的人把自己的全面本质据为己有，才能发展自己的多样性需要，并满足自己的多样性需要，从而使自己成为具有人的本质的全部丰富性的人。

第三节 分工掌握的全球化与世界性交换

对外部世界有分工掌握的全球性、国际性是人掌握外部世界活动的现代性之一。众所周知，在奴隶社会和封建社会虽然也存在着社会分工。但是，在以手工工具为主的社会生产条件下，在自然经济占统治地位、生产力水平低下的状况下，人们对外部世界有分工掌握是不发达的社会分工和地域分工，只局限于一国或某些地区的范围。人对外部世界的掌握活动及其能力只是在"狭窄的范围内和孤立的地点上发展着"。② 人们也只能"在一定界限内闭关自守地满足于现有需要和重复旧生活方式的状况。"③ 也就是说，对外部世界分工掌握的有限性、狭窄性，决定了人的需要的狭窄性和人们所能依赖的生存范围的狭窄性。

只有到了资本主义时代，大工业生产打破了自然经济条件下人与自然的狭窄关系所造成的人们物质交换范围的狭窄性，以及由物质交换的狭窄性所导致的精神文化交换的狭窄性，打破了各国的孤立性和闭关自守、自

---

① 《马克思恩格斯全集》第 3 卷，人民出版社 1960 年版，第 37 页。
② 《马克思恩格斯全集》第 46 卷（上），人民出版社 1979 年版，第 104 页。
③ 《马克思恩格斯全集》第 46 卷（上），人民出版社 1979 年版，第 393 页。

给自足的状态。因为,在积累起来的劳动,或者说私有制和资本主义雇佣制的现实劳动基础上建立起来的资本主义商品经济,它的发展是同国内市场和世界市场的开拓,同生产的日益社会化分不开的。资本不可遏制地追求普遍性,资本破坏着人对外部世界有分工掌握的有限性、狭窄性。它"摧毁一切阻碍发展生产力、扩大需要,使生产多样化、利用和交换自然力量和精神力量的限制。"① 正是资本的力量和资本对剩余价值的追逐冲破了自然环境和社会环境的屏障,把一切民族甚至最不发达的民族都卷入了世界普遍交往的大潮。人类历史开始向世界历史转变。

随着历史开始向世界历史的转变,人类对外部世界的有分工掌握也越出了一国的界限而开始以世界的规模向前发展。马克思指出:"某一民族内部的分工,首先引起工商业劳动和农业劳动的分离,从而也引起城乡的分离和城乡利益的对立。分工的进一步发展导致商业劳动和工业劳动的分离。同时,由于这些不同部门内部的分工,在某一劳动部门共同劳动的个人之间的分工也愈来愈细致了。这些种种细致的分工的相互关系是由农业劳动、工业劳动和商业劳动的经营方式(父权制、奴隶制、等级、阶级)决定的。在交往比较发达的情况下,同样的关系也会在各民族之间相互关系中出现。"② 又说:"各个相互影响的活动范围在这个发展进程中愈来愈扩大,各民族的原始闭关自守状态则由于日益完善的生产方式、交往以及因此自发地发展起来的各民族之间的分工而消灭得愈来愈彻底,历史就在愈来愈大的程度上成为全世界的历史。"③ 可以说,是资本主义造成了世界普遍交往的态势,开创了世界历史时代,构建了世界分工的格局,从此人类步入了在全球范围内有分工地掌握外部世界的新阶段。在当代,世界性的分工掌握则进一步向纵深和广阔的方面发展。

分工掌握全球化、世界化也就是在世界范围内,在民族之间、国家之间,从而也在人类全体成员之中分配不同的掌握领域,以实现人类对外部世界的总体性掌握。在分工全球化的时代,人们掌握外部世界的活动突破了狭隘的地域性界限,不但从私人活动转化为某一民族或国家范围内的社会活动,而且扩大为"世界历史性的活动",从而人们在掌握外部世界的

---

① 《马克思恩格斯全集》第46卷(上),人民出版社1979年版,第393页。
② 《马克思恩格斯全集》第3卷,人民出版社1960年版,第24—25页。
③ 《马克思恩格斯全集》第3卷,人民出版社1960年版,第51页。

活动中所创造的积极成果也具有了全球性质和意义。

世界性分工必然伴随着世界性的交换。分工掌握外部世界的国际化，使得不同民族和国家之间进行世界性横向交换成为必要。因为，在分工全球化的条件下，人们满足多样性的生活和活动的需要，就必须相互依赖不同国家不同民族的人们对外部世界的不同领域不同对象的分工掌握，依赖于世界性的交换。可以说，"每个文明国家以及这些国家中的每一个人的需要的满足都依赖于整个世界。"① 因此，在分工掌握全球化的情况下，各国之间相互依存性、依赖性、相关性日益增强了。过去那种地方和民族自给自足的闭关自守的状态已被各民族的各方面的相互交换和各方面的相互依赖所代替。而这就使得人们之间的相互依赖的范围扩大了，或者说人们之间在全球范围内实现着相互依赖，从而人们也就从狭隘的地域性的个人向世界历史性的真正普遍的个人转化。

分工的全球化、国际化使得世界性的横向交换成为必要，而不同国家和民族之间进行的横向交换，则使得各个民族国家可以通过直接利用别的民族和别的国家已经创造的积极成果来扩大自己对外部世界的掌握范围，从而也扩大自己所能依赖的外部世界的范围，实现自己多样性需要的满足。

通过世界性分工和世界性交换，不但各个个人而且各个民族和各个国家扬弃了一切掌握外部世界的本质力量都要靠自己累积和创造，自己多样性需求的各个对象领域都要靠自己去掌握的历史局限性，而且也使人类掌握外部世界的积极成果的累积有了保障。因为，"当交往只限于毗邻地区的时候，每一种文明在每一个地方都必须重新开始；一些纯粹偶然的事件，例如蛮族的入侵，甚至是通常的战争，都足以使一个具有发达生产力和有高度需求的国家处于一切都必须从头开始的境地。在历史发展的最初阶段，每天都在重新发明，而且每个地方都是单独进行的。发达的生产力，即使在通商相当广泛的情况下，也难免遭到彻底的毁灭。""只有在交往具有世界性质，并以大工业为基础的时候，只有在一切民族都卷入竞争的时候，保存住已创造出来的生产力才有了保障。"② 从而，也才能推进人类在已经创造和获得的积极成果基础上，扩大和拓深对外部世界的掌握，

---

① 《马克思恩格斯全集》第 3 卷，人民出版社 1960 年版，第 68 页。
② 《马克思恩格斯全集》第 3 卷，人民出版社 1960 年版，第 61—62 页。

从而不断地扩展人所能依赖的外部世界的范围。因此，只有通过世界性分工和世界性交换，人类社会文化遗传进化才能真正实现。世界性的横向交换是实现纵向的遗传进化的重要条件和途径，也是人类推进对外部世界的掌握，从而扩大对外部世界的依赖范围的重要途径。

分工的全球化、国际化，使得各个民族、各个国家之间的相互依赖加强了，但是，这种相互依赖又是以各自的利益为前提的。国际分工是作为总体的世界范围的人类活动的各种要素，"目的—手段"价值关系的不同要素在不同民族中、不同国家中的分配。因此，各个民族、各个国家虽然处于同一国际环境中，却是分别处于这个总体关系的不同地位上。因而，从其现实性看，并不是任何一个民族、一个国家的多样性需要都可以通过依赖国际性分工掌握获得的。发达国家处于全球垂直分工的上层，占据有利地位；而广大的发展中国家处于垂直分工的底层和不利位置。只有发达国家可以通过依赖国际性的对外部世界不同对象的分工掌握，获得自己多样性需要的满足；而广大的发展中国家并未充分享受到经济全球化带来的好处，它们的多样性需要则受到粗暴压制，仍在为消除贫困和饥饿而奋斗。

众所周知，分工的世界化、全球化一开始并不是建立在自愿、平等、互利的原则基础上的，而是同资本主义殖民主义暴行联系在一起的，是同资本主义国家企图通过外部交往来解决本民族内部困难或把困难和危机转嫁于外部直接联系着。许多国家和民族是被殖民主义强行拉进国际分工体系中的。帝国主义凭借火与剑强迫亚非拉国家成为自己的原料产地和商品市场。马克思曾指出："不列颠侵略者打碎了印度的手织机，毁掉了它的手纺车。英国起先是把印度的棉织品挤出了欧洲市场，然后是向印度斯坦输入棉纱，最后就使英国棉织品泛滥于这个棉织品的故乡。"[①] 因此，如果说在资本主义发达国家之间还存在着某种程度的平等的或比较平等的相互依赖其对方不同领域不同对象的分工掌握关系的话，那么，在帝国主义国家与殖民地半殖民地国家之间，在发达国家与发展中国家之间的分工关系和交换关系，就具有支配和被支配、控制与被控制、剥削与被剥削的不平等性质。这种不平等的世界性的分工首先表现为世界城市和世界农村的分工。它"使地球的一部分成为主要是从事农业的生产地区，以服务于

[①] 《马克思恩格斯选集》第 1 卷，人民出版社 1995 年版，第 763 页。

另一部分的主要从事工业的生产地区。"① 并迫使世界农村成为世界城市的原料产地与商品销地，从而迫使世界农村屈从于世界城市的统治、支配、控制。发达资本主义国家、帝国主义凭借自己的优势地位，通过不等价交换手段，把分工掌握所创造的积极成果，把由于国际分工所造成的世界生产力增长所产生的利益大部分甚至全部占为己有。当然，随着旧的殖民主义体系的瓦解和亚非拉国家的纷纷独立，随着发展中国家逐步走上工业化的道路，这种不平等的分工格局有所改变，但发展中国家与发达国家在国际分工中的不平等状况目前仍然存在。无论是对资源的利用，对掌握对象领域的分配和占有，还是对掌握成果的分享，都依然存在不平等的状况。发展中国家的多样性需要仍然受到压制，许多发展中国家的人们的生存需要还得不到基本的满足。此外，发达国家一方面不但不以优惠形式向发展中国家转让先进技术，反而搞技术封锁；另一方面又往往把那些能耗高、环境污染严重、生态效益差的夕阳工业转移到发展中国家，以此来转嫁生态危机；还有它们不尊重文化的多样性和差异性，强迫发展中国家接受它们的价值观，着力推行西化分化的图谋，搞意识形态渗透和文化侵略。这些也是当代人类在分工掌握外部世界过程中出现的不平等的现象。这种不平等的现象应该加以扬弃，只有扬弃这种不平等的分工格局，全人类所有民族、所有成员才能彼此平等地相互依赖着对外部世界的不同对象的分工掌握，才有平等的需要和多样性需要的充分满足。

---

① 《马克思恩格斯全集》第 23 卷，人民出版社 1972 年版，第 494 页。

第 五 章
个体主体性之生成和个体掌握

人对外部世界的掌握,根据主体存在形态的不同,我们可以分成个体主体掌握、群体主体掌握和类主体掌握。所谓个体主体就是指有目的、有意识地从事认识和实践活动的个人;所谓群体主体,指的是按照一定目的、行为规范和形式组织起来的活动群体,视交往程度的高下,群体主体又可以区分为不同的等级,它小至几个人组成的行动小组,大达阶层、阶级、政党、国家和民族等;至于类主体,从抽象意义上讲,人类相对于自然而言是一个统一的类,因而成为统一的主体,但从其现实性来看,人类到目前为止还很少表现出统一的意志和联合的行动,类主体的完美实现是以消灭阶级对抗为前提的,只有到了共产主义社会,以个人全面发展为基础的全人类性的自由联合体才能最后形成。个体主体、群体主体和类主体既相互区分,又紧密相连。离开了群体和类,也就不存在个体。个体主体的生成和建构是受制于群体和类的;另一方面,群体主体和类主体是由个体组成的,而且无论是群体主体,还是类主体,其功能的大小同构成该群体的个体和类分子的素质有密切关系。因此,研究个体主体之主体性是如何生成、获得、表现和确证的,不仅对于高扬个体主体的主体性有价值,而且对于如何提高群体主体和类主体的主体性也不无意义。

第一节 人的属性与人的主体性

众所周知,"主体与客体"这对范畴并不是马克思主义哲学说明世界的特有范式,主体性问题也不是马克思首先予以关注和揭示的。前马克思的哲学对主客体问题作了多方探讨。如果说古希腊的自然哲学家对世界本原问题的追问和沉思是对主客体混沌不分的原始思维的否定,那么,普鲁泰哥拉的"人是万物的尺度"和苏格拉底的"认识你自己",则表达了古希腊智者对人之主体性的弘扬。如果说中世纪的基督教神学以神人对立、思有对立、精神与肉体对立的形式曲折地反映了主客体问题，以上帝的形式虚幻地折射了人们超越现存，摆脱自然和社会的奴役的愿望，那么，我们可以说，主客体问题是随着欧洲人从基督教统治下的中世纪长期冬眠中的觉醒，伴随着文艺复兴以来的两大发现，即自然的发现和人的发现，而在哲学理论中显现和突兀出来的，从而成了近代以来哲学论争的轴心和焦点之一。当然，不同的哲学对于什么是主体，什么是主体性的回答是迥异的。近代哲学对于人的主体性的认识也是有一个发展过程。须知道，文艺复兴虽然把人从上帝的奴役下拯救出来，虽然把人权从神权的束缚下解放出来，但是，不久，人又沦为完全受制于自然因果必然性的"机器"。应该说，只有到了康德哲学才第一次明确地、系统地表达了人之主体性的思想。这就是他自诩的"哥白尼革命"。在康德那里，人之主体性简要地说体现在两个方面：即人为自己立法和人为自然立法。前者表达了人在道德实践领域的意志自律和自由，后者表达人在认识过程中的主体能动性，从而曲折地表达了人在社会关系中所拥有的主体性质和在自然面前的主体地位。但是，人之主体性思想在康德那里远未取得合理的形态和根基。从某种意义上讲，黑格尔哲学克服了康德哲学的缺陷和矛盾，超越了康德哲学本体和现象、必然与自由等对立，为科学地说明主体性生成问题又推进了一步。这表现在黑格尔通过对劳动的研究切近了人之主体性生成的根源。但是黑格尔并没有由此前进，相反，他把具体的人及其劳动抽象为自我意识，又用绝对理念取代自我意识，从而提出绝对理念既是实体又是主体的思想。虽然黑格尔通过揭示作为主体的绝对理念的自我运动、自我发展和自我实现的辩证过程说明了自我意识和对象性活动对于主体生成和建构的意义和价值，但是，他的泛逻辑主义所能充分提供的只是无人身的绝对理念的主体性，在他那个笼罩着理念阴影的哲学王国中最后只不过是理性狡黠之工具而已。马克思主义哲学是在对德国古典哲学，特别是黑格尔哲学的批判性考察中诞生。马克思主义哲学通过对现实的感性活动的本质的揭示和探究，科学地说明了人之主体性生成、获得、表现和确证的现实途径和根源，从而在逻辑上完成了康德开其先河的"哥白尼革命"。

那么，马克思主义哲学是如何说明主体和主体性的呢？

马克思明确指出：一进入主客体关系，那么，"主体是人，客体是自然。"① 主体是人，它不是动物，不是宗教神学的上帝，不是康德的"先验自我"，不是费希特的那个能够设定自我与非我的"自我"，不是谢林的主体和客体绝对同一的"绝对"，也不是黑格尔的"绝对理念"。主体是人，是"现实的、有形体的、站在稳固的地球上呼吸着一切自然力的人"，②"一个有生命的、自然的、具备并赋有对象性的即物质的本质力量的存在物"，③是"历史中行动的人"，④是"社会的人类"，⑤是"现实的个人"。⑥

从主体是人这个意义上说，主体自然获得了人所具备的各种属性，也就是说，要成为主体首先必须是人，必须具备人的属性。

第一，主体具有客观实在性。人是自然界长期发展的产物，是生物进化过程中的一个新质阶段。人虽然从自然界中分化出来了，但人并没有成为某种不食人间烟火的神或无人身的理性，它仍然"直接地是自然存在物"，⑦是一种有生命的物质实体。人作为自然存在物，其机体、器官、机能、属性、生命与自然界有内在同一性，并服从同一的物质运动规律。因此，恩格斯说："我们连同我们的肉、血和头脑都是属于自然界和存在于自然之中的。"⑧可见，人具有客观实在性，因此，客观实在性也成了主体的第一个规定性。

第二，主体具有意识性。同哲学史上其他哲学家把有意识、有思想、有理性视为人的主要特点一样，马克思主义也承认意识是人区别于动物的一个基本特征。马克思说："动物和它的生命活动是直接同一的。动物不把自己同自己的生命活动区别开来。它就是这种生命活动。人则使自己的生命活动本身变成自己的意志和意识的对象。他的生命活动是有意识的……有意识的生命活动把人同动物的生命活动直接区别开来。正是由于这一点，人才是类存在物。或者说，正因为人是类存在物，他才是有意识

---

① 《马克思恩格斯文集》第8卷，人民出版社2009年版，第9页。
② 《马克思恩格斯全集》第42卷，人民出版社1979年版，第167页。
③ 《马克思恩格斯全集》第42卷，人民出版社1979年版，第166页。
④ 《马克思恩格斯文集》第4卷，人民出版社2009年版，第294页。
⑤ 《马克思恩格斯选集》第1卷，人民出版社1995年版，第57页。
⑥ 《马克思恩格斯选集》第1卷，人民出版社1995年版，第67页。
⑦ 《马克思恩格斯全集》第42卷，人民出版社1979年版，第167页。
⑧ 《马克思恩格斯选集》第4卷，人民出版社1995年版，第384页。

的存在物。"① 可见，意识性是人使自己与自然界相分离的根据，也是使人成为主体的前提条件，没有意识性，那么，人就不可能把自己的生活当作他的对象，就不可能有主客体关系。因此，意识性也是主体的一个规定性。

第三，主体具有社会历史性。人是社会的类存在物，"人的本质不是单个人所固有的抽象物，在其现实性上，它是一切社会关系的总和"，②"人的本质是人的真正的社会联系"。③ 在任何历史阶段，任何人只要他降临到这个现实的社会中来，他直接碰到是由前一代传下来的社会生产力、生产关系和社会环境。他不得不把这一切当作现成的东西承受下来，并不得不在这现实基础上开始他的生产和活动。任何人都不能游离于社会关系之外直接构成一定的对象性关系，也不可能超历史地从事对象性活动。可以说，不同的社会历史条件塑造了不同的人，也建构了不同的主体。

总之，客观实在性、意识性、社会历史性，既然是作为主体的承担者——人的规定性，当然也就成了主体的规定性。但是，主体的规定性与主体性这一概念是有些区别的。简言之，主体的规定性包括主体的非本质属性与本质属性两个方面，而主体性，我认为它所强调的则是主体之所以为主体、主体之所以区别于客体的本质属性。客观实在性、意识性、社会历史性，当然是主体的某种规定性，因为不具备这些属性，主体也就不复存在，这是主体存在的基本前提。但是仅仅停留于此，还不足以说明主体之所以为主体。主体是人，但不能无条件地无限制地反过来说人就是主体，从而把人所具有的属性，都视为主体之所以为主体、主体之所以区别于客体的主体性。如果这样来考虑问题，我认为是不确切、缺乏分析的。因为，马克思主义哲学肯定"主体是人"的同时，又提出了"人既是主体又是客体"的思想。马克思说："人作为自然的、肉体的、感性的、对象性的存在物，和动植物一样，是受动的、受制约的和受限制的存在物。"④ 可见，人们虽然由于具有了客观实在性，才能获得感性的物质力量，从而成为能"客观地活动"、"能创造或设定对象"⑤ 的主体，但是，

---

① 《马克思恩格斯全集》第42卷，人民出版社1979年版，第96页。
② 《马克思恩格斯选集》第1卷，人民出版社1995年版，第56页。
③ 《马克思恩格斯全集》第42卷，人民出版社1979年版，第24页。
④ 《马克思恩格斯全集》第42卷，人民出版社1979年版，第167页。
⑤ 《马克思恩格斯全集》第42卷，人民出版社1979年版，第167页。

同时人的客观实在性、自然性却又使人成为受动的、受制约的、受限制的存在物，使人成为客体。同样，社会历史性虽然是导致人能够成为能动的主体的前提条件，如果离开了社会历史，人类也就永远停留于洪荒时代，个体也就退化为狼孩之类。但是同时，社会历史性也是使人成为客体的根源。马克思说："人的存在是有机生命所经历的前一个过程的结果。只是在这个过程的一定阶段上，人才成为人。但是人一旦已经存在，人，作为人类历史的经常前提，也是人类历史的经常的产物和结果，而人只有作为自己本身的产物和结果才成为前提。"① 可见，人实在是一个由特定的历史时空锻造的客体。意识性当然是人把自己提升为主体的前提条件之一，但是意识性也能使人丧失主体性。因为，存在决定意识，社会存在决定社会意识，因此，只有当认识正确地反映了客观事物及其规律，并以此来指导实践，能动地改造客观事物，实现自己的预期目的，才能确证人之主体性，否则，单凭自己的主观意愿和满腔热情，或用错误的认识指导实践，只能导致实践的失败。这样不但没有确证人之主体性，反而说明了人在客观规律面前的不自由和无能为力。

总而言之，在马克思主义看来，人是主体又是客体，是主客体的统一体。所以，我们不能把人的一般规定性当作主体性。因为客观实在性、社会历史性、意识性不但是人之主体性生成的前提条件，也是人拥有客体性的渊薮所在。

正因为如此，所以，不同的人在同一主客体关系中，或同一人在不同的主客体关系中所处的地位、所起的作用也就完全不同。如果说，在人类面向自身的认识和实践关系中，人类就既是主体又是客体。如果我们再深入到具体的社会历史关系中，那么，我们就会发现，个人与个人、个人与群体、个人与社会、群体与群体、群体与社会也发生着种种对象性关系，并且常常是互为主客体，在具体的关系中，总有人在某一方面或某一水平上成为主体，但是同是这个人很可能在另一种对象性关系中，却成为被他人所观照、认识、评价、教育、改造、支配、役使的客体。奴隶在劳动中相对于劳动对象诚然是主体，但是就奴隶主对他的劳动而言，他就沦为客体。如果我们把视角转向我们自身，还可以发现，同是一个我，却存在着"主客的分裂"，因为，我们可以把自己本身作为客体来加以分析、解剖、

---

① 《马克思恩格斯全集》第 26 卷第 3 分册，人民出版社 1974 年版，第 545 页。

评估、估量、反省和改造。行为者之我、思考着的我,与我的行为对象之我和被我思考的我统一于同一个"我身上"。那么,为什么把一个我(I)叫主体,把另一个我(me)叫客体呢?显然不在于是否具有客观实在性、社会历史性和意识性。

因此,要揭示什么是主体性,我们就不能停留在"主体是人"这个层面上,而必须深入下去,必须要回答"什么样的人才是主体",是人的什么属性使人成为主体。同时,要讨论什么是主体性还必须放到主客体关系中,在与客体的比较中进行,因为主客体具有相关性,没有客体就无所谓主体,当然,客体是由主体设定和建构起来的。其实,主体不是一般意义上的人,而是按照一定目的作用于世界的人,即有目的有意识地从事认识和实践活动的人,而客体则是指人所作用的世界、主体活动所指向的对象,那些现实地进入主体活动结构,同主体发生功能联系的具体事物。而所谓主客体关系显然不是一种别的什么关系,而是一种对象性关系,或者说是一种指向和被指向、作用与被作用的功能耦合关系。因此,我们讲主体性问题必须在功能性这一层面进行,就是说,主体性这一概念所反映的不是主体其他方面的属性,如实在性,而是主体在同客体的关系中所表现出来的功能特性,是指主体相对于客体的受动性、被动性、消极性、他律性而表现出来的主动性、能动性、积极性、自主性、自为性等属性。它所反映的不是人在同自然、他人、群体和社会的关系中所表现出来的某种程度的受动、被动、被规定、被限制、被塑造的一面,而是反映了人如何摆脱外界必然性的束缚,超越自然和社会限制,所获得的自由度。因此,主体性这一功能特性无疑集中地反映了人的本质力量、本质特征和功能特性,体现着人性中最精髓的内容。我们认为主体性大致包括如下几个规定性:

第一,自主性。

德文"subjektivitat"和英文"subjectivity",主要表达了独立自主、自由自决之意。因此,我们认为主体性首先是指主体在对象性关系中所表现出来的独立自决性。就是说,主体在对象性关系中相对于客体的不由自主性表现出了自我决定性,相对于客体的依存性和他律性表现出了独立性和意志自律。自主性表明主体的最主要的规定性,人一旦丧失了独立自主性,也就不成其为主体。康德在谈到道德行为的特点时曾指出:人的真正的主体性就在于意志的自律。他说:"假如一个人只是智性世界的一分子，他的一切行为一定会完全合乎意志自律。"① 意志自律是一种纯粹的独立性，它不由任何其他东西来支配，"是自由的或者说自决的"。② 否则，"他的行动就不归之于他自己"。③ 他也就不成其为行为的主体，黑格尔认为，真正的人必须是自在自为的自我意识，是独立性和依存性的辩证统一。《精神现象学》在谈到"主奴关系"时曾深刻地指出奴隶之所以丧失自己的主体地位，就在于缺乏独立自主性，奴隶不是自为的存在，他没有独立的意识，没有自己的意志，而是以主人的意识为意识，以主人的意志为意志，因此，他所作的不过是主人的行动而已。④ 现代西方哲学特别是唯意志论和存在主义特别强调人的自由意志、自由选择对于人成为主体的意义。马克思《1844年经济学—哲学手稿》中强调主体的活动是"自由的自觉的活动"⑤。在《德意志意识形态》中马克思把主体的活动称为"自主活动"。⑥ 这些都说明马克思也把自主性视为主体性活动的本质。

自主性我认为主要包含着以下几个环节：自我抉择、自我实施、自我调控和自我评价。

自我抉择所言的是主体在客观必然性所提供的诸多可能性范围和阈限内，能够自主地自由地对自己的活动的目的和行动的方案，进行筛选和抉择。首先，这种抉择不同于受盲目的自然必然性支配的动物的本能选择，而是建立在自觉意识基础上的。"这个目的是他所知道的，是作为规律决定着他的活动的方式和方法的。"⑦ 其次，这种抉择必须是主体自己作出的、不受他人支配、听命于神谕、迷信和命运，一句话，这种活动的目的是个人自己自我提出的目的。自我实施就是主体自觉按照自己所选择的行动方案主动地发起一定的活动，积极地调动起潜藏于自身的各种生理、心理能量，形成了抓握、同化某一客体的主动态势，积极推进自己目的的现实化，从而使自己成为现实的主体，使外物成为客体。自我实施对于确立主体的自主性是有重要意义的，如果一个人仅仅意志自由却不去自我实

---

① ［德］康德：《道德形而上学探本》，商务印书馆1959年版，第67页。
② ［加］约翰·华特生：《康德哲学讲解》，商务印书馆1963年版，第268页。
③ ［加］约翰·华特生：《康德哲学讲解》，商务印书馆1963年版，第268页。
④ 参见［德］黑格尔《精神现象学》上卷"主人与奴隶"节，商务印书馆1979年版。
⑤ 《马克思恩格斯全集》第42卷，人民出版社1979年版，第96页。
⑥ 参见《马克思恩格斯全集》第3卷，人民出版社1960年版，第75—77页。
⑦ 《马克思恩格斯全集》第23卷，人民出版社1965年版，第202页。

施，那么最后他也会丧失自主性，在主奴关系中主人最后之所以失去了独立性，就在于依赖于奴隶来实施自己的意志。自我调控，自主活动是趋向自己所选择的目标的有序运动过程，在这一过程中，偏离目标的情况是难以完全避免的，这时就需要活动的主体能够自主地及时反馈这一信息并据此进行调节控制以缩小偏离，使之达到运动的动态平衡，只有这样才能保证主体活动的自主性的实现。① 而自我调控不但指主体能自觉地调整自己的行动方案，自我调控也指主体能够自主地调整自己的需要，调整自己所设定的目标，这是通过主体的自我评价机制实现的。所谓自我评价就是指主体不是盲目地迎合社会和他人的标准，盲从他人的评价，而是根据自己所认同和选择的价值标准对自己的需要、活动目标、活动本身、活动结果，以及自己在社会中的位置、义务、责任和价值作出自我评估。总之，自我抉择、自我实施、自我调控和自我评价，是构成自主性的四个环节，缺少了任何一环，自主性都不可能得到真正的确立，而在这些环节中，自我抉择则更具有基础性的意义。

第二，为我性。

主体具有自由意志、能够自主地选择自己的行动目的，而这种行动目的具有为我的倾向。在对象性关系中，客体只为主体而存在，只能被主体所指向、所利用，只具有为他性。与此相对，主体在对象性关系中则表现出为我的特性。就是说，在主客体关系中，主体无论是对客体的观念掌握，还是对客体的实践掌握都是为了满足自己生存和发展的需要。正如马克思、恩格斯所指出的，"凡是有某种关系存在的地方，这种关系都是为我而存在的"。② 没有为我性就谈不上主客体之分。动物之所以不能成为主体就在于动物与自然界是直接同一的。"动物不对什么东西发生'关系'，而且根本没有'关系'；对于动物说来，它对他物的关系不是作为关系存在的"。③ 动物完全服从自然必然性，没有为我性，"动物就不能说出一个'我'字"。④ 所以动物不是主体。

为我性也就是合目的性，也就是说在对象性关系中主体能够按照自己

---

① 参见《马克思恩格斯全集》第25卷，人民出版社1974年版，第926—927页。
② 《马克思恩格斯全集》第3卷，人民出版社1960年版，第34页。
③ 《马克思恩格斯全集》第3卷，人民出版社1960年版，第34页。
④ [德] 黑格尔：《小逻辑》，商务印书馆1980年版，第82页。

的内在尺度去认识世界和改造世界，马克思指出：人"懂得怎样处处都把内在尺度运用到对象上去"。① 人能够"了解自己本身，使自己成为衡量一切生活关系的尺度，按照自己的本质去估价这些关系，真正依照人的方式，根据自己本性的需要，来安排世界"，② 使对象世界朝着合乎主体目标的方向运动，成为属人的世界和主体化的存在。

第三，创造性与超越性。

主体在对象性关系中相对于客体的消极性、被动性、受制约性表现出积极能动的创造性和超越性。

创造就意味着改变原有的自在的具体形式，赋予其新颖的形式结构。创造意味着突破、革新、进步。创造性就是非重复性。没有创造性也就没有什么能动性；没有创造性也就只能成为完全受制于外物的客体。这是人能够成为主体而动物只能是动物的原因之一。恩格斯说："动物仅仅利用外部自然界，简单地通过自身的存在在自然界中引起变化；而人则通过他所作出的改变来使自然界为自己的目的服务，来支配自然界。"③ 列宁说："世界不会满足人，人决心以自己的行动来改变世界。"④ 就是指人的这种创造性。创造性包括两个环节，即思维的创造性和实践的创造性。思维的创造性表现为人能动地认识世界的本质特征，实践的创造性表现为人能动地改造世界的本质特征，人正是通过"积极的、创造性的劳动"，⑤ "创造对象世界"⑥，也"创造了人本身"。⑦ 思维的创造性和实践的创造性二者是相辅相成的。创造性的思维是人之所以有创造性的关键，创造性的实践实质是创造性思维的物化，没有创造性的思维就没有也不会有新事物的设想、构想和蓝图，就不可能在实践中创造出新事物，同时只有经过创造性的实践才能使自己的本质力量对象化，"自然界才表现为他的作品和他的现实"。⑧

---

① 《马克思恩格斯全集》第 42 卷，人民出版社 1979 年版，第 97 页。
② 《马克思恩格斯全集》第 1 卷，人民出版社 1956 年版，第 651 页。
③ 《马克思恩格斯选集》第 4 卷，人民出版社 1995 年版，第 383 页。
④ 《列宁全集》第 55 卷，人民出版社 1990 年版，第 183 页。
⑤ 《马克思恩格斯全集》第 46 卷（下），人民出版社 1980 年版，第 116 页。
⑥ 《马克思恩格斯全集》第 42 卷，人民出版社 1979 年版，第 96 页。
⑦ 《马克思恩格斯选集》第 4 卷，人民出版社 1995 年版，第 374 页。
⑧ 《马克思恩格斯全集》第 42 卷，人民出版社 1979 年版，第 97 页。

创造就意味着超越，创造同超越是同一过程的两个方面，因为创造是通过辩证的否定——扬弃实现的，因此，创造的过程也就是对制约着主体的各种内外因素的局限性和束缚的突破和逾越。一个完全受环境束缚和奴役，而没有一点超越性的人不可能是主体。动物之所以只是动物，就在于它不能超越自己种的局限性，"动物只是按照它所属的那个种的尺度和需要来建造"，[①] 人之所以在物种关系方面能够"从其余的动物中提升出来"，[②] 就在于人能够超越自己种的限定，"懂得按照任何一个种的尺度来进行生产"，[③] 从而超越了原先与自然的狭隘关系，超越了空洞的自在之物，超越了自身单纯的自然欲望等自然属性，一句话既超越了客体对主体的限制，又超越了主体原先的定在状态。总之，主体就是在创造和超越中不断地跃迁到新的层次和境界，创造性和超越性是主体性的重要环节，因而也是主体性高下的一个重要标尺。

综上所述，自主性、为我性、创造性和超越性，是主体之所以为主体，主体之所以区别于客体的几个主要规定性，这几个规定性不仅仅为类主体所具有，也为群体主体所拥有，当然也成为个体主体之主要规定。

第二节 个体主体结构与建构

人类个体在主客体关系中是如何确立自己的自主性、为我性、创造性和超越性的呢？这就需要我们探讨个体主体性生成的内在机制。

主体性是主体的功能特性。按照现代系统论的观点，系统的功能是由组成该系统的要素和结构决定的，结构一旦形成，那么就将发挥出一定的功能。系统的结构不同，要素不同，功能也就不同。主体的功能是由主体的要素和结构决定的，因此，主体性的生成就有赖于主体要素的获得、结构的形成和建立，即有赖于主体的建构。主体性的进展取决于主体要素和结构的优化。

结构是系统各要素相互联系和相互作用的方式或顺序，是系统各要素诸变量之间的耦合关系和组合方式。那么，主体的结构是什么？构成主体

[①] 《马克思恩格斯全集》第42卷，人民出版社1979年版，第97页。
[②] 《马克思恩格斯选集》第4卷，人民出版社1995年版，第275页。
[③] 《马克思恩格斯全集》第42卷，人民出版社1979年版，第97页。

结构的各要素有哪些？其联结和相互作用方式又是什么呢？搞清这些问题是我们讨论个体主体性之生成的前提条件。

个体主体是个人，因此，个体主体的结构当然同个人的结构有联系，但又有区别。个人的结构我们既可从实物构成的角度去研究，也可以从活动构成的角度去研究，我们可以从个人的自然生理、社会心理、精神等多重角度去探讨。而个体主体的结构主要是指个体在指向客体的活动过程中的功能性结构。个体之所以成为主体就在于他获得了主体性的功能结构。这个功能结构是人在主体意识的调控下，在主客体关系中形成的，是整合了个人的各种要素的结果。只有使个人的各种因素，包括自然、社会、心理、精神都朝着发挥人之主体性功能的方向结合、统合、融合、综合、一体化、整体化起来，才能形成结构上组织严密，功能上协同作用的主体系统。

主体结构由动力因素、调控因素、工具中介因素所组成，或者说，主体系统由动力系统、控制调节系统、工具中介系统等子系统构成。

第一，动力系统。

主体之为主体首先就在于他能主动地发起活动，就是说得拥有一种内驱力，而不是来自外界的强制力。这种驱动主体从事各种对象性活动的内在冲动和根据，就是主体的各种需要和对价值目标的追求。要不是为了满足某种需要，要不是为了实现某种价值目标，人就不可能去积极从事认识和改造客观世界和主观世界的活动，这样人就既不可能自己设定客体，也不可能确立自己的主体地位。

我们知道，人作为活生生的、有血有肉、有情有义的生命有机体，他具有自己的各种各样的需求。人不可能没有需要，人也无法摆脱需要的困惑和纠缠。从这个意义上讲，需要对于人近乎本能。但是需要之所以能够驱动人成为主体并不在于它对于人所具有的某种意义上的本能性。如果是这样，那么动物也就因为有本能的需要而成为主体。人的需要和动物的需要之所以功能不同，关键就在于，动物的需要只表现为有机体的需求状态，这种状态本身不能引起任何有明确指向的活动，它的机能只限于起动相应的生理机能和运动区的一般兴奋，这种兴奋通过无指向的寻觅动作表现出来。而人的需要则表现为某种自觉的意识，即能够自己意识到需要什么，为什么需要。因此，人的需要就成了一种自主的需要。这种对自我需要的自觉意识，就构成了人的活动的内在动机和激发人的行为的内在动力。人的需要之所以能够启动人的对象性活动还在于，人跟动物不同，人和自然界不是直接同一的，他的需要的满足不是自然界所能直接、现成地提供的，它必须通过自己的劳作才能实现。而人的需要的实现本身又成了产生更新更高需要的根源。马克思指出："已经得到满足的第一个需要本身、满足需要的活动和已经获得的为满足需要而用的工具又引起新的需要。"① 列宁把这称为"需要增长的规律"。② 因此，需要无论在广度上还是在深度上都是不断拓展的。这些新的需要的满足更远离自然所能直接给予的范围，更有赖于人的实践活动。因此，人的各种需要及满足跟动物相比就带有独特的社会性，即使是维持自己生命的生存需要也不只体现客观的自然法则，而且还带有社会实践的烙印。正如普列汉诺夫所说，"它们的性质不再是生理的，它们是经济的，因为这些需要是生产发展所引起的后果，是人们在生产进步中必须进入的相互联系所引起的后果。"③ 更何况人的需要是多层次、多要素的复合系统。在马克思看来，人们除了生理需要外还有精神需要和社会需要。恩格斯认为人们不仅有生存需要，还有享受需要和发展需要。按照马斯洛的观点，人有一个需要等级，依次为生理需要、安全需要、归属和爱的需要、自尊的需要和自我实现的需要。④ 也有人把需要看作是一个物质需要和精神需要相统一的动态系统。总之，人不仅有趋利避害、趋乐避苦的欲望，还有追求真理的渴望、道德的欲求、审美的冲动。而这些欲求和需要就更具有社会性，其实现和满足更与人的积极活动分不开。正因为需要是一个多层次的系统，正因为需要具有历史的变动性、发展性，正因为需要是被人所自觉意识到的，所以，需要就成为驱动人积极从事认识、评价和实践活动的主体的动力因。

但是需要有正当与非正当、合理与非合理之分，而区分的标准则是各种社会规范。事实上，个人的需要是受着阶级立场、集团规范、价值取向等各种社会因素的影响和制约的，也就是说，我们的需要是由社会产生的，因此，我们对于需要是以社会的尺度来衡量的，受到来自社会的价值评判，与此同时，需要也受到主体自己所认同的价值规范的过滤和检测。

---

① 《马克思恩格斯选集》第 1 卷，人民出版社 1995 年版，第 79 页。
② 《列宁全集》第 1 卷，人民出版社 1984 年版，第 85 页。
③ 《普列汉诺夫哲学著作选集》第 3 卷，生活·读书·新知三联书店 1961 年版，第 129—130 页。
④ 参见 [美] 马斯洛《动机与人格》第 4 章 "人类动机理论"，华夏出版社 1987 年版。

因此，并不是任何一种需要都能引起指向于外的活动的。只有那些被自己的价值标准所许可和认同了的需要，才能引起能动的活动，并以内在尺度的形式进入认识和实践活动过程中。

但是，到此为止，还没有完全构成现实的动力因。因为一个人即使有自觉的需求意识，但是，他如果没有意识到只有自己才是满足自己需要、实现自己价值目标的主体，没有意识到自己的主体地位、主体责任和义务，没有意识到自己的力量，反而把自己的需要的满足诉诸别人，消极地等待别人的恩赐，那么，即使有需求意识，也不能启动主体的对象性活动。列宁说："意识到自己的奴隶地位而与之作斗争的奴隶，是革命者。没有意识到自己的奴隶地位而过着默默无言、浑浑噩噩、忍气吞声的奴隶生活的奴隶，是十足的奴隶。"① 因此，只有产生了主体意识才能促使需要成为一个动力因。总之，正是在动力因的作用和驱使下，主体自己设定了活动的价值目标，主体内部的各要素从而处于某种激活的状态并趋向功能整合，主体内部的各种潜能于是被调动起来，并形成某种活动态势。

第二，控制调节系统。

主体是一个自控制、自调节的系统。而主体之所以能够发挥出自控制、自调节的功能，首先就在于主体拥有健全、清醒的自我意识。从意识所指向的对象是外部事物还是自身，主体的意识可以区分为主体的对象性意识和主体的自我意识。前者是指向于外的，是以客观外界事物作为自己的意识对象和内容。后者是指向于内的，是以自身作为自己的认识对象和内容。也就是说，自我意识是通过"认识你自己"，通过"使自己的生命活动本身变成自己的意志和意识的对象"，在意识中"理智地复现自己"，② 才产生的。主体自我意识从形式看主要有：自我感觉、自我观摩、自我分析、自我解剖、自我评估、自我估量、自我体验、自我反省、自我反思、自我批判等等。从其内容看，则是多层次的，它不仅有人对自身的生理状况、特点、属性的认识，也有对自己的心理状况、思想状况的认识，包括对自己的内在需要、目的、态度、价值取向等的认识，以及对自己思维的再思考，还有对自身的行为与个性特点的认识。此外，自我意识也指对人我关系方面的认识、感觉和评价，以及对自身在自然面前和社会

---

① 《列宁全集》第16卷，人民出版社1988年版，第37页。
② 《马克思恩格斯全集》第42卷，人民出版社1979年版，第97页。

环境中的地位、责任、权利、义务、力量、作用和价值的认识。总之，自我意识是人的自觉性的表现。

那么，为什么说主体自我意识是保证主体自控制、自调节的首要因素呢？

首先，主体正因为有自我意识，才会有对自己需要的自觉认识和对自己需要所进行的价值评价，而对自己需要的评价，就是为了让某一需要成为主体活动的动机，而让另一些需要在进入主体活动领域之前就被扼杀掉了，从而在主体活动之始就实现着自我控制。如果没有自我意识，那么，就不可能产生需要意识，更不可能产生对需要所作的评价性认识。这样一来，人就只能由那种不能被清醒地意识到的需要所驱使，受本能所奴役，而无法实施有效的自我控制。

其次，主体正因为有自我意识，所以，在主体活动推进过程中，才能不断地以对象意识来印证自己的思想和目的，不断地进行自我审视。这种审察和反思，包括对自我能力的重新认识，对自己行动目标的合理性正当性、行动方案科学性有效性、行动目标实现的可能性等等方面的再认识，从而不断地调整行动方案，甚至改变或重新确定活动的目标。总之，有了清醒的自我认识，才能对自己的认识和实践活动进行有意识的自觉的控制和调节，使之趋向预定的或可行的合理的目标，反之，缺乏清醒的自我意识，人的活动就势必陷入盲目和失控的境地，就无法排除反主体性效应的发生。可见，自我意识是构成主体控制调节系统的第一个因素。但是，自我意识只为自控制、自调节提供了前提，提供了检测机制，仅有自我意识对于自控制和自调节来说是不充分的。主体之所以能够真正实施自控制和自调节，还有赖于意志的作用。

意志就是人自觉地选择确定目标并支配控制其行动朝着实现预定目标前进的心理过程。动物没有意志，意志只是人的意志。它是人类特有的一种极其复杂的心理过程，是和人类所独有的第二信号系统的作用分不开的。意志是内部意识事实向外部动作的转化，表现为对自己行动的支配、控制和调节作用。彼得罗夫斯基说："意志活动就是一个约束自己、控制自己的不随意冲动，必要时压制这些冲动。"[1] 有意志力的人能够抑制个人的意愿和需求，忍受或克服个人生理上或心理上的困难，而使行动服从

---

[1] ［苏］彼德罗夫斯基主编：《普通心理学》，人民教育出版社1981年版，第429页。

既定的目的、任务。

意志之所以能够实施控制和调节的作用就在于意志在一定条件下是自由的。虽然人的意志最终必须服从物质世界的因果制约性。因此，不能把意志看成是一种独立于客观现实的精神力量，看成是一种不受客观规律制约的"自我"表现。但是，又不能把人的行为归结为"刺激—反应"（S-R）公式。马克思主义承认在一定条件下自由意志的存在。如果人的意志没有一点自由，那么人的行为就完全被动地、单纯地受外部环境所支配、所决定的。那么，人就无法实施对自己行为的控制和调节。只有当有了自由意志，人们有了"可以这样做，也可以那样做"的自由和权利，才能实施对自己行为目的、行为方式、行为过程的控制和调节。

那么，意志是如何实施控制和调节的呢？意志对主体行动的控制和调节集中表现在两个阶段：采取决定阶段和执行决定阶段。在采取决定阶段，意志通过发动和制止的方式控制主体行为的发生。在执行决定阶段意志通过抑制、监督、调节的作用来促使和引导主体的活动朝预定的目标推进。

除了意志之外，情绪和情感也通过内心感受的形式影响主体对活动目标的选择，也影响主体活动过程中认知能力和实践能力的发挥，从而执行了某种调节机能。

第三，工具中介系统。

主体之所以为主体还在于他必须具备能够表现、实现和确证自己主体地位、实现自己价值目标、满足自身需要的工具中介。主要有如下要素：

其一，主体的神经生理结构。即以思维着的大脑为中心、以沟通内外世界的感官为门户，并以周围神经系统为通道的，以一定方式，按一定的结构组织起来的系统。它是主体接收、采集、存储、识别、转换、再生、传递、控制和调节各种信息及行为的生理机制，也是人的情感活动和意志活动行为的物质载体。

其二，掌握一定技巧的手和脚等运动器官。这是执行大脑指令的效应器官，是主体体力发动的物质载体，是主体对客体进行物质、能量交换的工具和中介。在更广泛的意义上，还包括作为人的各种自然器官和肢体延长的各种人造工具系统。

其三，脑信息库。就是指个人所掌握的各种科学文化知识的储备和感性经验的积累。个人的经验要素在认识活动中主要是作为主体描述和理解客观对象的背景材料而发生作用,是作为下一个认识过程的基点和起点而起作用的。在实践活动中,经验知识要素主要是作为主体改造客体的手段和方法而发生作用。因此,一般地说,个人的科学文化知识和经验的储存丰度越大,亦即他头脑中的信息库容量越大,那么他同化和吸收外部对象的能力就越强,他对事物的认识的深度和广度就越大,其实践的成功率也就越高。

其四,认知图式。认知图式就是主体认识的形式结构,是思维结构模式化的过程,它既不是感性材料,也不是知性范畴。而是把感性材料和知性范畴联结起来的"中介"。有了"图式",感觉的经验才能进入认识结构,把它整理出来,同化形成新的认识,世界才有可能被理解,认知图式的不同表明了人的认知能力的高下、优劣。

上述几大要素无论是自然力,还是知识的力量都是人的本质力量,都是构成人的认识能力和实践能力的基础要素。

综上所述,主体系统是由动力、控制调节、工具中介三个子系统构成的,而各个子系统又包含着各自的要素,只有当各个要素都围绕着发挥主体性功能这一目标而整合起来了,那么就能形成一个能够自我驱动、自我施控并有能力自我实现的主体结构和主体系统,并在主体的对象性活动中获得主体的功能特性。

那么,人类个体又是如何获得这些要素、形成这一结构的呢?

我们知道,人类个体并不是一生下来就拥有主体性的结构的各要素的。主体意识的产生、主体能力的获得、主体结构的形成、主体地位的确立,可以说需要一个相当长的过程。人既是主体又是客体,是主客体的统一体,但是人身上所拥有的主体性和客体性在人生的各个发展阶段却有着质和量的不同。人之初并不是以主体的姿态出现在大千世界面前的,正如人类在人猿相揖别后很长一段时期内还处于蒙昧时代一样,正如野蛮人和本能人在自然现象之网面前根本不能区分主客体关系,[①] 完全受制于自然因果必然性的支配,很少有什么主体特性一样,新生的婴儿也是软弱不能自主的,不能自助的,他完全要由别人的帮助才能长大。他虽然"意识"到了他的各种各样的内在紧张和生物性需求,但他又不可能知道这些紧张

---

① 参见《列宁全集》第55卷,人民出版社1990年版,第78页。

和需求到底是什么，更不知道如何去减轻或满足它们。① 与其他哺乳类动物相比，人首先似乎是"自然的最孤独的儿童"，人类个体在初生阶段，其生存能力显得十分匮乏，并且需要花费更长的时间才能独立生活。那么，为什么那些在初生阶段看起来要比人强得多的动物却不能成为主体，而人在随后的发展过程中却能从这种软弱不能自主的状态中建构起主体性的结构，发挥出主体性的功能呢？人类个体又是如何从这种不能自主、不能自助、完全依赖于他人，缺少主体性，充满客体性的感性存在物走向能够独立自主的主体呢？这是我们必须要加以回答的问题。

我们认为，人类个体之所以能够成为个体主体，是由下列三大机制决定的。那就是：（1）自然生理遗传机制；（2）社会文化遗传机制；（3）实践生成机制。

第一，自然生理遗传机制。

人之所以能获得主体性结构及组成该结构的要素，而动物却不能，首先就在于人类个体通过遗传获得了类特性。一是个体通过遗传获得了类在漫长的进化过程中所获得的"人本身的自然力"。② 这种自然力是潜在于人的躯体及各器官中的。也就是说个体通过遗传的机制，拥有了人的器官，特别是拥有了对于今后使人能够成为主体发挥着关键性作用的思维器官、感觉器官、劳动器官，那就是人脑、神经系统、感官和手脚。这是个人之所以能成为主体、能产生自我意识、具有主体能力，实施自组织、自控制、自调节的物质基础。没有这个物质基础，特别是没有健全的大脑，人类个体就根本不可能成为主体。二是个体通过遗传获得了类的结构特性。这种结构特性对于个人今后发展成为主体是有重要意义的。人之初之所以与动物相比显得虚弱无力，就在于动物在其构造上比人更专门化，动物的器官是适应特定生活条件的。每一个物种的必需的器官就犹如一把钥匙适合于一把锁，这种专门化的效力和范围，也就是动物的本能。而人的器官原初并非专门化，自然没有规定他应该做什么和不应该做什么。这在起初似乎是某种不利于生命发展的条件，但是正因为人的器官的非专门化，正是由于人的器官不是为了完成少数几种生命功能而被狭隘地限制，

---

① 参见［美］克莱德·克鲁克洪《文化与个人》，浙江人民出版社1986年版，第110—111页。

② 《马克思恩格斯全集》第46卷（上），人民出版社1979年版，第486页。

正因为人不为本能所控制，所以人就拥有了某种开放性和发展的无限可能性，使他在今后的发展中更有机会面向将来，更能应付各种环境的压力和挑战。① 三是个体不仅通过遗传获得了"人本身的自然力"、类的结构特性，而且通过特有的遗传方式——先天的集体无意识的方式获得了人类在漫长的种系进化和发展过程中在人类心理深层积淀下来的最原始的认知和行为图式，它包括反射图式、消费图式和识别图式等等。这是个体的人降临人世后，面向世界的最初的认知和行为图式。正是由于有最原始的潜在的图式，所以从母腹中诞生的婴儿才有可能在其自我发育过程中，在同环境的关系中，在诸多因素的作用下，在同化与顺应过程中，不断地发展出新的越来越高级的认知和行为图式，才有主体能力和主体意识的生成。

总之，没有遗传决定的生理成熟，包括机体的成熟，特别是神经系统的成熟，就不可能有个体主体的诞生。但是个体通过遗传所获得的先天性因素毕竟是个人成为主体的潜能和可能性。正如皮亚杰所指出的，遗传和机体的生理成熟，"只能决定后天成就的不可能性或者说可能性范围有多大"。② 因此，要使潜能转化为现实，要使潜在的主体变为现实的主体，就需要具备其他的后天条件。

第二，社会文化遗传机制。

人之所以能够通过获得主体性要素和结构，还在于人是社会的动物，人是文化的动物。人只有通过社会化的过程，通过社会交往，通过接受和译解文化，通过"化性起伪"（荀子语），才能成为人，才能获得确证人之主体性的自觉意识和本质力量。这是人之所以能够成为主体，而动物无论如何也无法成为主体的根本原因之一。脱离了社会，脱离了文化，即使拥有人的遗传特征，也只能退化为动物，而不能发展为主体。我们知道，文化对于个体来说是具有社会的客观性和普遍性的存在。文化是人的本质力量对象化的存在方式，因此，能和人本身发生对象性的关系，能成为个体所能指向的对象，并在个体的指向性联系中得到传播和传递。文化的积累、交换、传承、继承和发展，是人类实现自己本质力量积累、传递和发展的特殊机制。这是不同于动物自然生理遗传和进化的人类所特有的社会

---

① 参见［美］米夏埃尔·兰德曼《哲学人类学》，上海译文出版社1988年版，"人的结构节"。

② ［瑞士］皮亚杰：《发生认识论原理》，商务印书馆1981年版，第63页。

遗传机制。个体正是通过这样一个机制，通过掌握凝结着共同体成员的集体智慧、力量和价值的文化，而使自己社会化、人化和主体化的。而人类个体后天接受文化的方式有两种，这就是无意识和有意识。

首先，个体通过后天无意识的形式和途径，受到来自他所生活的社会环境和文化氛围的潜移默化的影响和熏陶，从而在无意识中接纳了某些经验、思维模式、行为习惯、风俗习惯、价值观念等等。这就是所谓的"耳濡目染"的作用。

其次，更主要的是，个体通过自觉的后天学习的方式，掌握人类在种系进化和发展过程中所获得的科学文化成果和所积累的经验。人的智力的发展与他学什么与怎样学密切相关。

我们知道，人之所以能成为主体首先就在于他是"有意识的类存在物"。而人之所以有意识，人之所以能在意识中构造出非现实的对象世界，外部对象之所以能够进入意识过程，成为意识活动所能把握和操作的对象。不只是因为人拥有大脑、感官和神经系统，还因为他能够使用语言符号。语言是思维的物质外壳，语言符号是人类意识的物化形式。离开了语言符号的使用，也就不存在什么赤裸裸的意识和思维。当然也就更不可能产生自我意识和主体意识。而且，如果不懂得如何使用语言符号，那么，他也就难以掌握人类的科学文化成果，从而锤炼自己的主体能力。而能说话，能使用语言符号并不是人生下来就会的。语言能力是通过后天的学习，通过社会交往获得的。马克思说："语言也和意识一样，只是由于需要，由于和他人交往的迫切需要才产生的。"[①] 一个人即使有说话和使用语言符号的潜能，但是，如果他离群索居，如果没有人教他说话，他也听不到人说话，那么他只能成为一个哑巴；如果没有人教他使用语言符号，那么，他也只能成为一个睁眼瞎。这是其一。

其二，个体要获得主体的能力必须学习前人的认识成果。一个人只有以群体和类的认识成果为起点，才能获得比前人更多的主体性。如果一切都以个体的经验发生为基础，从头开始认识，那么，人类就永远也无法从蒙昧时代走出来。所谓前人的认识成果，包括非系统化的他人的感性经验，制造和使用工具的各种技能，系统化、理论化的各种技能，系统化、理论化的各种科学文化知识，以及认识规范、认知构架、思维方式、思维

[①]《马克思恩格斯选集》第 1 卷，人民出版社 1995 年版，第 81 页。

方法等等。这些精神成果和结晶，一旦为人类个体所掌握并进入认识和实践活动领域就会转化成为现实的主体能力，它们或者成为主体接受和理解客体的背景材料，或者成为人类个体同化或顺应客体的范本和样式，或者成为引发新的认识发生的契机，或者成为人们提出实践观念和实践模型的根据。因此，一个人只有通过对各种人类认识成果的吸收和掌握，才能获得较高的认识和改造客观世界的能力。这里需要注意的是，学习前人的认识成果并不是单纯地接受各种知识，同时，还必须在学习过程中对自己的认识能力，尤其是理论思维能力加以锻炼。恩格斯曾指出，"理论思维无非是才能方面的一种生来就有的素质。这种才能需要发展和培养"[1]。个体通过遗传虽然拥有获得各种能力的可能性，但是只有通过后天的锤炼，只有通过掌握思维规律、思维准则、思维方法、认知范式，才能转化为现实的能力。而这种能力对于确证人之主体性发挥着极其重要的作用。可以这样说，一个人的知识越丰富、思维能力越强，那么，发现真理、实现真理的能力也就越强，所拥有的人的本质力量也就越大。

其三，人类个体通过后天的学习，既获得了关于外部世界的知识，同时也获得了人类自身的知识，并通过类知识的中介实现了对自己的本质、自己在茫茫宇宙和芸芸众生中所处的位置、作用和价值等方面的理性把握，特别是哲学理论的学习对人类个体主体自我意识的生成更具有重要意义。因为哲学作为世界观的学问，理论地再现了人与世界的总体性关系，揭示了外部世界的本质联系和发展趋势，揭示了人生之真谛，为人们解决自己与外部世界的矛盾提供了原则和方法。因此，只有诉诸哲学的理论思考，获得宇宙和人生的真理，才能真正确立自己的主体自我意识。

其四，人类个体通过后天学习，接受和理解了某种价值规范体系，懂得了什么是真、善、美，什么是假、恶、丑，净化并升华了人的动物性本能，陶冶了情操，培养了感受力和意志力，并产生了某种信念、信仰和理想。而信仰和理想既是人类个体所要追求的目标，同时又是引导个体超越动物性的本能需要的局限，从事主体性活动的强大内在动力。正是在这种动力驱使和推动下，个体才能获得愈来愈多的主体性和用来确证人之主体性的各种本质力量。

总而言之，人类个体之主体性生成的社会文化遗传机制表明了个人的

---

[1] 《马克思恩格斯选集》第 4 卷，人民出版社 1995 年版，第 284 页。

主体意识、主体能力、主体地位的获得和确立是受类的整体水平限制的。当类的自我意识水平还极度低下时,当类仍受思维互渗律的支配而不分主客体时,人类个体也就很难获得主体的自我意识。当类的能力还十分低下,类的本质力量还十分贫乏时,个体也就不可能获得很高的主体能力和丰富的本质力量。人类个体之主体性是随着类之主体性的发展而发展的。而类之主体性之所以能发展又是依赖于类之个体的创造性活动的发展。因此,类与个体是双向互动的。社会文化遗传机制反映的是类之主体性向个体转化的问题,但事实上也存在着个体之主体性的类化问题。人类正是通过个体的一点一滴对类之现有状况的突破与超越,而不断地趋向进步和迈向未来的。

第三,实践生成机制。

人类个体之所以能够成为主体,不仅是由于人是有意识的、理性的动物、符号的动物、文化的动物、社会的动物,更是能够制造和使用工具的动物,能够创造理想世界的动物、实践的动物。实践是人类个体能够成为主体的根源和基础,是人类个体主体性生成的秘密和诞生地之所在。离开了实践就无法科学地说明个体主体之主体性的生成、获得和发展。

首先,人类实践对个体主体性生成之意义。

人类个体通过生理遗传机制所拥有的那些"作为天赋和才能、作为欲望存在于人身上"[1]的自然力,和通过社会文化遗传机制获得的用来确证人之主体性的各种本质力量都是人类实践活动的产物。

实践与人的生成。人虽然是自然界长期发展的产物,但是自然界仅仅是人类物种进化的前提和基础。人是通过自己的劳动和实践而生成的,人类是凭借自己劳动活动把自己从自然界中提升出来的。所以,恩格斯在《自然辩证法》中,提出了"劳动创造了人本身"[2]的命题。在人类形成过程中,主要的演化有:手脚分工、直立行走、脑的发达、身体各器官的变化,以及意识、语言、理性的出现。这一演化过程的生物学根据在于:适应环境求生存,而其实现机制则是正在形成中的人的雏形劳动。正是经过漫长而艰苦的劳动,经过一代又一代的改造与发展,猿人的手才日益变得灵活,从而能够从事越来越复杂的动作。可见,手不仅是劳动的器官,

---

[1] 《马克思恩格斯全集》第42卷,人民出版社1979年版,第167页。
[2] 《马克思恩格斯选集》第4卷,人民出版社1995年版,第374页。

它首先"还是劳动的产物"。① 感官也在劳动实践过程中人化了。马克思指出:"人的感觉、感觉的人性,都只是由于它的对象而存在,由于人化的自然界,才产生出来的。五官感觉的形成是以往全部世界历史的产物。"② 而意识和语言也在猿人的集体劳动过程中逐渐形成的。"语言是从劳动中并和劳动一起产生出来的。"③ "语言和意识具有同样长久的历史;语言是一种实践的、既为别人存在因而也为自身而存在的、现实的意识。语言也和意识一样,只是由于需要,由于和他人交往的迫切需要才产生的。"④ 正是由于人类从劳动中形成了人的日益完备的语言中枢神经,所以,人不仅借助于与动物共有的第一信号系统对外界刺激作出反应,而且借助于第二信号系统来进行抽象概括的思维活动,使人的条件反射的深度和广度达到了为一般动物所不可比拟的高级阶段。最后,形成了结构上日趋复杂和完善,容量日益增大,功能日渐发达的脑髓。恩格斯说:"首先是劳动,然后是语言和劳动一起,成了两个最主要的推动力,在它们的影响下,猿脑就逐渐地过渡到人脑"⑤;而语言的产生和大脑的进化,又反过来为劳动的发展提供了新的推动力,使人类劳动同动物本能的劳动越离越远。

实践与人的自我意识。黑格尔曾指出:人是"有自我意识的存在"。⑥"人是意识到这种主体性的主体,因为在人里面我完全意识到我自己"。⑦马克思也曾断言,人是一个能够使"自己的生命活动本身变成自己的意志和意识的对象"的主体。但是,人类自我意识也有一个发育与演进的过程。人类初民并无自我意识。人类刚从动物界分化出来,仿佛就是一个幼婴,其生存完全依赖于自然界的恩赐和机遇。他心智未开,对自己对外界都缺乏基本的认识,其意识处于一种主客不分的混沌状态。人类自我意识的产生和发展是同实践分不开的,可以这样说,人类自我意识实际上是人类实践能力的积淀与升华。这不仅是因为实践活动是造成主客体分化的

---

① 《马克思恩格斯选集》第4卷,人民出版社1995年版,第375页。
② 《马克思恩格斯全集》第42卷,人民出版社1979年版,第126页。
③ 《马克思恩格斯选集》第4卷,人民出版社1995年版,第376页。
④ 《马克思恩格斯选集》第1卷,人民出版社1995年版,第81页。
⑤ 《马克思恩格斯选集》第4卷,人民出版社1995年版,第377页。
⑥ [德]黑格尔:《小逻辑》,商务印书馆1980年版,第92页。
⑦ [德]黑格尔:《法哲学原理》,商务印书馆1961年版,第46页。

根源，不但在于实践目的的提出本身就是主体对自己需要的自我意识，更是因为人们只有首先把自己对象化出去，才能在自己的作品中，在他所创造的世界中直观自身，才能在意识中理智地复现自己，能动地现实地复现自己。① 因此，当人的实践能力还十分低下之时，当人们更多地依赖于自然的恩赐，而不是通过自己的劳动满足自己的需要时，当人们只有依附于群体才能生存时，人们就不可能产生清醒的自我意识。我们之所以把实践视为自我意识产生的根源还在于人们只有通过实践活动，人与人之间才能构成一定的交往关系，从而在交往过程中通过他人的折射来认识自己。"因为他自己的感性，只有通过另一个人，才对他本身说来是人的感性。"② "人同自身的关系只有通过他同他人的关系，才成为对他说来是对象性的、现实的关系。"③ 我们之所以把实践看作是自我意识产生根源还基于这样的考虑，就是人类实践活动是在需要的推动下不断走向深入的，而实践的深入又有赖于认识的深入，就必须要有更深刻更渊博的关于外界事物的认识，而对外部事物的认识的发展又有赖于对人自身的认识的实现，从而促使人反观自身，思考自己。可见，实践又是推动人认识自己的动力。总之，人类自我意识从无到有，从比较微弱到比较强烈，从为个别成员所具有到为较多的成员所具有，都是实践活动的深入使然，是与人类实践能力的逐渐壮大相伴随的。

实践与人的需要的发展。需要是主体活动的动力要素，需要的不同直接决定主体动力方向和动力强度的不同。人类的需要在初始阶段是属于本能的需要，是满足自身生存的需要。但是，越往后发展，人类的需要就越带有社会性，因此，也就越来越受实践水平的影响和作用，人通过自己的实践活动所获得的需要满足及用来满足需要的实践手段、实践能力，反过来成为产生新的更高需要的内在根据。

实践与人类文化的创造。文化的生成机制是实践。马克思说："整个所谓世界历史不外是人通过人的劳动而诞生的过程，是自然界对人说来的生成过程。"④ 因此，无论是物化形态的文化、规范和制度形态的文化，

---

① 参见《马克思恩格斯全集》第42卷，人民出版社1979年版，第97页。
② 《马克思恩格斯全集》第42卷，人民出版社1979年版，第129页。
③ 《马克思恩格斯全集》第42卷，人民出版社1979年版，第99页。
④ 《马克思恩格斯全集》第42卷，人民出版社1979年版，第131页。

还是观念形态的文化，都是人类本质力量对象化的结果，其根源都是人类实践活动。物化形态的文化，特别是生产工具之类，根本不是自然界所能直接提供的，它是人通过自己的生产劳动，通过与自然之间的物质交换，赋予自然物以人的意义和价值而生成的，所以，人化自然、属人世界的创造以及拓深和扩展都是与人的实践能力的高下，与实践的广度和深度紧密相连。规范与制度文化是通过人们的交往实践生成的。马克思说："人在积极实现自己本质的过程中创造、生产人的社会联系、社会本质。"① 离开了人们改造自然和改造社会的实践活动，离开了人们之间的交往，规范、制度文化无从发生。规范、制度文化的变革有赖于实践活动结构的变革，有赖于实践是否提供了一个超越原来参照系统的新的参照系统。观念文化的发生也离不开实践，观念文化的创造是人们精神劳作的结果，且不说脑力劳动本身就是一种特殊形态的实践活动，即使撇开这一点不论，就拿观念文化与其他实践形式的关系而言，我们也可以发现，观念文化的创造是建立在实践的基础上的。无论是实现对客观世界和人类自身主观世界的观念掌握的各门科学知识，还是其他各种社会意识形式，包括哲学、宗教、艺术等等，都离不开生产实践和社会交往实践的发展。实践是认识的源泉和推动力。至于那些作为逻辑法则、思维规律、认知图式的文化成果也不是离开实践的先验的东西，而是人类经过成千上万次的实践活动，逐渐脱去具体的内容，逐渐形式化的结果和定格。总之，文化是人类本质力量对象化的结果。正如马克思所言："对象如何对他说来成为他的对象，这取决于对象的性质以及与之相适应的本质力量的性质。"②

其次，人类个体自己实践活动对主体性生成之意义和价值。

人类个体之主体性的生成和获得除了受外部条件和外部环境的影响外，还同自己的活动紧密相连。而且，只有把人类个体看作是从事着各种性质和各种水平活动的人，只有把从事各种性质和水平的活动看作是人类个体逐步获得人类本质力量的现实性因素，才能最后解决人类的智慧和力量是如何转化为个体的智慧和力量的问题。

个人的实践活动水平的发展状况，其实重演着类主体实践活动水平的发展状况。个人的实践活动水平是一个不断发展、不断提高的过程。初生

---

① 《马克思恩格斯全集》第 42 卷，人民出版社 1979 年版，第 24 页。
② 《马克思恩格斯全集》第 42 卷，人民出版社 1979 年版，第 125 页。

的婴儿及幼儿的活动尽管在性质和水平上根本没有达到严格意义上的实践，但是我们也不妨把它看作实践活动的萌芽状态，它对未来主体的形成是有重要意义和价值的。皮亚杰认为这是主客不分的婴儿能够建构主客体的根源所在。皮亚杰认为，事物间的相互作用是事物发展的终极原因。未来主体与未来客体之间的相互作用也是它们发展的基本原因，而活动与动作正是这种相互作用的表现，这种相互作用开始只是在身体与环境的接触区进行的，然后才有可能向未来主体与未来客体的中心区域推进。就是说，婴儿开始只是对自身个别动作与外界刺激的不稳定感觉，尚无主客体的对立。随着其活动的发展，主客体开始分化，即原来互不相关的、孤立存在的主客体的中介物动作结构，沿着内外两个不同的方向，相关而又分别地联合成为主体动作结构与客体（包括主体）变化结构，即内化建构与外化建构。在这一双重建构过程中，儿童逐渐意识到自己是各种动作发出者，并对这些动作加以协调，从而建构、形成了主体概念，同时儿童也逐渐意识到客体是各种现象变化的基础，从而产生了永久客体概念。正是在这种活动过程中，个体通过遗传获得的认知和行为图式才逐渐从潜在状态中显示出来，并在双重建构过程中得以发展。

　　如果说，人类个体的早期智力发展和身心水平一开始就受制于自己的活动的话，那么，越往后，其发展就愈依赖于各种社会实践活动的扩大、丰富和深化。个体的社会实践活动，从其活动对象来分，包括指向于外的实践活动，与指向于内的实践活动。我们上面已经谈到，个体只有接受人类文化成果才能成为主体。个体接受人类文化成果的过程实际上是通过自己的主动学习实现的，并不仅仅是被人教育的结果，而主动学习实质上是通过自己原有状态的积极改造。这种改造有两个方面：即自律与自强。自律就是通过接受各种规范和制度文化，通过接受各种价值规范来自我约束、自我控制、自我调整、自我修养，从而使自己成为该社会能接受的一员，而不至于"人欲横流"。自强就是通过学习各种科学文化成果，掌握各种本质力量而使自己不断地自我突破、自我创造、自我发展和自我实现。如果说指向于内的实践直接就是改造自我的现有状态、自己的认识能力、实践能力的活动的话，那么，指向于外的实践活动同样也对个人发生着重大的作用。它是个体主体建构过程中不可或缺的因素。马克思说："环境的改变和人的活动或自我改变的一致，只能被看作是并合理地理解为革命的实践。"① "生产不仅为主体生产对象，而且也为对象生产主体。"② 因此，人类个体"是什么样的，这同他们的生产是一致的——既和他们生产什么一致，又和他们怎样生产一致。"③ 指向于客观世界的对象性活动、实践活动，不仅使对象世界发生属人的逆转，成为主体化的世界，同时也使主体自身发生着改造。不仅"改变着他自身的自然"，④ 也改变着他自身的精神，从而造成新的力量、新的观念、新的交往方式、新的需要和新的语言，炼出新的品质。也就是说主体在改造客观世界的活动中，在同环境的相互作用中，通过物质交换、能量交换、信息交换，不断地突破主体原有的结构稳定状态及其功能的固结状态，表现出结构重组、优化和功能增生的发展趋势。之所以指向于外的改造客观世界的实践活动能够产生改造自身的功能和效应，就在于改造客观世界的实践一介入，就使得主体的思想和本质力量，越出了主体自身的界限，而对象化到客观世界中去，并在对象化过程中得到确证或否证，从而使得主体的结构成为一个开放结构、主体系统成为一个开放的系统。耗散结构理论认为：一个开放系统在与周围环境相互联系、相互交换过程中，必然会引起系统内部组织结构的变化，在达到远离平衡态的非线性区时，一旦系统的某种参量变化达到特定的限度（阈值）时通过涨落，系统内便可能发生突变。因此，导致主体成为开放系统的主体改造客观世界的实践活动就成了主体自我改造的契机。正是在改造客观世界的活动中，人们才能不断地检验用以指导实践活动的关于外部事物及其规律的认识的正确性，以及实践观念中所蕴含着的人的内在尺度，即人的需要和目的的正当性和合理性，从而成为改造自我的标尺。同时，改造客观世界的实践活动也推动着人们进一步掌握类所拥有的智慧和力量，促使人们对外部世界观念掌握的拓展和深化，成为个体主体自我改造的动力要素。总之，正是为了更有效地改造世界，人们才不断地进行自我改造，不断地提高自己的主体能力，同时，人们也正是在实践活动的推动下，才能不断地进行自我改造、自我提高、自我发展、自我超越和自我实现。正如毛泽东同志所说，在改造客观世界的过程

---

① 《马克思恩格斯全集》第3卷，人民出版社1960年版，第7页。
② 《马克思恩格斯文集》第8卷，人民出版社2009年版，第16页。
③ 《马克思恩格斯选集》第1卷，人民出版社1995年版，第68页。
④ 马克思：《资本论》第1卷，人民出版社1975年版，第202页。

中,"也改造自己的主观世界——改造自己的认识能力、改造主观世界同客观世界的关系"。①

第三节 个体掌握类型与个体主体性之表征

主体性是主体在指向客体的对象性活动中所表现出来的功能特性。主体与客体的主要关系无非有认识关系、价值关系和实践关系。因此,个体主体在掌握外部世界活动中所显现出的主体性也就体现在个体的认识活动、评价活动和实践活动中,并在各种对象性的掌握外部世界的活动中,特别在实践过程中得到确证。

第一,个体主体认识活动中的主体性。

认识活动既然是指向于外的对象性活动,因此也是主体性的活动。个体的认识过程并不是如机械唯物主义所认为的那样,是消极的、被动的、照镜子式的反映,是完全被客体所决定的。认识活动不能归结为"刺激—反应"模式。人的心灵并不是一块白板,并不是客观外部事物如何刺激就如何反映。如果认识真的那么发生的,那么,我们就无法解释,为什么面对同一个自然客体,面对同一个宇宙世界,古代人的神话和原始宗教解释图景、自然哲学解释图景、中世纪基督教神学解释图景、以牛顿力学为代表的近代机械主义的自然图景和以相对论、量子力学为核心的现代自然科学解释图景是如此不同?为什么面对着同一客体不同人会作出不同反映,其反映的视角、把握对象深度和广度却相去甚远?为什么面对着同一客体,同一人在不同的时候也可能会有不同的看法?所有这些现象都表明人的认识同认识的主体分不开的,认识活动是一种主体性活动。

首先,认识活动是一种为我的活动。就是说,人之所以要从事认识活动,人之所以要观念掌握某一客观事物的本质及其发展规律,乃是由认识主体自身的目的和需要决定的。诚然,客观外界事物对认识主体而言具有优先性和先在性。马克思主义哲学把承认外部世界是不依赖于人的意识而独立存在的客观实在作为认识论的首要前提。但是,仅仅承认这一点并没有解决客观外界事物是如何转化为人的认识对象问题。客观外界事物无论种类、性质、层次、结构、关系、功能等等都具有无限丰富性。列宁说:

---

① 《毛泽东选集》第 1 卷,人民出版社 1991 年版,第 296 页。

"唯物主义者认为世界比它的显现更丰富、更生动、更多样化，因为科学每向前发展一步，就会发现它的新的方面。"① 那么，为什么某一类事物、事物的某些属性、结构、关系等成为主体的认识所指向的对象，其他事物及其属性却没有进入认识领域，成为认识的客体，很显然，这不是客观事物自身单方面所能决定的，而是应该由主体的认识目的来解释的问题。目的和需要决定着认识主体对认识对象的选择，一定的主体总是有选择地去认识那些因自身的主导需要相一致的和有关联的对象。我们之所以把认识活动看作为我的活动，还在于客观事物之所以从潜在的认识客体转化为现实的认识对象是由主体的本质力量所决定的。这就是马克思在《1844年经济学—哲学手稿》中所强调指出的，"对象如何对他说来成为他的对象，这取决于对象的性质以及与之相适应的本质力量的性质"。这就是说，认识客体是由认识主体按照自己已经获得和已经形成的本质力量有选择地设定的。人们所拥有的本质力量的不同、认知结构的不同、思维方式的不同、认知定势的不同，导致了人们对客体选择的视角、范围和层次的不同。没有认识某一客体的能力和所必需的本质力量，那么，即使这一客观事物不断地刺激你的神经，你也不可能作出相应的反应。这就是所谓的"熟视无睹"。"忧心忡忡的穷人甚至对最美丽的景色都没有什么感觉；贩卖矿物的商人只看到矿物的商业价值，而看不到矿物的美和特性；他没有矿物学的感觉。"② 古代人之所以不可能把认识深入到微观世界，就在于他们的认识能力十分低下，他们所拥有的本质力量不足以使他们把视角伸向微观领域并作出科学的发现。同样，即使是现代人，如果没有掌握高深的现代物理学等科学理论，没有掌握云雾室、泡室、核乳胶、光电倍加管、盖格计算器、火花室等测量仪器的使用技术，那么同样无法把微观客体变成现实的认识对象。总之，"我的对象只能是我的一种本质力量的确证，也就是说，它只能象我的本质力量作为一种主体能力自为地存在着那样对我存在"。③

其次，认识活动是一种能动的活动。机械唯物主义反映论把人类认识过程视为线性作用过程，把客体视为认识过程唯一的决定性因素，因此，

---

① 《列宁选集》第2卷，人民出版社2012年版，第88页。
② 《马克思恩格斯全集》第42卷，人民出版社1979年版，第126页。
③ 《马克思恩格斯全集》第42卷，人民出版社1979年版，第126页。

他们所谓的反映就不可避免地带有机械性和直观性。其实，认识过程是积极能动的反映过程。说认识是一种能动的活动，其一，因为认识活动是建立在实践活动基础上的，只有当人们改造客体时，才能认识客体。我们知道，客观事物在进入认识范围之前，总是以一定的结构、功能状态存在着。人只有通过自己的能动的实践活动，对其进行加工、改造，才有可能使客体的结构、功能特点暴露出来，才能实现对它的认识。特别在科学认识领域，多数情况下，主体和客体之间的联系是借助于复杂的中介手段而进行的实验来实现的。因此，马克思在批判旧唯物主义认识论只从客体去理解事物时指出，应该"从物质实践出发去解释观念的形成"。①普列汉诺夫也曾指出："费尔巴哈说我们之'我'因为受客体的影响才认识了客体。马克思反驳道，我们之'我'因为自己对客体的影响才认识了客体。"②可见，实践是认识的源泉。其二，主体对客体的反映，主体对客体的本质和规律的观念把握，主体对客观真理的探寻是通过一系列主体能动作用实现的。马克思说："观念的东西不外是移入人的头脑并在人的头脑中改造过的物质的东西而已。"③列宁认为认识过程是"一系列的抽象过程"。④在认识过程中主体根据自己的需要，凭借自己已有的认知图式、思维模式、主体的认识能力和知识水平，通过思维操作，对客体所提供的信息进行选择、疏导、加工、整理和抽象，从事超越了客体的个别性、现象的表面性、感性的杂多性，达到了思维的反映形式。同时，也表现为主体根据通过反映所获得的新的信息对自己已有认知结构，认知图式的突破和重新建构，从而促使自己在更深刻和更广泛的基础上实现对客观规律的观念把握。

再次，个体主体认识活动的主体性还表现在认识的自主性上，就是说个体主体的认识活动是不唯书、不唯上，而要强调独立思考，不迷信权威。正因为是自主的，所以有必要的话，他就既能突破权威论断的无可置疑性，也能突破自己的局限性。

最后，认识的主体性与认识的客观性究竟是什么关系？认识的发生同

---

① 《马克思恩格斯选集》第1卷，人民出版社1995年版，第92页。
② 《普列汉诺夫哲学著作选集》第3卷，生活·读书·新知三联书店1961年版，第146页。
③ 《马克思恩格斯选集》第2卷，人民出版社1995年版，第112页。
④ 《列宁全集》第55卷，人民出版社1990年版，第152页。

认识的主体因素密切相连，认识主体本质力量的强大与否，成为决定认识成果所能反映的客观事物的深度和广度大小的一个关键性因素，认识不可避免地具有主体性。我们知道，认识的任务、目标、要求无疑是客观性。认识的客观性指的是认识与客观对象的符合一致性。人是为着改造客观世界而认识客观世界的。只有符合客观世界及其规律的认识，才能有效地指导人类对客观世界的改造。因此，追求认识与客观对象的符合一致是人类认识活动的永恒动力和根本原则。那么，认识的主体性是否与认识的客观性要求互不相容呢？主体在认识过程中能动作用越来越大的发挥，究竟是促使了认识越来越逼近了客观真理，抑或越来越远离了客观真理呢？我们认为，认识的主体性与认识的客观性并不是彼此对立、互不相容的，它们并不是二律背反式的对立物。之所以这样，首先是因为认识的主体性并不是指主体的主观随意性。认识的主体性强调的是认识是积极能动的创造和反映，强调认识的成果是受主体本质力量制约的，因此，知识不可避免地打上主体的烙印。主观随意性指的是单纯从主体的想象、愿望、要求、意志、情绪、情感出发去看待客观事物。认识的客观性并不是要排除认识的主体性，相反积极高扬主体性才能实现认识的客观性。认识的客观性所要排除和反对的是主观随意性。反对以想象、愿望来代替对客观事物的分析和研究。认识的主体性是建立在主体因素的参与的基础上的。主体的因素对认识的结果产生两种效应：一种是主体性效应；另一种是反主体性效应。所谓主体性效应就是指主体运用自己的本质力量，排除各种干扰，包括自身因素的干扰，深入事物的本质，提高自己对客观事物的本来面目和内在规律的认识能力，促使自己实现自己认识目的的实现的效应。所谓反主体性效应就是指干扰知识的客观性，增加认识结果的主观随意性，阻碍主体认识目的的实现的效应。个体主体已有的认知结构中的各种成分，无论是理性成分，还是非理性成分，对认识的作用都可能是双重的。但是认识的主体性所指的并不是主体的认识是如何受自身因素的干扰，从而丧失了客观性的，相反，是指认识主体是如何通过不断增强自己的本质力量，不断排除自我中心主义和自我中心困境，不断排除非理性成分对认识成果的渗透和扭曲，不断克服自己认知定势的凝固化和稳态性，从而尽可能缩小反主体性效应的发生，实现对客观事物本质和规律的把握和逼近的。

第二，个体主体评价活动中的主体性。

个体主体认识世界的目的是为了改造客观世界，实现对客观事物的实践的掌握和真正占有，创造符合人的需要的正价值。因此，个体主体实现对客观事物的本质及其发展规律的观念掌握的基础上就有一个对客观事物的属性、结构、功能与自己的需要之间的关系进行认识的必要。因为客观事物的本质及其发展规律并不是对所有的人都有利的，对所有人说来都具有正价值的。而搞清这些问题恰恰是主体评价活动所要完成的任务。可以说，正是在评价的基础上，主体才有可能产生新的目的、意向、构想、计划和方案，才能促使主体从反映世界向改造世界过渡，实现认识向实践的飞跃。评价本质上仍然属于认识的范畴。评价亦是精神对物质、意识对存在的一种反映。但是这种认识同以揭示外界客观事物本质及其发展规律为目的的事实认识是有所不同的。评价的对象是价值客体，评价表现为人们对价值客体的态度。价值客体、价值事实当然亦是客观事实，因为价值事实存在于价值关系的现实运动过程和结果中，而任何价值关系都是客观的关系。主体是客观的，主体的需要本质上也是由客观因素所决定的，客体的属性和功能当然是客观的，两者的相互作用是客观的，客体的功能满足主体需要也是客观的。但是价值事实同时又是一种主体性的事实，就是说不能脱离主体，特别是主体需要而存在的事实。客观事物的属性、结构、功能对主体是否有价值并不仅仅取决于客体本身，而且还依赖于主体本身的存在状况，依赖于主体的规定性、主体的结构、主体的本质力量和主体的需要，即主体的内在尺度。主体的特质性、多样性、主体需求的差异性、丰富性、层次性决定了客观事物的属性与功能对主体的价值性的不同。同样一个对象性存在物对于不同的主体或同一主体的不同存在阶段其价值量甚至质都是极为不同的。因此，如果说对事实的认识也是一种主体性活动的话，那么以主体性事实——价值事实为反映对象的评价活动更是充满着主体性的活动。个体主体评价活动的主体性表现为评价活动的为我性。人们评价客观事物及其属性、功能是否有价值、人们评价客观的对象世界是好是坏，是利是害，是善是恶，是美是丑，都是根据主体自身的价值坐标体系，根据自身的本质力量作出的。作为主体的个人有什么样的社会存在和客观需要，就有什么样的价值标准和评价标准。评价活动就是合目的性的活动，主体对不合乎自身内在尺度的价值对象以否定的评价，对合乎自己内在尺度的价值事实以肯定的评价。个体主体评价活动的主体性也表现为评价活动的超越性。评价活动表现了主体对自己的生存环境、对象性世界的观念超越，表明主体不是安于现状，不是俯首听命于自己的对象性存在，而是以批判性的眼光对自己和世界的关系进行考察、分析、反思。评价活动不只是确证对象性存在物对自己存在和发展的正价值，还包括对客观对象对自己所具有的负价值的批判和否定。而不论是哪种形式，实质上表明主体已经从自己和客体的现存的价值关系中超越出来了，而把自己和客体的价值关系作为考察对象，从而才有可能在实践中实现真正的超越。个体主体评价活动的主体性还表现为评价活动的自主性。个体主体的评价活动是自主的活动。就是说，个体主体对客观对象，包括自然客体、社会客体、精神客体能否满足自己需要的价值评判，不是受制于或听命于他人，而是根据自己所认同的价值标准和自己所拥有的本质力量自主地作出的。如果个体主体的评价活动完全没有自主性，人云亦云，或违心而论，那么评价也就丧失了自主性，个体也就不成其为评价主体。

第三，个体主体实践活动的主体性。

实践不仅是主体性生成的根源，而且也是人之主体性的表征和实现途径。在实践过程中，人之主体性得到了体现和确证。马克思说："诚然，劳动尺度本身在这里是由外面提供的，是由必须达到的目的和为达到这个目的而必须由劳动来克服的那些障碍所提供的。但是克服这种障碍本身，就是自由的实现，而且进一步说，外在目的失掉了单纯外在必然性的外观，被看作个人自己自我提出的目的，因而被看作自我实现。主体的物化，也就是实在的自由——而这种自由见之于活动恰恰就是劳动。"①

实践的为我性。实践是为我的活动。实践是人的本质力量的对象化，是导致客观对象具有人化的、主体化的形式，从而满足人的需要，实现人的价值目标的现实的物质活动。主体在实践活动中处处把内在的尺度运用到对象上去，"按照对自己有用的方式来改变自然物质的形态"。② 我们知道，任何人类个体都是在前一代人所创造的生产力和社会环境中开始自己的生活，展开自己的活动的。前人对象化活动的物化形式、外化形式，为个体主体提供了活动的前提和基础，但是"需要上升规律"却使得人类个体不可能安于现状，局限于前人的劳作和成果。而对象世界、客观环境相对于人新的需求的匮乏性促使个体主体从事对象性的实践活动。这种种实践活动的开展就是为了人满足自身的需要和实现自己的价值目标。所

---

① 《马克思恩格斯全集》第46卷（下），人民出版社1980年版，第112页。
② 《马克思恩格斯全集》第23卷，人民出版社1965年版，第87页。

以，实践活动不是为他的，而是为我的，是我按照自己的内在需要、内在本性而进行的。主体的目的决定了对实践客体的选择，决定了中介手段以及运用中介手段的方法的选择和改进，决定了对实践过程的控制和调节。

实践的创造性。个人作为现实地表现自己的本质力量的主体，只有通过习得和掌握社会和类的力量才是可能的。因此，个体主体之主体性的发挥是受制于类所拥有的力量的局限的。"人们自己创造自己的历史，但是他们并不是随心所欲地创造，并不是在他们自己选定的条件下创造。而是在直接碰到的、既定的、从过去承继下来的条件下创造。"① 因此，个体通过实践来表征自己的主体性是具有社会历史性的。人们只能从现实的需要出发，凭借已经掌握的实践手段，提出实践的目的并实现之。但是，这种受社会历史条件限制的个体的实践活动本身又具有一种创造性。这种创造尽管在性质上可能没有突破类的局限，但是对于个体主体自身而言，实践活动毕竟是自己本质力量的对象化，毕竟是自己本质力量在活动和活动对象中的确证。通过实践活动个体主体创造出过去不属于自己的对象物，这对个体主体而言，也可以说是一种创造性活动。当然，我们强调个体主体实践活动的创造性主要不是指这种情形，更主要的是指个体主体的实践活动创造了类所从来没有拥有过的本质力量、实践手段和对象世界。这是一种新质的实践创造。它是通过赋予对象世界以新的结构、新的形态、新的功能而实现的。人类之所以遵循着"自然限制递减律"、"主体性递增律"发展，就在于人类个体实践活动的创造性对类的限制的突破。

实践的超越性。实践具有超越性品格。所谓实践的超越性首先指的是，实践一方面能使主体扬弃目的的主观状态，使目的外化，使人的本质对象化，使主体客体化；另一方面，实践可以使人超越现有的生存环境、改变对象世界的原有状态、原有结构、原有功能，扬弃客观对象对人的异己性、疏远性，使自然属人化，使社会合理化，使客体主体化。黑格尔把实践活动看作是既"扬弃客体的直接性"，又扬弃"目的的主观性"，从而达到"目的的实在化，即客观的有与目的的联合"的活动。② 因此，实践的超越性一方面表现了主体对客体的超越；另一方面表现了主体对自身的超越。所谓主体对客体的超越首先体现在实践观念对客体的超越上。实

---

① 《马克思恩格斯选集》第 1 卷，人民出版社 1995 年版，第 585 页。
② 参见 [德] 黑格尔《逻辑学》下卷，商务印书馆 1976 年版，第 432 页。

践观念与一般的认识不同。它虽然也反映客体,但是它是以主体的需要和价值取向为内在尺度,对客体所作出的批判性、否定性的反映。它不是一般地反映客体的现存状态,而是指向于客体所应当存在的状态,它不是反映当下的,而是指向未来的,这是主体对客体的观念超越。其次就表现为实践过程中主体对客体的实际超越,实践过程就是主体运用一定的中介手段,扬弃、克服客体的"定在"形式,根据自身需要,按照实践观念重新塑造出一个符合主体要求的对象,从而现实地超越了客体对主体的限制。而所谓主体对自身自己主观目的现实化,才能使自己的本质力量对象化,从而使目的和本质力量越出自身的限制,在对象中得到确证。主体对自身的超越亦指主体通过实践活动实现对自己原有状态的突破、超越,包括对自己过去活动的超越。总之,个体主体自身所拥有的本质力量是他对客体,对自身具有超越性的决定性因素,个体主体对客体的超越是通过他的本质力量的增强而实现。

实践与客观必然性。实践是主体性活动。但是实践作为主体的活动又是受限制、受制约的。人通过自己有目的自由自觉的活动实现对自然和社会的超越仍然是有限的。这不仅是因为"人并没有创造物质本身。甚至人创造物质的这种或那种生产能力,也只是在物质本身预先存在的条件下才能进行"。[1] 不但是因为主体要受到社会生产力状况、社会历史条件的限制,更在于人们受到客观规律性的制约。主体虽然可以通过自己的实践活动,通过创造合乎主体目的和需要的对象物,实现对客观事物存在形态的超越,通过不断对象化自己的本质力量,不断使自在世界属人化、主体化。但是,主体的实践活动却无法超越客观规律性、因果必然性的制约。自然是一种客观的物质力量,它按因果制约性和规律性在运行着。它不理睬人的需求和目的,人要实现自己的目的只能通过改造世界的实践活动。而人要改造自然,就必须服从自然规律,而不能凭主观意志来定夺,不能为所欲为。主体的意志只有正确地反映和符合客观的规律时才能实现改造的预期目的。否则,蔑视规律,违背规律,只能遭到规律的惩罚。恩格斯说:"我们对自然界的整个支配作用,就在于我们比其他一切生物强,能够认识和正确运用自然规律。"[2] 社会尽管是人的活动领域,社会历史规

---

[1] 《马克思恩格斯全集》第2卷,人民出版社1957年版,第58页。
[2] 《马克思恩格斯文集》第9卷,人民出版社2009年版,第560页。

律是在人的活动中形成的。在人的实践活动之外，没有社会历史规律的创造主。但是社会历史规律同自然规律一样，同样是不以人的主观意志为转移的，它在社会历史领域起着不可避免的制约作用，决定着历史发展的方向和进程。任何人类个体，无论是伟大历史人物还是普通老百姓要想在社会历史领域通过自己的实践活动实现自己目的只能以遵循客观规律为前提。遵循客观规律并不是受客观规律奴役和支配，要遵循客观规律并不等于说人在社会历史规律面前毫无自由可言。如果是那样，那么人类个体的实践活动也就不是什么主体的活动，而成了实现客观必然性的工具。其实历史必然性对实践活动的制约作用并不是某种拉普拉斯式的线性决定作用，历史必然性是通过历史偶然性来为自己开辟道路的。因此，人在历史规律所提供的可能性空间面前有一定的选择自由和实现自己本质力量的自由。总之，只要人们掌握了客观规律并以它为自己实践活动的尺度，那么，个体主体就能有实现自己目的的自由，并能通过自己实践活动确证自己在自然和社会面前的主体地位和主体性。

第 六 章
掌握外部世界与自我掌握

自我掌握的重要性在当代人对外部世界的掌握活动中正日益突出地显示出来。人能不能保证不再失去已经掌握的世界领域，能不能在掌握外部世界的动态过程中建立起人与外部世界的协调和谐发展的关系，从而使自己赖以生存和发展的功能圈，不断地拓展和扩大，其中有个必要条件就看人能不能合理地有效地进行自我掌握。否则，在失去合理控制和掌握的日益强大的人的本质力量作用下，外部世界必将越来越脱离人的掌握，离人而远去；人必定会自己毁灭自己赖以生衍繁殖和进化发展的家园，从而丧失生存的权利，失去发展的可能和机会。一句话，自我掌握问题在当代是一个事关人类持续生存和发展的大问题。

第一节 自我掌握问题的突出

自我掌握主要指自我调控，也就是对自己的需要和行为，对自己掌握外部世界的活动进行自觉的调节和控制。

进行自我调控、自我掌握的根本目的和宗旨，就是为了确保掌握外部世界活动的合理性，就是为了使人掌握外部世界的活动能够真正成为人依赖于外部世界的实现方式和现实形式。我们在前面曾经阐述过人要满足自己的生存和发展的需要，必须要依赖于外部世界，而人对外部世界的依赖实际上是依赖于人对外部世界的掌握。从这个意义上说，人对外部世界的掌握是人依赖于外部世界的现实形式和根本途径。但是，这并不意味着人的任何掌握外部世界的活动，都能为实现人对外部世界的依赖开辟道路的，并不是任何掌握外部世界的活动都能创造满足人生存和发展需要的属人对象，都能产生人能够加以依赖的正态效应，都能建构起人类持续的生存和发展所需要的属人世界的。那些不科学、不道德、不合理的掌握外部世界的活动，必然会产生人所无法依赖的、反人类自身的、非属人的、异己的对象世界。产生不利于人类生存和发展的负态效应和现象，从而不但使人不能扩大对外部世界的依赖范围和程度，使生存和发展需要得不到满足，而且反过来危及人类自身的生存和发展。也就是说，我们在掌握外部世界过程中，"我们在自己的活动中所创造出来的东西也可能威胁我们持续地生存下去。"[①] 因此，那种不科学、不合理、不道德的掌握外部世界的活动，不但不是人依赖于外部世界的现实形式和实现方式，反而成为人无法依赖特别是无法持续地依赖于外部世界的祸根所在。

为了确保人掌握外部世界活动真正成为人依赖于外部世界的现实形式和实现方式，从而满足自己持续生存和发展的需要，就必须通过对自己的需要和行为的调控，尽可能防止和减少人掌握外部世界活动的负态效应的出现和产生。人在掌握外部世界活动中，或由于自己本质力量的历史局限，由于主客观条件限制，未能实现合规律性和合目的性统一，导致了负态效应的出现；或由于本质力量的不合理、不正当使用，自己创造了有害于人生存和发展的对象物如毒品、杀伤性武器、精神垃圾等；或由于为了自己特定的狭隘的需要和利益，为了眼前利益、局部利益、个人利益，而进行不科学的、不合理的、不正当的、不道德的掌握外部世界的活动，导致危及他人和整个人类，从而最终也危及自己本身的生存和发展的负态效应的发生。确实，有些掌握外部世界活动及其结果，如果从特定的"人—外部世界"范围内看，如果仅仅从与特定人的特定需要相联系的那一点看，是合规律、合目的的。但是如果从整个人类持续地生存和发展的总体利益、长远利益、根本利益看，从更大的时空跨度来看，这些在一定范围内合规律、合目的地创造了属人对象物的掌握外部世界的活动，却可能是不合理的。

众所周知，外部自然界是一个具有自组织功能，可以实现自身再生产，并使自身结构不断优化的自组织系统。构成自然系统的诸事物和现象以各种方式不间断地发生相互作用，在相互作用中形成一定的相互制约的关系，即形成一定的平衡状态。这种平衡又是动态的，其自身的运动打破平衡，变化相互制约又形成新的平衡。这种动态平衡正是自然界自身的再生产。这种再生产的发展，是一个减熵的有序化的发展过程。但是，减熵只是一个总的趋势，在这个总趋势中也会出现局部的增熵，出现事物之间

[①] ［美］莫里斯：《开放的自我》，上海人民出版社1965年版，第17页。

相互联系、相互制约的链条在发展过程中出现局部的崩断。如果人在掌握外部世界活动中只从自己的眼前的局部的需要那一点出发，把自己的本质力量楔入外部自然界的系统，而不考虑自然系统的平衡状态和系统的未来，就有可能造成自然系统原有的物质循环和能量交换机制受到损害，造成外部世界自组织系统相互联系、相互制约的链条出现局部的崩断，造成外部世界客观系统自我调节、自我净化、自我再生产能力的破坏，即系统的动态平衡的破坏。如果这种破坏大到外部世界不能通过自我调控来加以修复的程度，就必然导致人类持续再生产能力的破坏，也就使人类的生存和发展很难持续下去。最后当然也必然会危及那些虽然实现了狭隘私利、局部利益和眼前利益的人的生存和发展。而这一切危及人类自身的生存和发展的负态效应和现象都是内源于人本身的，是由于人掌握外部世界的活动造成的。所以，只有通过对自己需要和行为的自觉的有效的调控，才能从根本上解决这一问题。只有对人掌握外部世界的活动予以强有力的调控、掌握，才能杜绝不正当、不合理、不科学的掌握外部世界活动的开展，从而保证人掌握外部世界活动的合理性，进而建立起人和外部世界的合理性关系。

总之，人要满足自己生存和发展的需要，就必须要掌握外部世界。而对自己的需要和行为进行自觉调控、自我掌握，就是为了尽可能防止、避免或减少人类掌握外部世界活动的负态效应的出现。其中最主要的就是为了防范有可能造成人所赖以生存的基础——外部自然界自我调节能力、自我再生能力、自我净化能力丧失的那些不合理的掌握外部世界活动的开展和进行；就是要防范有可能造成外部世界客观系统难以持续发展和动态平衡破坏，从而危及人自己持续的生存和发展的那些不合理、不正当、不道德、不科学的掌握外部世界活动的开展和进行。进行自我掌握就是要通过调控自己的需要和行为来确保人掌握外部世界活动的合理性、正当性和科学性，从而也促使人和外部世界关系的合理性，在人掌握外部世界的活动中建立起"人—社会—自然"巨系统的和谐发展和动态平衡，使人掌握外部世界活动真正成为人能够持续地依赖于外部世界的实现方式和现实途径，从而也确保人类得以持续的生存和发展。所以，合理的、正当的、科学的和道德的掌握外部世界的活动离不开主体自我掌握，而主体自我掌握则为人们更好地更合理地掌握外部世界提供了重要保证和有力措施。

应该说，人类在任何一个历史时期都有一个如何根据人类自己的根本利益来控制调节自己的需要和掌握外部世界活动，从而尽可能减少掌握外部世界活动的负态效应出现，尽量扩大和增加正态效应的任务，都有有效地进行自我掌握的必要性。但是，自我掌握在当代对人的生存和发展的意义和重要性却是过去任何一个历史时期所无法相比的。因为从全球范围看，人类与自然的矛盾已不是主要表现为如何向自然界索取的匮乏，而是表现为人的本质力量日益强大与人对自己本质力量和掌握外部世界活动自觉调控的不统一，表现为人掌握外部世界活动目标的不尽合理。可以说，在今日，人类能不能有效地、强有力地进行自我掌握，就成了直接关系到人类能否持续地生存和发展的现实问题。因此，自我掌握的重要性在当代进一步突出出来了。

自我掌握问题在当代进一步突出出来，这既同人类实践地掌握外部世界的当代特点有关，又与人类当前所面临的全球性问题密切相连。

与历史上任何一个时代相比，在当代，人类对外部世界的掌握，无论在性质上还是在规模上，无论在方式上还是在结构上，都发生了空前的变化。这种变化集中地表现为人对外部世界实践掌握的广度和深度都达到了前所未有的程度和水平。

在当代，人与外部世界的相互作用的范围，相互接触的锋面和空间越来越扩大，层次越来越拓深。大家知道，在整个人类进化史上人与外部自然界的相互作用范围的扩大，是一个十分缓慢发展的历史过程。数百万年以来，人群分散在很小的面积上。只是到了几千年前，才开始了部落之间的接触。我们的星球广阔的空间只是间或夹杂着一些相互隔绝的或松散联系的人群活动中心。人们只是在狭隘的空间或地域生存和活动。这种状况随着资本主义所开创的世界普遍交往和工业大生产的出现而终结了。世界普遍交往冲破了人类实践掌握外部世界的小生产式的封闭格局和程式，从而导致了人对外部世界掌握日益社会化、整体化和系统化。整个世界的大洲、大洋连成整体，地球的整个表面都成了人的活动的场所，人—社会—自然的关系逐渐相关化和复杂化。

另一方面，随着人对外部世界科学技术掌握的深入和发展，以及所取得的巨大成果在实践领域中的应用，人类对外部世界的实践掌握日益智能化和科技化。众所周知，当代自然科学不但对宏观领域作了系统的探讨，而且已经进入微观领域和宇观领域。不但对物理规律，而且对化学规律、生物规律等都作出了广泛而深入的把握。外部自然界的各种客观规律被人们所认识、所把握,就为人们更加深入和广泛地实践地掌握外部世界提供了前提条件和可能。而科学—技术—生产的一体化趋势,则使科技成果迅速进入实践掌握领域,从而大大促进实践掌握活动的智能化趋势。这种智能化和科技化突出地表现为工具中介系统的智能化和科技化。

人对外部世界的实践掌握是从各种工具为中介手段而实际地作用于外界客体的动态过程。马克思曾说:"劳动资料是劳动者置于自己和劳动对象之间、用来把自己的活动传导到劳动对象上去的物或物的综合体。劳动者利用物的机械的、物理的和化学的属性,以便把这些物当作发挥力量的手段,依照自己的目的作用于其他的物。……这样,自然物本身就成为他的活动的器官,他把这种器官加到他身体的器官上,不顾圣经的训诫,延长了他的自然的肢体。"[①] 可以这样说,工具中介系统表征着人掌握外部世界的本质力量的水准。实践掌握方式的改变和实践掌握形态由低级向高级的发展,主要是通过中介手段的变革和更新来实现的。中介手段不同,人对外部世界实践掌握的性质、方式、规模和水平以及实践掌握的节奏性、速率和有效性也不同。在代表当代水平的人类对外部世界的实践掌握活动中,人们所借助的工具中介根本不是石斧刀剑,不是手工工具,甚至也不单纯是大型机械,而是一个庞大的复杂的智能工具系统,包括以互联网为核心的信息技术。智能工具系统作为工具连续累积,不断革新的人体外进化结构,积淀和扩张着人类社会化的主体掌握外部世界的能力。如果说原始工具等手工工具仅仅是对人手的直接延伸,近代大工业阶段的工作机和动力机全面减轻了人的体力劳动,放大了人类有限的体力,扩展了人肢体的功能,实现了人肢体的体外进化和功能进化,那么,现代数字信息技术、自动化控制技术则通过把简单的脑力劳动交给机器,延长了人的思维器官,放大了人的智力活动。现代人工智能工具系统则进一步扩大了现代控制机的能力和应用范围,通过自动化生产线、自动化车间、自动化工厂和自动化全部工艺流程,克服了直接生产过程中重复性的脑力支出。从而进一步把人脑从直接参与生产过程的职能中解放出来,实现了人脑在体外的延长、体外的功能进化。电脑、机器人等自动控制机和人工智能机作为重要的工具中介手段进入实践掌握领域,标志着实践中介系统历史发展进程中的又一次新的质的飞跃。它表征着人类对外部世界实践掌握能力的

[①] 《马克思恩格斯全集》第23卷,人民出版社1972年版,第203页。

进一步强化，从而开拓出了在自然经济条件下，在采集狩猎和从事种植业、畜牧业中，以及在工场手工业和机器大工业初期，人们所不可能接触到的、掌握到的广阔的领域和层面。

人对外部世界实践掌握的社会化、整体化、系统化、智能化、科技化、信息化、全球化，使得人类掌握外部世界的规模不断扩大，使得越来越广阔的领域越来越深入的层面，日益进入实践掌握对象的范围。可以说，在今天，人们的实践掌握活动已进入了地球的各个领域，而且还越出地球进入宇宙空间。当然，人对外部世界掌握的不断扩大，不但表现为人类开发极地，探索太空，遍及各个未开垦的处女地，而且还表现在人类对外部世界的实践掌握已直接影响地球表层的生物圈和大气圈、水圈和岩石圈三个无机圈层的状况，直接影响和干扰着生物圈和三个无机圈层共同构成的人类生态环境巨系统的进化。

不但人对外部世界实践掌握的广度前所未有，而且深度也是空前的。这种掌握的深度不只是一个外延的量，更是一个内涵的量。也就是说，它不只是指人类实践掌握活动已经深入到地球的深处、海洋的深处，更是指进入了自然物质的深层结构。如果说古代自然经济条件下人类通过采集渔猎，直接利用自然动植物；或者驯化、饲养自然动物，耕种自然植物，只是严格顺从自然、服从自然演化规律的活动。近代力学——工业实践活动主要是改变自然的存在形态，引起自然物的物理变化和简单化学变化，还没有干涉外部自然界自身的进化，那么20世纪以来，人类实践掌握外部世界的活动已经从微观、超微观层次作用于自然。原子裂变、生命合成、破译密码、转基因技术、克隆技术，则直接干扰和影响了外部世界自身进化发展的方向。总之，当代人类对外部世界大规模的实践掌握实现的人与外部世界物质、能量、信息的交换，已经介入了整个地球的生物化学大循环，带有了全球规模和性质。

这种人对外部世界实践掌握的扩大和深入，向人们提出了更加有效地合理地进行自我掌握的迫切要求。因为，实践掌握的扩大和深入，客观上增加了人和外部世界关系的紧张和矛盾冲突加大的可能性，增加了"人—社会—自然"系统动态平衡被打破和负态效应出现的可能性，以及负态效应一旦出现的大规模性和全球性，而且还给人类带来了非常烦恼的伦理和道德风险。过去人们掌握外部世界的活动规模比较狭小，所以，破坏性也小。即使发生破坏性影响，那么范围也是十分有限的，修复起来也容易一些，不至于危及整个人类的持续生存和发展。但在当代就不同了，由于当代人对外部世界实践掌握规模大、范围广、层次深，由于在当代人类实践掌握过程中主体力量所作用的不是一个个孤立点，不是一个狭窄的范围，而是一个系统，一个完整的外部世界的系统，由于凝结着高度智力和科技成果的 20 世纪以来的实践掌握外部世界的活动以极度浓缩的能量介入自然界，所以，一旦发生失误，那么，其危害的规模亦大、范围亦广、程度亦深，其负态效应亦必然呈现为全球性的规模。可以说，即使是一次微不足道的失误都可能引发巨大的灾祸。即使就该掌握活动的直接目标来说可能没有发生失误，但是，由于外部世界相互联系的普遍性，由于系统内部存在着不同层次、不同性质、不同水平的各种客观规律的复杂交错运动，由于当代实践掌握活动能量介入外部世界微观层次和生物圈及三大无机圈后在自然界微观层次和生态系统中继续引起多米诺骨牌式的连续反应和蝴蝶效应，人类对这种连续反应又不可能一下子作出预见，因此，当人们在与外部世界目前相联系的那一点上介入外部世界的客观系统时，就有可能产生始料未及的负态效应，而且一旦发生负态效应，修错的机会和可能性大为减少，修错的代价也大为增加。正因为如此，所以，在当今，如何通过调控自己的需要和行为，来尽可能减少、防止和避免掌握外部世界的活动发生大规模的负态效应，尽可能使外部世界的反抗和报复，保持在有限的或正常的范围内，从而保护好地球，保护好生态，保护好自己赖以持续生存和发展的外部自然界就显得更加重要。

众所周知，由于不合理的掌握外部世界活动开展和进行，人类今天已经面临着生存和发展的困境——全球性的问题。这些全球性问题突出地表现为人与自然矛盾的激化。这主要表现为环境污染、生态危机、能源危机、资源危机、粮食危机等方面。

大家知道，在人类社会发展的初期，依靠自然界自身的净化能力、调节能力，自然界保持一种自发的生态平衡关系。自然形成的各种动植物如鸟类、昆虫等在一定地区保持动态平衡。这种协调平衡能够保证该生物圈内各种物质和能量的稳态循环，人本身也作为一个环节参与到这个循环之中。但是随着攫取性实践掌握类型向生产性实践掌握类型的过渡，人类对周围自然界的影响逐渐加强了。反复的刀耕火种造成严重的水土流失，大片肥沃农田变成不毛的沙漠。美索不达米亚平原的沙化就是大自然对人类的一大惩罚，就是人类早年在实践掌握外部世界过程中产生的负态效应的一个典型。但是在自然经济条件下，在农耕时代，由于人还基本上处于依赖于周围自然界、服从大自然的摆布、顺应自然界的发展阶段，所以，即使出现负态效应其影响也是局部性的。近代工业实践已经加大了对外部世界影响的力度，因此，也扩大了负态效应。砍伐森林，开采矿山，排放烟气，已经大大改变了自然界的面貌，但是尚未触及物质的深层结构，所以，其影响尚没有达到坑害人与自然平衡、坑害生态平衡的临界参数。近代人类工业实践对自然环境产生的负效应，凭借自然界自身系统的运动，尚可以自行调节、自行消化。人与自然发展的局部失衡还可以修复。这种局部的失衡还没有给全人类的生存和发展带来直接的威胁。

但是，进入20世纪，工业革命以来所造成的各种负态效应，经过几个世纪的累积，特别是在新的历史条件下，用新技术革命武装起来的人日益强大的本质力量对生物圈和三大无机圈及物质深层结构进一步构成强大的冲击。作为人与外部世界客观矛盾表现的负态效应也达到了空前的程度，达到了全球的规模。作为人类生存环境的全球生态环境出现了全面退化的趋势，作为人类生存条件的地球资源也呈现出危机状态。可以说，人类在对外部世界的实践掌握过程中，一方面无情地向大自然索取各种资源；另一方面又任意地向大自然抛洒废物，造成了自然生态系统超载负荷，越过了自然界所能承受的所能调节的阈值。托夫勒曾指出："由于人类贪婪或疏忽，整个空间可以一夜之间从地球上消失。从未有开采矿山如此凶猛，挖得大地满目疮痍，从未有过让头发喷雾剂使臭氧层消耗殆尽，还有热污染造成对全球气候的威胁。"[①]

当前具有全球性的多方面的整体性的和连锁性的环境污染、生态危机，主要是通过物理污染、化学污染和生物污染的途径造成的。也就是由于某些单质或有机及无机化合物被引入环境，由于化学反应而发生的对环境的破坏作用对环境造成的污染；由于粉尘、废弃物、各种破坏性辐射线，特别是核辐射、噪声、废热等对环境的破坏，由于各种病菌或霉菌对环境的侵袭所造成的污染。从被污染的对象看主要表现为大气污染、水质污染和土壤污染和破坏等方面。工业生产所形成的废物和毒物，每天以百万吨的巨量排放到大气中。这些物质不仅直接危害着人的健康，而且由于排放入大气的二氧化硫所形成的酸性雨直接危害着湖泊、土壤、建筑物及

---

① [美]托夫勒：《第三次浪潮》，生活·读书·新知三联书店1984年版，第175—176页。

工业设施，并进而威胁着动植物的生长和生存。大气中的二氧化碳由原来的 0.027% 增加到 0.032%，提高了 18%，形成了温室效应。全球百年来平均温度已经升高了 0.5℃，其势头并未得到控制，还将导致全球气候分布发生更大变化。氟利昂等废气进入大气层，上升至平流层后，造成臭氧层破缺，从而导致更多的紫外线和其他高能粒子射向地球表面而威胁着人类的生存。PM2.5、严重雾霾、大气环境质量严重下降对人体健康造成难以估量的影响和危害。水是维系人类生命须臾不可或缺的重要因子，但水污染状况触目惊心。据统计，全世界的污水排放量已达到 4000 亿立方米，使 55000 多亿立方米水体受到污染，占全球径流总量的 14% 以上。水质污染后，直接导致人类饮水安全受到威胁，全球有 7 亿人缺水，超过 10 亿人不能得到清洁饮水；由于全球气候变化导致极端天气增加，洪涝干旱台风灾害发生频率和强度不断上升，每年粮食生产的用水量缺口也巨大。水污染使鱼类和农作物受害，进而危及人类的健康和生命。土地是万物之母，可谓地承万物、厚德载物。但由于大量使用化肥和农药，强化使用土地，过度使用土地，导致土地贫瘠化；过度垦荒，造成水土流失；过度放牧，引起了草原退化，甚至引起了沙化、荒漠化、石漠化。与此同时，作为生物资源库、基因库和绿色蓄水库的森林大量毁灭，物种不断减少。据有关资料显示，人类文明初期有原始森林 7600 万平方公里，覆盖地球大陆表面 2/3，19 世纪中期减少到 5600 万平方公里，20 世纪末再减少到 3440 万平方公里，覆盖率下降至 27%，2003 年剩下 2800 万平方公里。联合国粮农组织（FAO）的报告显示，2000 年至 2010 年间，每年约有 1300 万公顷森林转为其他用途或因自然原因流失，而此前 10 年每年的规模要达到 1600 万公顷。2000—2010 年间，虽然每年森林净减少放缓至 520 万公顷，这仍然相当于哥斯达黎加国土面积大小。据国际环保组织"世界自然基金会"（WWF）2014 年 9 月 30 日发布的地球生命力报告显示，从 1970 年到 2010 年，全球物种数量锐减 52%，其中鱼类、鸟类、哺乳动物、两栖动物和爬行动物的数量减少了 52%，淡水物种数量平均下降了 76%，平均下降量是陆生物种和海洋物种的 2 倍。所有这一切都大大降低了自然界的资源更新的能力、自然界自我调节和自我净化的能力，导致自然生态系统超载、自然生态系统失衡甚至自然生态系统的崩溃。因为"包括人类自身在内的所有生存在地球上的生物都离不开地球的生态系统平衡，如果地球上的生物物种减少过多。地球将不再适合人类生存，如果地球的生态系统发生哪怕是暂时性的崩溃，对人类的影响也将是灾难性的。"① 全球"生态足迹"的增加、自然资源储蓄量的锐减、废弃物堆积速度的加快，导致地球生态已不堪重负，人类对自然资源的需求已经超过了自然可再生能力，从而也使人类自身的持续的再生产能力，使人类持续的生存和发展受到严重威胁。

与生态危机、环境污染同样严重地存在着的是资源危机特别是能源的危机。保证文明延续和发展的基本要素是能源的利用。"任何时代，民族或人群的文明程度，都是由人类进展的需要而利用能量的能力来衡量的。""文明史成为人类日益控制能量的历史。"② 人类对外部世界的实践掌握的深入也突出地表现为利用能源的形式和类型上。工业革命以来，人类主要利用的是非再生性化石能源——煤和石油。但是非再生性能源煤和石油却由于人类的滥采已经到了快耗尽的地步。煤还可以供人类使用400年左右。而在今后数十年内世界上的石油的绝大部分将被耗尽。一方面是人类对能源需求的日益增长；另一方面是非再生性能源的迅速锐减，如果人类不能广泛地开发利用再生性能源的话，那么，人类文明就不得不停滞不前，甚至倒退。

总之，环境污染、生态危机等负态效应是人在掌握外部世界过程中造成地球上生物化学在循环中各种因素严重失衡所致，"是生态联系被剪断、生态系统被人为地简化的标志"，③ 是自然系统的动态平衡被人为地崩断的表现，是内源于人类自身的危机。汤因比说："人类的力量影响到环境，已经达到了会导致人类自我灭亡的程度，这种情况似已确定无疑。如果人类为了满足食欲而继续使用这些力量，必将自取灭亡。"④《人类环境宣言》也指出："保护和改善人类环境已经成为人类一个迫切任务"，"现在已达到这样一个历史时刻：我们在决定世界各地的行动的时候，必须更加审慎地考虑它们对环境产生的结果。"因此，人类必须更加自觉地有效地对自己的需要和行动进行自我掌握，以保护生态、保护地球、拯救地球，从而保护人类自身，拯救人类自身。

---

① ［美］米萨诺维克：《人类处在转折点》，中国和平出版社1987年版，第19页。
② ［美］怀特：《文化的科学》，山东人民出版社1988年版，第350页。
③ ［美］埃伦费尔德：《人道主义的僭妄》，国际文化出版公司1988年版，第154页。
④ ［英］汤因比：《展望二十一世纪》，国际文化出版公司1985年版，第38页。

在当代，人类所面临的全球性的危机不止表现为人和自然关系的全面紧张和激烈冲突，而且也表现为人类社会自身充满矛盾和争斗。其实，自然史和人类史是彼此制约的。当代人类所面临的绝大多数灾难性困境、人和自然关系的冲突，是由人类社会内部相互关系的冲突所引起的。环境污染、生态危机、能源危机等都是由社会内部彼此冲突和对抗所导致的，是人类利益冲突在自然领域中的反映。不同的利益主体，小至个人，大至国家都从各自的利益出发，拼命地争抢有限的资源和生存空间，特别是资本家为了追逐剩余价值在压榨工人的同时，必然拼命地压榨自然，拷打自然，掠夺式地开采自然资源，必然导致对自然的沙文主义、专制主义，而根本不顾这样做是否损害他人和人类的共同利益。德国著名学者舒马赫曾批判道："首先，它们重视短期甚于长期，因为，按照凯恩斯残忍而轻松愉快地提出来的说法，长期中我们都已死亡。其次，它们根据的成本定义排除了所有'免费物资'，也就是排除了上帝赋予的整个环境——私人占有的环境部分除外。这意味着，一种活动尽管加害于环境，却可能是经济的，而另一种竞争活动如果付出一些代价去保护和保存环境，就是不经济的。"① 正是这种只顾各自私利，只从经济效益考虑，而不顾人类共同利益，不顾生态效益的这种人类内部的利益冲突，导致了人和自然关系紧张和冲突。

正是由于人类内部存在着不同利益主体，存在着多元的利益格局，因此当利益发生激烈冲突并难以解决时，各种大小战争也就因此爆发了。自从人类进入阶级社会以来，人对人的战争就从未间断过，随着科技的进步和军事武器的改善，战争所带来的破坏性后果越来越可怕。核武器以其可怕的后果严重地威胁着我们这个现实世界的存在。当今世界所拥有的武器可以轻而易举地几次毁灭地球和整个人类。全世界每个人每天平均坐在3吨以上的烈性炸药上。可以说，由于军备竞赛、战争、核试验等军事活动所造成的环境污染和生态破坏不亚于人们在生产实践中对自然生态巨系统的震荡和破坏，甚至可以说引发了一场更为严重的生态灾难。

在当今世界，在不同社会制度、不同国家、不同国际性政治、经济和军事集团之间相互摩擦、相互冲突依然存在，世界仍不安宁，人类面临着如何维护世界和平的全球性问题。同时，各个国家间经济和文化发展十分

---

① ［德］舒马赫：《小的是美好的》，商务印书馆1984年版，第24页。

不平衡，广大发展中国家、第三世界国家经济和文化仍十分落后。发达国家和发展中国家的贫富差距并没有随着人类总体的物质生活水平的提高而缩小多少，全世界还有10多亿人在忍饥挨饿。这一切都反映着人类社会内部的矛盾和冲突，表征着人与人之间关系的失衡，同样构成了威胁人类自身生存和发展的社会方面的困境和危机。

总之，无论是社会内部的冲突，还是人与自然界的冲突在今天都严重地威胁着人类自身的生存和发展。而这种冲突和危机都是内源于人的狭隘的私利和不合理的社会行为。因此，要解决这些问题就必须要以人类共同利益、以"人—社会—自然"巨系统的共同利益，来调控自己的需要和行为。否则，人类必将自己毁灭自己。人必须依赖于外部自然界才能生存和发展，必须依赖于社会共同体才能生存和发展。在世界历史时代，人必须依赖于人类共同体才能生存和发展。损害了自然界就是损害了自己赖以生存和发展的基础，危及共同体持续存在和发展，也就危及自己的生存和发展。保护和拯救地球就是保护和拯救自己。维护好共同体的根本利益，保护"人—社会—自然"巨系统的动态平衡，就是维护自己的根本利益。所以，人必须要有效地掌握自己，有效地约束、调控自己的需要和行为，使自己掌握外部世界的各种活动，成为促使"人—社会—自然"巨系统走向新的更高的平衡态的微涨落，而不成为导致"人—社会—自然"巨系统熵增加、动态平衡崩断、系统走向无序的祸根。

第二节　自我掌握的基本内容

主体自我掌握简要地说就是对自己的需要和行为的自觉调控。说全面些，主体自我掌握就是指以自我为对象的一种具有自我指向性、自我相关、自我涉及特点的特殊掌握，也就是主体对自己的内在尺度，对自己的需要、价值取向、能力系统、活动目标和过程等各个方面，进行自我认识、自我反思、自我评价、自我评判、自我控制、自我约束、自我调整、自我创造和自我超越。

主体自我掌握最基础的一环，是主体要有自我掌握的自我意识。可以说主体自我掌握是通过自我意识的运动来实现的，其他各个环节都是建立在主体自我意识基础上的，或者说是主体自我意识的逻辑展开。自我意识是自我掌握的逻辑起点，并贯穿于自我掌握的全过程。人与动物一大区别就是人有自我意识。黑格尔曾指出：人是"有自我意识的存在"。①"人是意识到这种主体性的主体，因为在人里面我完全意识到我自己。"② 马克思也曾断言：人"能使自己的生命活动本身变成自己的意志和意识的对象"。在意识中"理智地复现自己"。"能动地、现实地复现自己，从而在他所创造的世界中直观自身"。③

所谓自我意识即自己认识自己。笛卡尔认为自我意识就是以"心灵的眼睛去注意自身"。黑格尔说："自我意识是从感性的和知觉的世界的存在反思而来的，并且，本质上是从他物的回归。作为自我意识它是运动；然而由于它只是把自己本身同自己区别开，所以，对于自我意识这个作为一个他物的差别立即就被扬弃了。"④ 由于笛卡尔和黑格尔把自我视为精神实体，所以，他们所谓的自我意识都是指人对其精神自我的意识，因而并没有揭示出人的自我意识的全部内容。其实，自我意识不只是以人的精神生活和活动为对象，而是以人的全部生命活动为对象的。人是社会的和文化的存在物。人是通过改造自在的外部世界，创造属人的文化世界的活动生成的。人的丰富的规定性是在与他人和他物的关系中，是在人的各种掌握外部世界的活动中形成的。因此，对自我的意识不只是包括对人的生理状况、特点、属性和人的心理状态、思想状况的认识，而且也包括对人的活动目标和活动过程的再认识，对人所创造的各种成果的认识，对人我交往关系、交往状况的认识，对人与自然的总体性关系和人在宇宙中的地位、责任、权利、义务等方面的认识。

主体自我意识包括回溯性自我认识和前瞻性自我认识。回溯性自我认识就是对自己的生命活动及其结果进行事后的思索，从而在自己创造的对象世界中认识自己。因此，回溯性自我意识，也就是自我反馈和自我反思或自我后思（Nachdenken）。前瞻性自我认识则是对主体活动的结果以及主体未来的前景、命运作出超前的预测和展望。有了反思性自我意识，人们才能避免陷入独断，陷入盲目性。人们就有了及时纠错的机制，才能随时进行制导调控。有了前瞻性自我意识才能使人们的掌握外部世界的活动

---

① ［德］黑格尔：《小逻辑》，商务印书馆1980年版，第92页。
② ［德］黑格尔：《法哲学原理》，商务印书馆1961年版，第46页。
③ 《马克思恩格斯全集》第42卷，人民出版社1979年版，第97页。
④ ［德］黑格尔：《精神现象学》上卷，商务印书馆1979年版，第116页。

具有自觉自为的性质，人们才能对自己的行为加以自觉的调控，人才具有对自我和现实的超越。当然不管是反思性自我意识，还是前瞻性自我认识，都既包括自我认知的成分，又包括自我评价内容。自我意识的展开，自我掌握的逻辑行程必然从自我认识过渡到自我评价。

"评价是一定价值关系主体对这一价值关系的现实结果或可能后果的反映，或者换一种说法：人们对自己价值关系的现实结果或可能后果的认识，以各种精神活动的方式表达出来就是评价。"① 主体自我评价主要是指主体根据一定的价值尺度和界限，即评价标准对自己的动机需要、活动目标和方案、活动结果等方面自己作出价值判断。对自己在社会上和宇宙中的地位、义务、责任和价值作出自我评估。正因为主体能够进行自我评价，能够对自己的需要作出厘定，对自己的行动目标的合理性、行动方案的有效性、行动目标实现的可能性、行动结果对人的意义和价值等方面，能够作出自我评估，主体才有可能对自己和自己的行为实施自我约束、自我控制和自我调整。

主体自我认识和主体自我评价是主体自我掌握的基础。因为，"我们首先必须了解我们的行为所造成的各种变化，并且也只有在这种了解的基础之上，我们才能控制我们的行动。"② 但是，自我认识自我评价并不是自我掌握的终结。人之所以要认识自己和评价自己就是为了更好地调控自己，使自己成为一个自觉自为的主体，也是为了更好地调控自己掌握外部世界的活动。所以，自我掌握必然要从自我意识过渡到自我约束、自我控制阶段。这样一来，自我也势必从自己意识的对象转化为自己意志的对象。

所谓控制是"为了改善某个或某些对象的功能或发展，需要获得并使用信息，以这种信息为基础而造出的，加于该对象上的作用"。③ 也就是施控主体在获取、加工和使用信息的基础上，使被控客体进行合乎目的的动作，使被控对象产生合乎目的的变化，并进入所需要的状态。当一个被控对象已处于所需要的状态时就力图保持系统的原有状态的稳定。当被控系统不是处于所需要的状态时则引导系统现有状态稳定地变化到一种预

---

① 李德顺：《价值论》，中国人民大学出版社 1987 年版，第 257 页。
② ［芬］佩克·库西：《人，这个世界》，工人出版社 1989 年版，第 328 页。
③ ［苏］列尔涅尔：《控制论基础》，科学出版社 1980 年版，第 85 页。

期的状态。若被控客体面临着众多可能状态时，控制作用就使客体按要求选取特定的某一状态或某一状态系列，而这一特定状态是与系统的目的存在着某种对应关系。因此，控制就是将被控系统引入目的所要求的状态。自我控制就是指主体根据自己在活动过程中所反馈回来信息，按照一定的价值规范对自己的需要、情感和行为目标、行为方式、行为过程，进行合理的科学的节制、约束或调整、改变，从而使主体的存在状态和行为导入自己所要求的轨道的意志作用过程。自我控制是以人的意志自由为基础的，是人的意志自由的表现。进行主体自我控制其目的，抽象地说就是为了实现预期目标；站在时代坐标上看，则主要是为了防范自己的行为威胁到自己的生存，为了防范自己毁灭自己。因此，进行主体自我控制并不是单纯地通过对自己行为的消极禁锢就能实现的。主体自我控制的实现很大程度上依赖于主体自我创造。只有当主体在创造对象世界的过程中创造出自己新的本质力量、新的更加合理的需要、新的价值规范、新的道德、新的情感、新的主体能力时，才能使主体更加有效地实行自我控制，才能使主体超越各种危及人类生存和发展的原先的定在状态，跃迁到新的层次和境界。可以说，只有这样，只有当主体能够自己创造自己所需要的本质力量时，主体才能真正实现自我掌握。

如果说主体自我意识、自我评价、自我控制、自我创造是主体自我掌握的主要环节的话，那么，对需要动力系统的掌握，对价值范导系统的掌握，对主体能力系统的掌握，对主体活动目标和活动过程的掌握则成了主体自我掌握的几个主要方面。

第一，对需要动力系统的掌握。

人作为主体首先就在于他能主动地发起活动，就是说得拥有一种内驱力。这种驱动主体从事各种掌握外部世界的对象性活动的内在动力，就是主体的各种需要。行为主义把人的一切行为都归结为 S-R（刺激—反应）的公式，认为只要给人以刺激就能引起人的特定行为。这种机械论的观点显然是错误的。人不是一般的动物，更不同于机器。人的各种主体活动，都是受一定动机所指使。而动机则是为满足各种需要而引起的。可以说，当人有了某种需要时就会在生理上和心理上出现一种需要填补的匮乏状态，在观念上就表现为某种动机，进而在行为上就表现为某种目的，并以意向的形式自觉地指向和建构客体。可见，需要常常作为主体活动的内部条件引导和调节着主体的对象性活动。人掌握外部世界的活动，实际上就是在需要的驱动和调节下，为满足自己的需要而进行的对象性活动，是人的需要的行为化表现。没有需要就没有掌握外部世界的活动。正如马克思所说："没有需要，就没有生产。"①"消费作为必需，作为需要，本身就是生产活动的一个内在要素。"②"劳动过程……是制造使用价值的有目的的活动，是为了人类的需要而占有自然物。"③ 劳动是"以与一定的需求相应的方式占有自然物质的有目的的活动"。④ 可以说人有多少种需要就有多少种掌握外部世界的活动动力。人的需要越丰富多彩，人掌握外部世界的活动也就越丰富多彩。人的需要越强烈，人掌握外部世界的活动的动力也就越强大。

正因为需要是人掌握外部世界活动的内驱力。所以，人对外部世界掌握活动的合理性问题，在某种意义上也就是作为内驱力的需要的合理性问题，或者说是同人的需要是否合理直接相关的。人们要防止不合理的掌握外部世界的活动的实施，要避免出现负态效应，首先就必须要对需要动力结构进行自我掌握。

对需要动力结构的自我掌握是以对需要的认识为起点的。要知道，人的需要之所以能成为人掌握外部世界活动的现实的驱动力，必须借助于自我意识的中介。也就是说，只有当需要已被自我意识到才能充当内驱力。因为只有这样，人的内在需要才能从本能、欲望等生理和心理层次，转换成行为的目的，才构成人的活动的内在动机和激发人的行为的内在动力，并作为内在尺度，作为目的进入人掌握外部世界的活动过程中，调控着人的活动方向和过程。否则，人的需要如果未被自我自觉地意识到，那么，充其量也不过是隐性的需要，而不能直接成为驱动人掌握外部世界的动力机制。

但是，我们之所以强调要对需要动力结构进行掌握，目的并不在于只有通过自我意识，需要才能转换成掌握外部世界活动的内在动力和内在尺度，而在于只有通过自我掌握才能让合理的需要转化为人掌握外部世界活动的内在动力和内在尺度，让不合理的需要在进入主体活动领域之前就被

---

① 《马克思恩格斯选集》第2卷，人民出版社1995年版，第9页。
② 《马克思恩格斯选集》第2卷，人民出版社1995年版，第12页。
③ 《马克思恩格斯全集》第23卷，人民出版社1972年版，第208页。
④ 《马克思恩格斯全集》第47卷，人民出版社1979年版，第55页。

排除过滤掉或抑制住。从而防止不合理的掌握外部世界活动的发动和实施。只有这样才能使人的需要不再盲目地自发地起作用,而成为自己可以加以控制调节的对象,从而保证主体在掌握外部世界活动发动之前就实施自我约束、自我控制,对自己的行为和活动实施自我掌握。为此,主体就必须在对需要有了自觉意识的基础上,对各种需要的合理性问题作出自我评价,并据此作出自我抉择。

大家知道,人的"每一种生活欲望都会成为一种需要",成为一种把他的私欲变为追逐身外其他事物和其他人的需求。[①] 因此,人的需要复杂多样。由于人的各种需要并不是完全一致的,有些甚至是彼此对立矛盾的,客观上人们不可能把它们同时转化为掌握外部世界活动的动力机制和内在尺度而对象化出去,客观上也不是任何一种需要都有实现的现实条件和可能性的。所以,对这些彼此矛盾着的各种需要也有一个调节、约束、控制、引导和选择问题。这种调节、控制的根据主要就看需要合理与否以及合理度状况。很显然,人的各种各样的需要并不都是有益于、有利于人的生存和发展的健康的、合理的人性的需要。有些需要是不合理的、有害的、病态的。如果这些需要都作为内驱力和内在尺度进入掌握外部世界的活动领域,必然给人类带来不利的影响甚至造成极大的危害。因此,主体总是根据一定价值规范和评价标准对其产生的种种需要,作出价值判断和道德判断,看其是否符合道德尺度和社会的价值规范,看其是否合乎人类进步发展的历史规律,是否真正有益于人的生存和发展,符合人类的根本利益,从而是否值得通过活动获得其满足。在对各种需要的厘定、区别和评价的基础上,人们必须对各种需要分别作出处理。对那些根本利益一致基础上的各种合理需要进行协调,对那些不合理的需要要加以削弱、制止和排除,坚决不让其作为内驱力驱动人们去从事为实现这一不合理需要而进行的掌握外部世界的活动。对于那些尽管是合理的需要,也要进行自我约束和引导而不任其自发膨胀,因为,即使是合理的需要膨胀到一定程度、超过一定界限也会转化为不合理的。

对主体需要动力系统的掌握以对需要的自我意识为起点,中经自我评价,最后以自我约束、自我控制为归结,并以合理需要的培养为新的方向。对需要进行自我约束、自我调控并不是什么禁欲主义的做法;而是为

[①]《马克思恩格斯文集》第 1 卷,人民出版社 2009 年版,第 322 页。

了寻求某种"适度",寻求某种"合理性"。对需要动力系统必须要加以自觉的自我掌握,也是能够进行自我掌握的。人的需要绝不是像现代非理性主义所认为的那样,是盲目的自发的不可遏制的力量,是将人类引向苦难的深渊,而是可以为人们自我控制、自我约束的。因为需要只有进入意识状态,才能转化为人掌握外部世界的内驱力和内在尺度,而这就为人们对它实施自我控制、自我约束提供了前提和可能。需要能否成为人类自我完善自我发展的积极力量,而不充当自我毁灭的祸根,关键就看人能否对它实行自觉的调控和掌握。

第二,对价值范导系统的掌握。

人类在追求生命价值的历史进程中,迫切需要一个总体的社会集合意识对每一个单独的和集合的追求着价值的主体进行调节、规范和引导。价值范导系统正是适应人类追求生命价值的内在需要而产生的。人是感性和理性的矛盾统一体。作为感性的自然存在物,人不可避免地受物质欲望、个人爱好的诱惑,因而决定其行为的原因是感性的欲望与冲动。而这些欲望与冲动并非都有利于人本身的生存和发展这一根本目的。如果不借助于一定范导系统来约束、规范、调控和引导人们的行为,那么,人是不可能自发地限制自己的非理性欲求的无限膨胀的,人就势必处于一种听凭欲望和冲动泛滥和主宰的非理性的癫狂状态,人就不可能意识到一个和欲望有别的意志,就只有一种动物的意志,因而也就没有不同于自然机械因果性的理性因果性的行为。人类也就永远不能从动物界分化出来成为人。正是人的生存和发展的根本需要,呼唤着价值范导系统的出现,呼唤着有某种反映了人类真正的生命需要,反映了人生命本质意义和内在价值的理性规范,来作为人们生存斗争和掌握外部世界活动的标尺和人的文化免疫系统、监控系统。[①] 事实上,人类确实是通过不断建构和重构自己的价值范导系统来调控自己的行为和人类社会的发展方向的。价值范导系统作为一个普遍性,在具体历史内涵的形成中,是个人价值追求的社会集合意识,它排除了个人的主观随意性,是历史内涵的客观性的体现,是人类对生命价值追求的理性的结晶,是人对自己内在价值尺度的自我意识。它既包括经过思想家提炼出来的,体现为社会意识形态的关于人的社会生活的各个基本方面、基本领域的基本价值的看法和一种有机规范体系,也包括那些

---

① 参见 [美] 拉兹洛《系统哲学讲演集》,中国社会科学出版社1991年版,第218页。

渗透在习惯和社会心理中的相对稳定的文化意识。

价值范导系统一经形成和确立，就作为一种绝对命令、一种文化指令、一种应当对人们的行为起作用。它作为人们的需要和行为的评价标准，对人们的行为具有范导性。它规范和引导着人们的行为合乎共同体的价值标准。它通过对人们需求的评价，对人们的需要起某种过滤作用，又作为监控系统，作为"超我"对本我起着自我监督、自我约束的作用，对人们掌握外部世界的活动起着某种约束、控制、规范和引导的作用。

由此可见，人掌握外部世界的活动，不仅是在需要动力系统的驱动下进行的，也是在价值范导系统的规整下进行。如果说需要动力系统是人们掌握外部世界活动的发动机的话，那么，价值范导系统就是人掌握外部世界活动的方向盘。因此，掌握外部世界的合理性问题，也是直接同人们是否自觉地按照价值范导系统的文化指令行事有关，也同价值范导系统本身是否合理，是否真正反映了、代表了和体现了人类的根本利益、根本需要有关。因此，为了尽可能避免或减少出现掌握外部世界的负态效应，保证掌握外部世界活动的合理性，就必须要对价值范导系统进行自我掌握。

价值范导系统对于类和社会共同体来说，具有建构性，但是对于共同体成员来说，首先具有先天性。人一来到这个世界上，社会就已经为他确定了、规定了一整套的价值规范、道德规范、评价标准等。所以，对于个体来讲，对价值范导系统的掌握，首先就是内化共同体的价值范导系统的问题。只有通过这一过程人才能使自己提升为社会的文化的存在物，只有首先从自我走向非我，才能使他律转化为自律，从非我回归自我，才能使自己掌握外部世界的活动合乎共同体的规范要求和律令，从而具有某种合理性。因为"合理性其形式就是根据被思考的即普遍的规律和原则而规定自己的行动"。[①]

对价值范导系统的掌握，不只是表现为现实的人对作为文化传统和意识形态为存在形式的价值范导系统的自我认同，更主要的是表现为对价值范导系统本身的自我反思、自我批判、自我转换、自我重构。人是在价值范导系统规范和引导下进行掌握外部世界的活动的。所以，如果价值范导系统本身出了问题，本身的合理性成为问题，那么，它所规范和导引的人类掌握外部世界的活动的合理性就难以保证。一般来说，错误的不合理的

---

① ［德］黑格尔：《法哲学原理》，商务印书馆1961年版，第254页。

价值范导系统只能对掌握外部世界活动产生误导。要知道，作为价值范导系统的评价标准，是人们在自己的价值标准和外部客观现实谋求一种具体的积极的统一所得出的历史结论。这种结论的得到，是通过人们实践经验的积累，通过对外部世界和人自身世界的不断认识而实现。在阶级社会，价值观念、评价标准是有阶级性的。实际上，任何社会占主导地位的价值范导系统，都是代表统治阶级利益的，反映了统治阶级的价值要求。正因为任何具体的价值范导系统总是反映了人类社会一定历史时期的价值要求，代表了某一阶级的利益和需求，因此，它必然带有历史的局限性、阶级的局限性和认识能力的局限性，就难以保证永远正确、永远合理。也就是，人们所建构的价值范导系统，很有可能是对自己真正的价值尺度，以及价值尺度与外部世界现实之间的真实关系的错误反映。所以，人们对价值范导系统不应该盲从，不应该使其凝固化、僵化，而应该使它与活生生的实践保持某种开放的、双向互动的关系，并借助于实践批判和物质批判的力量对价值范导系统本身的合理性问题不断地作出审问、考察和批判，及时地进行自我转换、自我调整、自我重构。只有这样才能使人对外部世界的掌握活动沿着健康的方向前进。

当今世界广泛存在着的生态危机、环境污染等负态效应，不能不说是与指导人类掌握外部世界活动的占支配地位的价值范导系统的内在缺陷有必然联系。目前，规范和引导人们实践地掌握外部世界的价值范导系统，占支配地位的是急功近利的狭隘功利主义和实用主义。狭隘功利主义主张"在考虑行动的后果时，所需要计算的是行动的可预期的直接后果，而不是更遥远后果"。[①] 在狭隘功利主义价值观的范导下，主体往往从自己最切近的利益出发，只考虑与自己直接发生关系的客体的变化给自己带来的实际利益，很少顾及他人和人类的长远利益。因此，在狭隘功利主义范导下，人类必然将改造直接客体可能造成对间接客体的伤害置之度外。狭隘功利主义弥漫的时代必然是"一个少有的不计后果的时代"。[②] 与狭隘功利主义紧密相关的是实用主义范导体系。实用主义认为凡是对我有用的就

---

① 转引自［澳］斯马特、［英］威廉斯《功利主义：赞成与反对》，中国社会科学出版社1992年版，第2页。

② ［英］罗素：《伦理学与政治学中的人类社会》，中国社会科学出版社1992年版，第140页。

是有价值的,而不管它到底给他人、给其他国家、给人类带来什么危害,给自己的将来带来什么危害。在这种价值范导系统的引导下,"往往使人们对其它各方面的关心考虑失去理性,对自己的行为的后果失去感觉。于是不顾给他人带来的牺牲和各种伦理的基准可能受到的侵害,为追求至高权利而斗争,为夺取眼前的利益而置身于杀人的竞争之中。"① 近现代以来人类对外部世界的掌握,基本上是在狭隘功利主义和实用主义价值范导系统的规范和调控下进行的。这样一种价值范导系统是一种有严重破缺的范导系统。因为在这个系统中缺乏向人提出善待自然,尊重其他生命和自然界,维持自然生态平衡,人与自然和谐协调发展的道德义务、道德责任的规范。这种缺乏人对自然伦理精神、道德责任和义务的急功近利的价值范导系统,正是造成当代全球性问题的一大根源。

第三,对主体能力系统的掌握。

人要掌握外部世界,还必须要有实际地作用于外部世界的能力,改造、干预、支配和控制外部世界的能力。人对主体能力系统的掌握首先就是对主体干预、支配、控制外部世界能力的自觉的调控。人干预、支配、改造、控制外部世界的能力,是人的自然力和文化力相互整合并越来越以文化力为主的功能耦合结构。人实践地掌握外部世界的文化力,主要是指人所拥有的科学技术的力量,以及作为人体力和智力延长的由科学技术知识物化和凝结而成的工具中介的力量。自从人类进化到智人阶段后,人类支配和控制外部世界能力的提高和增强,就不再通过生物进化自然演化的过程实现的,而是通过超有机体的文化进化方式实现的,突出地表现为科学技术的进步和发展,以及作为科技成果物化和凝结的工具系统的革新、演进和发展。科技不仅扩大了人的智力,而且扩大了人的体力;不仅在体外武装了人,从而产生人的能力的体外的新进化,而且还可以从其他方面来改变人,包括通过基因工程从体内来改变人,使人发生体内的新进化。拥有丰富的科学技术知识,装备有高科技的现代化的工具系统,正是当代人有强大的支配和干预外部自然界的能力的根据所在。从这个意义上说,所谓对人干预支配外部世界的能力的自我掌握、自我控制,主要就是指对人所拥有的科学技术力量的自觉调控。之所以要对科学技术力量进行自觉的调控,原因就在于这种巨大的能力实际上是一把双刃剑,既可以给人类

---

① [日]池田大作:《二十一世纪的警钟》,中国国际广播出版社1988年版,第9页。

带来福祉，也可能给人类带来灭顶之灾。人类拥有它虽然能在越来越深的层次上和越来越广阔的领域，与外部世界进行物质、能量和信息的交换，但同时，这种空前巨大的科技力量也能毁灭人赖以生存的地球，毁灭人自己生存和发展的功能圈。历史经验表明，生态危机、环境污染、资源危机等全球性问题的出现和负态现象大量产生，就是同人们不合理地使用科学技术，科学技术的不当使用、错误使用，人对科学技术所蕴藏的巨大力量的失控有直接联系，所以，人们如何使用人所拥有的这种巨大能力，如何控制自己所拥有的这种巨大的能力的作用方向，就成为一个十分重大的问题。

对巨大科学技术力量的自我控制，这既有科学技术方面的问题，又有社会方面的问题。如为了防止核泄漏这一负态现象出现，就必须要有控制核泄漏的技术。也就是说，为了防止因技术不当使用所造成的负态现象的出现，就必须要加强技术控制。主体就必须要有足够的控制驾驭工具中介的科学技术能力，才能让那些作为人的体力和智力扩大和延伸的工具中介系统完全置于人的能动控制之下。但是对科学技术力量的自我控制更多的是非技术控制的问题，而是同人的价值选择、目标选择有关的价值问题和社会问题，属于价值范导和社会控制的范畴。因为技术发展到现在的程度，我们究竟用它来造福于人类还是滥用它而最终毁灭自己，很大程度上取决于人的价值目标的选择，取决于人把这种能力和巨大的力量用于什么目的。比如，克隆技术如果用来克隆人就可能带来严重的灾难。所以，人类应该本着有利于人类生存和发展的根本精神加强理性自律和价值范导，不能因为我们能做什么就可以做什么，不能让自己所拥有的巨大的力量失去人类根本价值尺度的范导而失控，而应以普遍的充分发展的社会联系的力量，促使人所拥有的支配干预外部自然界的、强大的科技力量朝着有利于人类生存和发展这一根本目标定向发展，强化其造福于人类的功能，弱化其破坏的力量。对于那些有害于人类生存的，仅有利于某些利益集团的科学技术就不应发展，必须中止和废除。只有这样，才能将人类掌握外部世界的正态效应发挥到最高限度，将这一强大能力对自然的损害减少到最低限度，从而也使自己所拥有的巨大力量不再威胁人类自身的生存。

对主体能力系统的自我掌握，不只是要对主体干预、支配、控制外部世界的能力实行自我调控，而且还要对主体能力进行自我创造。这种创造既包括对那些用于干预、控制、掌握外部世界的科学技术力量再创造，也包括对用来调控科学技术力量的主体能力的自我创造。要对主体能力系统进行自我再创造，首先就必须对主体能力系统加以自我反思、自我批判。根据20世纪的实践经验，反思人的能力结构，我们可以发现这是一个有缺陷的能力结构。

这种缺陷首先表现为人们所拥有的科学技术力量尽管已很强大但又是片面的、畸形的、有历史局限性的。生态危机、环境污染、资源短缺等问题的出现，一方面是人们滥用已有能力造成。另一方面也是人所拥有的科学技术力量不足和局限造成的，是由于改造、占有、掠取外部世界能力的日益强大，与协调人和外部世界动态平衡的能力的不足和欠缺造成的。但是，因科学技术滥用所造成的负态效应，最后又必须要由发展了的、进步了的科学技术来解决。能源危机的出路依赖于人类能不能创造出利用再生性能源的新技术。生态危机和环境污染的解决也同科学技术的进一步发展分不开。因此，人还必须要进一步提高和增强掌握外部世界的科学技术的能力，创造新的科学技术手段和力量。

主体能力系统的欠缺还表视为干预、支配、控制外部自然界的能力日趋强大与调控这种能力之不足的矛盾。这突出地表现为在本质力量系统中，科学技术力量和人文精神的力量是严重失衡的。人文精神的力量是调控人支配干预外部世界力量的力量。它的欠缺，它与科学技术力量在主体能力结构中必要张力的打破，必然会导致科学技术力量的失控。前苏联科学院院士什克洛夫斯基指出："虽然人类具有无限的技术潜力，但在道德和社会方面还很不成熟。这些缺陷可能引起一场大灾难。从内部破坏整个文明。"[1]

大家知道，启蒙运动以来，以自然科学技术为标志的工具理性战胜宗教神学的思辨理性，人类自此步入了世俗化的时代。这是历史的进步。但是在这一时代，由于工具理性渗入到人类生活的各方面，由于工具理性对社会生活的各个方面都进行意识形态的整体控制，由于上帝之死所带来的绝对价值体系的崩溃，随之工具理性成了价值体系的核心。因此，人文精神处于危机状态，人的意义失落了，人类的理性自律也从此式微。帕斯卡尔曾对绝对价值体系崩溃后人的存在状态作过这样的评述："真正的本性既经丧失，一切都变成了它的本性；正如真正的美好既经丧失，一切就都

---

[1] [波] 奥辛廷斯基：《未来启示录》，上海译文出版社1988年版，第37页。

变成了它的真正的美好。"① 由于把凡人的情欲看作人的自然本性，并把自然本性的公开释放所带来的福乐和荣誉看作人的真正的美好，人们必然放纵自己的情欲，人和人的能力就必然会失去自己的理性自律处于失控状态，这种失控的状态表现在人与自然的关系上，就是人放纵自己的欲望盘剥自然，掠夺自然。所以，为了建构人和自然协调发展，为了人的生存和发展的根本利益，我们必须重新创造自己的本质力量，建构一个合理能力系统。这个系统是科学理性精神和人文价值精神保持着必要的张力的系统，是工具理性与自律理性保持必要张力的系统。只有这样，人类才有能力能动地掌握自己，又能动地掌握外部世界。否则，如果"疏忽了唯一能够不断起到协调作用的哲学、伦理和信仰。不依靠这些灵感，而一味信赖完美的技术、盲目涉足技术所开辟的条条道路，其结果是会使未来变得完全难以预测"。②

第四，对掌握外部世界的实践活动的目标和过程的掌握。

为了使人类在实践掌握外部世界过程中尽可能避免付出不必要的代价，尽可能减少负态效应产生，从而使人类不至于毁于自己之手。主体就必须要对实践掌握活动本身进行自我掌握。人类能否真正做到理性的自律，真正成为能够主宰自己命运的自为自觉的主体，就看人能否对掌握外部世界的实践活动本身实现自觉的调控。可以说，对主体所有方面的自我掌握，最后都落脚到对实践活动的自我掌握上。

要对掌握外部世界的实践活动进行自我掌握，首先就要求人们在实践活动之前建立起科学的实践理念。即借助于批判的理性的力量确立合理的实践目标和完整的实践计划，观念地设计实践活动，预演实践过程，建构实践模型，对实践掌握活动过程作出超前的观念的把握，在实践活动开始前就进行自我掌握。可以说，科学的实践理念是人实践—精神地掌握外部世界的结果，又是人实践地掌握外部世界的起点，也是主体实践活动能够进行自我掌握的根本途径和内在环节。因此，它是掌握外部世界与掌握自我的交叉点、结合点。实践理念是一种建立在理性基础上的实践目标和完整的实践计划，是人对自己实践活动目标和过程的自我意识。它所具有的

---

① ［法］帕斯卡尔：《思想录》，商务印书馆 1985 年版，第 186 页。

② ［意］奥尔利欧·佩奇：《世界的未来——关于未来问题一百页》，中国对外翻译出版公司 1985 年版，第 5 页。

鲜明的理性和自我意识特征，鲜明的预见性，正是它能够实现对实践活动自觉调控的基础。如果没有实践理念，单凭狭隘的传统经验，凭想当然来指导现代实践，那就使实践活动失去了理性的计划指导，因此也往往成了失去可调控性的失控的盲目的活动。因而，建构实践理念，对人们自觉调控实践活动有着重要意义。特别在实践活动呈加速化趋势、修错机会减少、修错代价增高情况下，更显重要意义。

实践理念是实践活动可调控性的基础，也是实践的合理性、科学性、有效性的基础。也就是说，实践活动及其结果科学与否、合理与否、有效与否，都直接内源于实践理念的科学与否，合理与否。不合理的、不科学的、不正当的实践理念，只能导致不合理、不科学、不正当的实践活动。当代人类实践所造成的全球性的生态危机、环境污染等负态效应，就同实践理念的不合理直接相关。这种不合理集中地突出地表现为实践理念的伦理匮乏。也就是说，人们用以指导实践活动的理念并不是真善美内在统一的实践理念，是没有把实践理性的至善扩展至协调人与自然的关系领域的实践理念。在这种实践理性指导和支配下的实践只能是以征服和统治自然界为天经地义，只满足于人的眼前的利欲心，很少考虑人与自然关系失衡后果的实践。这样的实践理念势必带来人与自然矛盾的激化。因此，如何保证自己所建构的实践理念的合理性、科学性、正当性，就成了主体对实践活动进行自我掌握的最关键的一环。

主体建构实践理念的过程，既包含着人对反映了外部对象客观尺度的科学知识的运用，并以此为前提和基础，也包含着对自己内在尺度的掌握。因此建构实践理念的过程，实际上集结了对主体需求动力系统、价值范导系统和主体能力系统的自我掌握，是对外部世界的观念掌握与对自我的观念掌握的统一，具有多维、复相、整合的特点。要保证实践理念的合理性、科学性和正当性，主体就必须要对自己所追求的预期的价值目标作出科学分析评价；对实践活动能不能实现预期的价值目标，以及能在多大程度上实现，即这种实践活动能不能进行、值不值得进行作出科学的评价；对这一实践活动是否符合他人、社会和全人类共同利益，是否符合社会行为规范，正当与否、善恶与否、应不应当进行作出价值评判；对实践活动结果对于自己以及人类的生存和发展是暂时有利，还是长远有利，还是利害兼有作出预测分析和评价。为此，主体在确立了实践目标和计划后不应马上付诸实施，而必须借助于一定思想实验，在思想上观念中对实践活动过程进行排练和预演,并采取小范围试验试点,以便使主体的实践决策更有根据和把握。慎重的实践决策应该在充分的实践理念动态模型的思想实验和相应的试验试点后作出的。这样,才能避免决策的盲目性,也才能避免造成实际的巨大浪费、损失和不可控的危险后果。这一点对于实践手段强大、规模巨大、结果影响广阔深远、双重化效应加大的当代实践来说,尤为重要。

人们对实践活动的能动掌握,不但表现为实践活动具体实施前建构实践理念上,而且还贯穿于实践活动的全程,对实践活动全过程实施自觉的调控。主体首先根据自己已建构的实践理念及动态模型的文化指令,开始把自己各方面的本质力量激发和整合起来,形成抓握、改造和建构某一客体的主动态势和功能耦合,积极推进自己所建构的实践理念付诸实施、现实化、对象化。这种对象化过程是主体通过工具的中介作用实现的。所以,对实践活动的自觉调控就离不开对工具中介系统的控制和掌握,也就是要控制工具中介系统按实践理念的指令运行。实践掌握外部世界过程是实践理念动态模型的现实化、对象化过程,但观念中的实践毕竟是一种理想状态,大量偶发的、不确定的因素是难以预料的。这就需要主体能够在实践活动过程中对这些随机的因素作出积极的调控。实践活动是趋向自己所选择的目标的有序的运动过程,但在这一过程中偏离目标的情况又是难以完全避免的。这就需要活动主体能够自主地、自觉地、及时地以实践系统运行状态所提供和反馈的信息,对实践活动进行自觉的调控。这种调控或表现为对实践运行加以部分调整或改变,使之符合实践观念模型,或表现为部分地修改实践的观念模型,以此来达到运动的动态平衡。当然如果负态效应严重,付出的代价太大,主体就应及时中止这种实践。

对实践自我掌握不但表现为对实践运行过程的自觉调控,还表现为对实践活动结果的自我反思,并由对结果的反思回溯到对实践活动过程和实践理念的反思、反省和批判,总结经验教训,从而为建构和选择新的实践理念和新的实践活动提供某种参数,提供自我掌握的经验。

总之,人们只有通过对自己需要动力系统、价值范导系统、能力系统和活动目标体系等进行自我掌握,才能使自己掌握外部世界的活动趋向合理,才能使自己在满足需要的同时不至于危及人类的共同利益、根本利益,才能使自己持续地生存和发展成为可能。如果说对需要动力系统、价值范导系统、能力系统和活动系统的自觉掌握构成自我掌握的基本内容的话，那么，道德自律、政策和法律法规控制则构成了自我掌握的基本形式。人们一方面依靠道德的力量，内在的自律来调控自己的需要和行为，使之合理和正当；另一方面人们也根据法律和政策来控制调节自己的需要和行为。如果说，道德调控形式是一个"软"调控，那么法律则是"硬"调控。如果说，道德调控主要是出于内心自愿的自律，那么，法律调控则是外在强制下进行的自我调控，具有他律的性质。正是它们交互作用和功能耦合，主体才能有效地进行自我掌握。

主体自我掌握的实现是受许多相关因素、条件制约的。主体自我掌握不是轻而易举就能实现的。如果说个体自我掌握的难度，主要在于自我相关性这一幽灵的缠绕，从而存在着主体难以自我审察和自我反思的盲点和空场，陷入功利的洞穴、情感的洞穴、原有认知定势的洞穴不能自拔，从而难以实现有效的自我约束、自我调控、自我超越的话，那么一个共同体的自我掌握的困难就不只是自我相关的缠绕的问题，还在于要受各种社会因素和各利益主体的干扰、阻抗，从而使自我掌握难以轻易奏效。对于类主体来说其自我掌握就更加复杂，难度更大。因为人作为统一的主体到目前还基本上是在抽象的意义上讲的，从其现实性来看，人类还很少表现出统一的意志和联合的行动。类主体的实现是以消灭阶级对抗为前提的。只有到了共产主义社会，以个人全面发展为基础的全人类的自由联合体才能最后形成。也只有到那时人类才能实现能动地掌握自己与能动地掌握外部世界的辩证统一。这就是马克思所说的，"社会化的人，联合起来的生产者，将合理地调节他们和自然之间的物质变换，把它置于他们的共同控制之下，而不让它作为盲目的力量来统治自己；靠消耗最小的力量，在最无愧于和最适合于他们的人类本性的条件下来进行这种物质变换"。[①] 但是，这个目标毕竟是在相当长的历史时期中才能逐步实现的，对于今日的人类来说，这不过是需要为之奋斗的理想而已。大家知道，人类目前仍处于阶级社会。在阶级社会中，在一国范围内存在着各种不同的利益主体、利益格局多元化。在国际范围内也存在着以国家为主体的多元利益格局。其实，国家利益和阶级利益是相互结合在一起的。国家利益不过是统治阶级利益的集中表现。国家这一虚幻的共同体代表的是统治阶级的利益，贯彻的是统治阶级的意志。资本主义国家代表的是资产阶级的利益，表达的是

---

① 《马克思恩格斯全集》第 25 卷，人民出版社 1974 年版，第 926—927 页。

资产阶级的意志。资本主义是受其特殊发展规律——剩余价值规律的支配的。正是在对剩余价值的追逐中，导致了对科学技术的不合理的使用，忽略了科学技术应用过程本应具有的人文精神，从而导致全球性负态效应的产生。可见，技术的异化、异化了的自然，都是异化了的社会的产物。因此，解决问题的出路在于扬弃私有制。只有通过对社会制度、交往结构的自我变革，才能实现有效的自我掌握，也才能建立合理的人和自然的关系。恩格斯曾指出："要实行这种调节，仅仅有认识还是不够的。为此需要对我们的直到目前为止的生产方式，以及同这种生产方式一起对我们现今的整个社会制度实行完全的变革。"[①]

在世界普遍交往的时代，人类掌握外部世界的活动及其所产生的影响无疑具有全球性，但另一方面现实主体却并不是以统一的类的形式，而是以阶级和国家形式存在。发达国家和地区，与欠发达国家地区对资源的开发和利用是有不同层次要求的，它们的发展目标是不同的，面临的任务是不同的。因此如果各自都站在本位利益和国家功利主义的立场上，人类就难以形成统一发展目标，难以形成统一的行为规范。基于国家功利主义的立场，对于现代科学技术的应用所带来的负态效应，也难以从维护人类利益的高度上求得道义上的共识，更无法建立起整体的伦理规范予以解决。这样就使得在现阶段，人类自我掌握、自我调控难以十分有效地进行。

但是，人类在现阶段不能完全自觉地实现在全球规模上的自我调控，不等于人类就完全不能实现自我掌握，从而人类只有等待毁灭的命运。尽管阶级利益和国家利益的多元格局影响着、阻挠着人类实现自觉的自我调控，尽管资本主义从根本上、本质上不可能彻底改变对自然界的片面态度和无政府干预和掠夺。但是，在面临着同舟共济共同发展，还是同归于尽全球毁灭的选择上，在自然客观规律的直接报复面前，在自身生命活动和生存受到威胁面前，在不损害其对剩余价值剥削的前提下，资本主义国家与其他国家一样也能在一定范围内为协调人与自然关系的平衡，进行自我调控。事实上，为了避免生态惨祸、维护和扩大再生产的条件，保障人类的一般生存环境，资本主义国家也通过科技政策的制定和政府干预，运用科学本身力量减缓人与自然关系的紧张状态，实行一系列措施来防范资本主义公司的不法行为所带来的破坏性后果。我们在前面也已经讲到自我意

[①]《马克思恩格斯选集》第 4 卷，人民出版社 1995 年版，第 385 页。

识是自我控制、自我约束的基础和前提，20世纪以来，有不少先进的分子站在维护全人类利益的高度，开始意识到人类自我掌握对于人类生存和发展的重要性。而这种认识也越来越为更多的人所接受，逐渐形成某种共识。联合国多次以环境与发展为题举行会议，协调解决碳排放问题、气候问题，这无疑是人类自我调控、自我掌握的一种形式。

总之，人类作为地球上唯一有自我意识的万物之灵，应该抛弃一切有害于人类生存和发展的旧需要，凭借自己自我创造的力量和自我调控的力量来开辟自己新的发展前景和新的生存和发展的地平线。

第七章
人掌握外部世界的重要原则

当人类迈向 21 世纪，在中西方文化交流交锋交融日益增强的大背景下，我们谈论人的生存发展问题，探究人类掌握外部世界的基本原则和核心精神问题，必须要有历史的纵深透视和全球的宽广眼界，以实践唯物主义的批判精神来审视中西方文化精神，重构社会进步和发展的基本原则。我认为那种以为要加快推进现代化必须全盘接受西方哲学精神的观点，或以为中国古代哲学思想能够救时弊的看法都是片面的。要保证人类持续生存和发展，必须有合理的现代哲学观念系统的支持，其中就有一个在马克思主义实践唯物主义基础上实现中国古代哲学"天人合一"思想和西方古典哲学"人的主体性"思想整合的问题。

第一节 西方古典哲学主体性思想、人类中心主义困境与"主体性的黄昏"

人要实现对外部世界的掌握，加快推进现代化建设，促进社会文明进步，不能不呼唤主体精神，不能不高扬人的主体性，但仅有西方古典哲学的主体性思想又是不够的。西方古典哲学关于人的主体性思想有其历史的局限性。

众所周知，从哲学的高度阐明人对自然的主体性是西方古典哲学特别是近代哲学的基本精神之一。近代以来，从理论上论证人可以认识自然，并应驾驭自然、控制自然，成为自然的主人，是由培根、笛卡尔肇始，而由康德、黑格尔等完成的。培根提出"知识就是力量"，认为人们只要凭借他所提出的新工具就能获得关于自然的知识，进而拥有驾驭自然的力量。笛卡尔则提出："使自己成为自然的主人和统治者"，"给我物质和运动，我将为你们构造出世界来。"康德哲学则系统地表述了人之主体性思想。在康德那里，人之主体性简要地说体现在两个方面：即人为自然立法和人为自己立法。康德认为:"人是目的,而不仅仅是手段",人是"绝对价值"和"客观目的","人是自然的立法者"。自然在康德的目的论中展现为一连串的一个从属于一个目的的秩序。每一物对于其他存在物都是有用的。而被把握为整体统一的自然界的有用性,则在于作为服务于人这一最后目的的手段。"所有这些自然万物是为了什么目的(而存在)呢?我们说,是为了人,为了让人通过他的理智学会如何在多方面利用这些创造物。"黑格尔哲学则通过把人的理性或精神视为自然界的创世主,从而把人的主体性抬高到了无以复加的地步。可以说,黑格尔在他的哲学中是毫无顾忌地放心大胆地为人的主体性摇旗呐喊、高唱凯歌的。而尼采作为最后一位形而上学家,则大谈人的权力意志,把肇始于柏拉图的人类中心主义推向了一个新的极端。

西方古典哲学关于人与自然分离对立,人是自然的主人,人具有主体性的思想,毫无疑问成了西方工业化和现代化的强大精神动力和思想基础。可以毫不夸张地说,离开了这样一种哲学精神就没有西方的工业化和现代化。西方人正是在这样的哲学精神指导和鼓舞下,以主体、自然的主人、宇宙的主宰自居,视自然为任我宰割、为我所用的客体,想方设法地开发利用,甚至进攻、征服、统治自然,使自然从人属世界、自在世界向属人世界、人化世界迅速转化,从而促进了社会生产力的飞速发展,西方社会由此实现从农业文明向工业文明的跃迁。

但是,在人类理性和人的主体性高歌猛进之时,在人类征服自然取得巨大成功似乎展示了人有无限能力的时候,在人应当成为自然的主人的愿望似乎正在变成现实的时候,却出现了自然对人的报复和惩罚。自然的威力就像宝瓶里释放出来的恶魔那样把它复仇的利剑对准了全人类,就像从打开了潘多拉盒子冲出来的灾难那样迅速扩散到了大地、天空和海洋。人类已经遇到了有史以来从未遇到过的生死攸关的生态危机、环境污染等全球性问题。这是以人为最高尺度和最高目的,无节制地运用现代科学技术对大自然进行掠夺和剥削,挥霍自然资源,造成大自然自我调节、自我净化、自我再生等能力的丧失所导致的恶果,也是人自食自己贪婪行为的恶果。人发扬和高扬人的主体性是为了人更好地生存与发展,是为了更好更有尊严地过上人之为人的幸福生活,但生态危机却向人敲响了警钟。如果过分强调人对自然的主人地位,为所欲为不知节制,狂妄自大对待自然,贪婪成性榨取自然,与自然始终处于敌对的全面紧张状态,那么结果必然适得其反，世界将在人的膨胀的主体性大力干涉下离人而去，人将用自己的头脑和双手毁灭自己赖以生存栖息的家园，从而丧失自己的生存权利。

在面临严重生态危机的同时，人们也面临着严重的交往危机。在主体性思想的指导下，每个人的行动不再听从上帝的召唤，而是一切根据自己的意愿和需求进行自由选择，合理而又正当地为自己的利益而行动，一切事物都是为我的存在，除此之外都毫无意义。也正为如此，现代社会中个人只是这个群体中的孤独的灵魂，每个人都置身于冰冷的"物的世界"，人与人之间充满着冷漠和不信任，出现了人与人之间的交往危机。

面对着生态危机、社会交往危机等问题，西方一些有识之士和哲学家已经感到在以主体性为基地的西方文化大厦上不能再盲目地添加一砖一瓦了。他们已经开始反思西方哲学中关于人的主体性思想的历史局限性和被超越的可能性。胡塞尔的生活世界理论、海德格尔的共在理论，哈贝马斯的交互主体性理论等等都对古典哲学主体性思想进行了反思。一些哲学家认为，从当代系统论和结构主义分析的观点看，个人的主体性和自我中心的人道主义已不再是有生命力的理论路标。阿尔多塞、福柯和德里达等甚至为反人道主义的观点提供理论支持。应该说，海德格尔晚年在这方面作了许多思考。他在《林中路》《论人类中心主义的信》《通向语言之路》等论著中，对从文艺复兴以来所发现的并成为西方整个工业化和现代化的精神文化支柱和底蕴的人的主体性思想和科学理性主义提出了一系列的诘难和存疑。海德格尔认为人类中心主义算计自然、破坏自然，忽视了自然作为人的居住地的那种本质，是造成地球危机的主要原因。人类中心主义把自然状态系统纳入人的技术生产系统，把天地万物视为技术生产的原材料。人们只从技术生产和技术需要去看待事物，去建立他们对真理和价值的看法，只确立了技术世界的真理观和价值观，并不了解事物的秘密，并不了解事物未隐蔽状态与隐蔽状态的关系，忽视了事物的隐蔽状态——作为天然的事物对人的生存所具有的基本价值，不注意保护天然事物，不顾及在技术世界中对事物和人的生存的巨大危险。这就蕴藏着毁掉天然自然的巨大危险。海德格尔认为，人不是存在者的中心和主宰，人是存在的看护者。人只有少一点主体性，少一点对存在者和事物的统治和支配，少一点对自然环境的破坏，在大地上"诗意般的栖居"，人才更本源地成为人，才能拯救自己生存的家园——地球。美国学者弗莱德·R. 多迈尔在《主体性的黄昏》一书中提出为了解决工业化带来的苦难，人应该放弃近代以来的"内向性的"主体性概念,把自己的目光朝向外部世界,也就是说,每个人不能只意识到自身的存在及利益,而且要意识到"他者"的存在及利益。这些观点无疑都是对古典哲学主体性思想的反思和批判。

总之,当代人和自然关系的全面紧张,生态危机、环境污染等问题的出现,以及西方当代哲学家对古典哲学传统的反思和批判,都启示我们仅仅根据古典哲学主体性思想来指导人类的行为是不够的,必须根据现当代实践的发展扬弃这一思想。

第二节　中国古代天人合一思想的现代价值与历史局限

既然强调主客体分化对立和高扬人的主体性的思想在带来了科学发达和物质昌盛的同时,也带来了环境污染、生态危机等严重问题,而天人合一的中国传统思想却有助于解决这些严重问题,那么今天我们在现代化过程中是否可以拒斥主体性思想,固守天人合一的传统思想就可以了呢?回答是否定的。天人合一思想过去不能今天仍然不能直接充当现代化的哲学基础。

与西方哲学不同,中国古代哲学基本上强调自然与人在根本上的一致性。其中虽然有荀况的"明于天人之分","经纬天地而材官万物","制天命而用之","人定胜天"等思想,但占主导地位的成为中国古代哲学主流精神的是强调自然与人一致性的天人合一思想。先秦孟子的"知心、知性、知天","上下与天地同流",老子的"人法地、地法天、天法道、道法自然",庄子的"天地与我并生,万物与我为一",汉儒董仲舒的"人副天数"、"天人感应",宋儒周敦颐的"圣人与天地合其德",张载的"天地之塞吾其体,天地之帅吾其性","仁者以天地万物为一体,仁者浑然与物同体",二程的"天人本无二","天地人只一道也",朱熹的"天即人,人只天","圣人……与天为一",明儒王阳明的"人与天地万物原是一体",王夫之的人与天之气化同运等思想都从各自的角度阐述了天人合一的主张。可以说,中国古代哲学史上几乎所有的哲学家都谈"天人合一"。"天人合一"思想是中国古代哲学的基本精神之一。中国古代哲学关于"天人合一"的思想基本上是从两个层面上展开讨论的。其一,在存在论上论证了天人一体的内在一致性,认为整个宇宙是自然而然地流化生成的，是一元的和内在的，没有此界和彼界的分离和对立。因此，在他们那里，天、自然不是与人完全不同的死物，不是与人处于全面紧张和敌对状态的对立面，相反，人本身就是自然的，人与自然具有内在的一致性、相关性。其二，从境界论上提出了一个天人和谐、交融、物我两忘的"应当"。

中国古代哲学关于天人合一的思想，虽然正确地揭示了人和自然的有机性、整体性、系统性和一体化，但是，这种思想有明显的历史局限性。且不说老庄以"绝圣弃智、返璞归真"的方式达到与自然同一的思想，无法驱动人们去从事改造自然的现代化实践，只能阻碍文明的进程，在现代只不过是一种不具有现实性和可行性的浪漫主义的情怀。即使包含着刚健有为、生生不息、为天地立心精神的儒家天人合一思想，也无法驱动人们去从事掌握外部世界的现代化实践，而只能驱动人们不断地向内追求，践履自己的道德义务和责任。因为，儒家所提供的通过尽心、知性、知天，通过克己、守礼、穷理、集义、崇德、养浩然之气等道德实践达到的与天地合其德的天人合一境界的理路，所昭示的是人类道德掌握世界的方式，它不可能积极推动人们去探求和研究自然的奥秘和客观世界运动变化发展的辩证规律，不可能推动人们改造客观世界的实践活动深入发展，因此，它不可能为中国的工业化和现代化提供现成的思想基础和哲学根据。相反，这种不求知天，但求知人，"安有知人道而不知天道乎"的主张和态度，只能导致人们闭目塞听，与自然隔绝，阻碍我们的现代化工业化进程。中国古代社会长期停滞不前尽管是多因的，但不能不说与这种天人合一的思想有一定的关联。所以，我不赞成那种过分抬高天人合一思想现代意义的主张。我认为我们不能因为西方有些学者看好或重视天人合一思想，批判主体性就洋洋自得，妄自尊大起来。要知道西方学者的重视，并不意味着要全盘接受中国古代的天人合一思想，而只是因为天人合一思想为在人与自然高度分化的基础上重建二者的统一提供了某种启示。更何况中国和西方发达国家今日所面临的历史任务有着巨大差异。忘记了这些，来评判天人合一思想的现代意义就只能得出主观主义的结论。总之，没有人和自然的高度分化，没有人的主体性的发育和高扬，没有科学理性的发达，不吸收西方哲学中具有类价值的思想，不以科学技术理性和人的主体性精神来打破带有原始性质的自在的天人合一观念，就不可能有现代化事业，也不可能在更高层面上建构起人与自然的统一关系。所以，今天如果有人仍然以中国传统文化比西方文化思想高明为由拒斥主体性和科学理性精神，其结果只能阻碍我们的现代化事业。天人合一思想在今天如果要发挥积极作用，获得现代意义和价值就必须要加以扬弃，必须要与主体性思想整合。

第三节 主体性思想与天人合一思想整合的必要性

生态危机和环境污染等问题的解决意味着人和自然协调发展关系得以构建。但仅以天人合一思想为指导就能完成这一伟大使命吗？

生态危机、环境污染等问题是在人类能动地掌握世界的过程中发生的。解决这些问题的出路在于建立人和自然协调发展的新秩序和动态平衡，而中国古代哲学天人合一的思想在解决这些问题时，对于解放人们的思想，启发人们的思路，转换人们的视角无疑是有一定意义和价值的。中国古代哲学关于天人合一的思想强调人的行为不但应符合天道的要求，而且应以实现天道的要求为己任，要体现宇宙大化之流行，强调天道与人道、人与自然的紧密联系与和谐统一，追求天地人的整体和谐、交融和协调。这确同那种仅仅把自然看作是人的征服和掠夺对象，把自然视作奴隶的人类中心主义有原则区别。这种思想有助于突破人和自然主—奴式的对立格局和人对自然掠夺和征服的单向度关系，并为重建人和自然的合理关系提供了一种新的境界、新的价值取向和思维方式。但是仅仅有天人合一思想又是不够的。首先，老庄的绝圣弃智，摒弃文明，返璞归真的方式虽然可以消极地限制新的生态问题和环境污染增量的出现，却无力解决已经存在的环境污染存量问题，而且是以葬送人类文明进程为代价的。其次，儒家通过道德掌握外部世界方式达到的天人合一的境界的思想，虽然道出了一个真谛，即人类对自然也有道德义务和道德责任问题，但仅有一颗道德良心，也无助于环境污染等问题的解决。可见，不加批判地以天人合一这一中国古代哲学思想为指导来解决人类和地球的危机是不具有现实性和可行性的。

要建立天人合一的新秩序，不但要求人类对自然要负起道德义务和责任，而且要求人类拥有解决生态危机、环境污染等问题的本质力量。可以说，这些问题的解决是离不开人对世界的真理性掌握和实践掌握的扩大和拓深的。生态危机、环境污染等问题的出现既说明了那种以人为主人以自然为奴仆的人类中心主义的那种主体性黄昏的到来,使人们从盲目乐观自信、不可一世、妄自尊大的自我中心主义的迷梦中醒来,也说明了人仍然没有足够的本质力量掌握自然、人类仍处于自然的必然王国中。人类要从必然王国走向自由王国,一方面,必须抛弃那种为所欲为的带有破坏性的主体性;另一方面,必须不断提高自己的本质力量,增强自控制、自调节、能动创造的主体性,真正成为自然自我意识的承担者。只有高扬人的积极、能动、创造的主体性,只有运用科学理性去研究自然规律,实现对自然规律更加全面、深入、系统的真理性掌握,只有运用科学理性和健全理智有效地控制自我,实现对自我的控制掌握和对自然的掌握的统一,有了足够强大的人的本质力量,才能防止已经掌握的自然即属人世界的重新丧失,才能有效地克服和解决已经出现的危及人类生存的异化态现象,并避免新的类型的异化态现象出现。由此可见,一味地强调人对自然的主体地位、为所欲为,缺乏人和自然和谐共存、协调发展的主体性思想,导致生态危机和环境污染。但如果一味拒斥和摒弃主体性,而不对主体性思想本身作出具体的分析、批判和扬弃,也无助于地球生态危机、环境污染和人类生存危机的解决的,也无助于重建体现着天人合一理想精神的人和自然、生态圈和智力技术圈的和谐协调新关系。主体性丧失了,空留一个死寂的客体,世界还有意义吗?人还有存在的意义吗?所以,从处理生态危机和环境污染等问题的角度考察,从人存在的意义视角出发,有必要实现西方古典哲学关于主体性思想和中国古代哲学关于天人合一思想的整合。天人合一思想可以给予人的主体性的发挥提供一种方向性的范导和制衡作用,而主体性思想则为实现天人合一的目标提供现实的手段、措施、动力因素方面的思想指导。

第四节　主体性思想与天人合一思想整合的可能性

无论是现代化建设,还是构建人和自然协调发展的新的动态平衡,都是为了满足人的生存和发展的需要。而只有以整合了的天人合一和主体性思想为指导,才能更好地满足这一需要。

人是自然界的产物,是自然界的一部分。自然对人来说具有优先性。这不但表现在时间上,而且也表现在它们之间的本质联系上。因此,人要生存首先就必须依赖于自然界。自然界是人类赖以生活赖以活动的对象性基础，人必须利用自然界的物质基础及其辩证运动规律才能生存和发展。从这个意义上说，人在任何时候都必须尊重自然，必须服从自然规律，必须和自然搞好关系，也就是说，人只有做到与天为一才能更好地生存和发展。破坏自然，蔑视自然规律，以敌视的态度对待自然都只能损害自己的生存和发展。这就是天人合一思想的人类学根据。

人是自然界长期进化的产物，是通过自己的劳动、实践生成的，人与自然不具有直接的同一性，这是人和动物的不同的生存特点。应该说，自然界对人是很吝啬的，人的本质始终是未完成的、不完善的和不确定的，人与周围世界的关系是始终变动的和开放式的。可以说，自然只完成了人的一半，另一半则留给人自己去完成。自然并不围绕人运转，自然在走着自己的路，自发地辩证地运动着，而这种运动不是有目的地向着人的，自动满足人的要求的，相反，它并不理睬人类生存和发展的需要。所以，如果人对自然界无所作为，同样无法生存更谈不上发展。因此，人依赖于自然必须通过自己主动、积极、创造性的能动活动，通过能够掌握外部世界的方式才能实现。只有把自己的感性活动、实践活动作为一种批判性的革命的因素，加入到自然界的辩证的物质运动过程中，既按照自然界客观辩证运动的尺度进行，又按照人自己辩证发展着的内在尺度进行改造和创造活动，使现实的自然界朝着有利于人的方向变化发展，并在符合人的需要的形式上产生自然界不会自动产生的能为人所享用和消化的对象。这种人类永远也不能超越的生存特点和进化特点告诉人们：一方面，随着人的进化和发展，人必然要超越原生的自然生态系统的平衡，不可能与自然保持原始的平衡同一状态，但在打破和超越原生的自然生态系统的平衡以后，人又必须要通过能动的掌握世界的活动达到人工生态的平衡，建立既符合自然运动变化发展要求又适合人类生存发展的人化世界，这就是人要生存与发展就必须要发扬主动性、积极性、创造性、超越性等主体性的缘由所在，也是天人合一思想和人的主体性思想整合的人类学根据。

西方古典哲学人的主体性思想和中国古代哲学天人合一思想的整合是必要的，也是可能的。这种可能性主要植根于它们根本目的的一致性上。发挥和高扬人的主体性本来就是为了拓深和延展人和自然间物质、能量和信息交换的范围和层次，扩大人的生存空间和自由度，是为了人更好地生存和发展，而实现天人合一也就是为了保证人有一个安身立命的家园，也是为了更好地生存和发展，两者的目的是一致的。因此，它们可以在使人更好地生存和发展这一基础上统一整合起来。以这个目的为根据，我们可以扬弃它们各自的片面性。这就是一方面必须抛弃以人为主人以自然为奴仆这样一种主体性，必须突破仅仅在对人当下有用性上来对待自然的思维层面；另一方面必须抛弃消极无为地适应自然，在自然面前无所作为，或只对自然持一种道德和审美观赏态度的那种天人合一观。同时，又必须吸取各自的积极因素：既确立天人合一的价值取向，又确立积极、能动、创造、刚健有为的主体精神。在批判吸收的基础上，实现两者的整合，建构起一个符合马克思主义实践唯物主义精神的新的思维模式。这一思维模式简要地说就是以主客体高度分化为基础，以反对以人为主人视自然为奴仆的人类中心主义那种主体性和大力高扬人的自主自为能动创造的主体性为前提，以积极探索自然的奥秘和客观规律，大力发扬科学理性精神为手段，以人和自然为两个思维的基点，以人利用和改造自然的合理性和人对自然应尽的义务和责任为思维层面，以既尊重人的生存发展需要又尊重自然存在权利为价值尺度，即不仅考虑人、我的需要，而且同时考虑天地万物的存在权利，以实现人和自然的和谐共存、协调发展，在实践中建立动态平衡为目标，以此来处理人和自然的各种复杂关系。这样，人的主体性思想和天人合一思想才能转换生成为新的现代哲学观念，并对当前我国现代化建设提供一些哲理上的启示。

附　　录

张载人学的基本构架及现代批判

一、张载人学思想的逻辑框架和主要内容

"为天地立心，为生民立命，为往圣继绝学，为万世开太平"①，"上承孔孟之志，下救来兹之失"②的张子之学，其主旨就在于建立一种追求人的理想境界的心性义理之学，建立一种适合后期封建社会伦常秩序的人的哲学。张载人学思想包括以下几个方面：

（一）人的本然状态分析

张载认为万物由气构成，"气聚则离明得施而有形，气不聚则离明不得施而无形"③。"人亦出于太虚"④，是气的一种凝聚态。所谓"游气纷扰合而成质者、生人物万殊"⑤。既然人之生是气聚，而气聚不过是太虚变化之客形，因此，人又不能不返回太虚。人有生必有死，生无非是气聚，死无非是气散。可谓"聚亦吾体，散亦吾体"⑥，"生无所得，死无所丧"⑦。

人为气之聚，同其他事物一样，在天地间似乎是很渺小的。"予兹藐焉乃混然中处"⑧。但人又不同于万物，具有仁义之德，因此取得了与天地同等重要的地位，而并称三才。"易一物而（合）三才：阴阳气也，而

---

① 张载语。
② 王夫之：《张子正蒙注序论》。
③ 张载：《正蒙·太和》。
④ 张载：《张子语录》中。
⑤ 张载：《正蒙·太和》。
⑥ 张载：《正蒙·太和》。
⑦ 张载：《正蒙·诚明》。
⑧ 张载：《正蒙·乾称》。

谓之天;刚柔质也,而谓之地;仁义德也,而谓之人"①。同时,人与天地相比又有其优点和长处,所谓"气与志,天与人,有交胜之理"②。这集中表现在人有心,能尽性知天合内外,具有认识和意志能力。"天无心,心都在人之心。"③ "天包载万物于内所感所性,乾坤、阴阳二端而已,无内外之合,无耳目之引取,与人物蔑然异矣。人能尽性知天,不为蔑然起见则几矣。"④

人有天地之性和气质之性。它们构成人性的二元结构。天地之性即义理之性,是气所固有的自然本然之性,是善的。气质之性亦称攻取之性或气质,为人与生俱来的自然属性,包括人的生理要求或本能,善恶相混。它们作为人性的两极相互对立此消彼长又相互联系转化。人是气之聚,而天地之性"本虚而神"为"气所固有"⑤,按理说人禀气过程就同时获得并具有了天地之性,但是气有刚柔缓急清浊明暗之分,因此,除少数圣人禀之正外⑥,清洁无瑕的天地之性在其受体——人身之气的影响下难免会遭到熏染发生偏离,带有了恶的因素,不能以湛然纯一的善的形式出现⑦。严格说来这只能称为气质之性。这就是天地之性向气质之性的转化。"形而后有气质之性"⑧。气质之性与气聚状态相伴随,是人与生俱来的,但又是可变的,"变化气质"⑨。它并不一定始终充满邪恶,只要人们尽性知天去恶从善,那么人是有可能不断地克服气质之性的恶的因素,回复到天地之性。可谓"善反之则天地之性存焉"⑩。

人既然有气质之性,故必然会产生情和欲。首先,人具有生理欲求。"饮食男女皆性也,是乌可灭?"⑪ "口腹于饮食,鼻舌于臭味,皆攻取之

---

① 张载:《正蒙·大易》。
② 张载:《正蒙·太和》。
③ 张载:《经学理窟·诗书》。
④ 张载:《正蒙·太和》。
⑤ 张载:《正蒙·乾称》。
⑥ 张载:《经学理窟·学大原上》。
⑦ 张载:《正蒙·诚明》。
⑧ 张载:《正蒙·诚明》。
⑨ 张载:《经学理窟·气质》。
⑩ 张载:《正蒙·诚明》。
⑪ 张载:《正蒙·乾称》。

性也。"① 可见人有饮食男女声色货利之欲。其次，人对自己所处的环境会作出各种反映，产生各种情绪、情感。"正如恐惧、忧患、忿愤、好乐，亦只是为其身处。"② 可见，人有喜怒哀乐爱恶惧之情。再次，人有智识念虑。"意、我、固、必只为有身便有此。"③ "意，有思也；必，有待也；固，不化也；我，有方也。"④ 意就是有思有虑，意识到自己存在便不得不为自己的存在而苦恼、焦虑和呼叫，不得不产生种种欲念、冲动和追求；必为意志自我，人们一旦有了自我意识，就会产生独立认识和行动的意识；固就是固守一己之见，自以为是，即使想法不正确，欲望不合理也会坚持不放；我，一切从我出发，一切以我为标准。可见，这四者讲到底就是一个我和私。总之，有欲就有意、必、固、我。

（二）人的应然状态的规范

张载认为人应该改变自己善恶相混、所作所为不一定符合理合乎性的本然状态，趋赴人的应然状态，实现自己的理想人格。

首先，应当的人在处理人与人关系时必须以"爱"为原则，做到爱必兼爱。他说，"以爱己之心爱人则尽仁。"⑤ "唯大人为能尽其道，是故立必俱立，知必周知，爱必兼爱，成不独成。"⑥ "己所不欲，勿施于人，能恕己以仁人也。'在邦无怨，在家无怨'，己虽不施不欲于人，然后施于己，能无怨也。"⑦ 又说："尊高年，所以长其长，慈孤弱，所以幼吾幼。"⑧ 而应当的人爱必兼爱的根据正在于"民吾同胞"。他说："天地之塞吾其体，天地之帅吾其性，民吾同胞，物吾与也……凡天下疲癃残疾惸独鳏寡皆吾兄弟之颠连而无告者也。"⑨ 天人万物本来就是一个和谐的宇宙大家庭，我与其他人都是天地的儿女，所以爱他人就是爱我的同胞。对我的同胞我怎么能不充满爱心呢？特别当他们受苦无告时，我怎能不为之奔走呼号，不给予同情，不伸出友谊之手呢？总之，应当的人应该忘切一

---

① 张载：《正蒙·诚明》。
② 张载：《经学理窟·学大原下》。
③ 张载：《经学理窟·学大原下》。
④ 张载：《正蒙·中正》。
⑤ 张载：《正蒙·中正》。
⑥ 张载：《正蒙·诚明》。
⑦ 张载：《正蒙·有德》。
⑧ 张载：《西铭》。
⑨ 张载：《西铭》。

己之私，自觉地把他人视为自己的同胞，做到爱必兼爱。

其次，应当的人在处理天人关系时应追求天人合一的境界。他说："仁者以天地万物为一体，仁者浑然与物同体。""夫大人者与天地合其德，与日月合其明，与四时合其序，与鬼神合其吉凶，如此则是全与天地一体，然不过是大人之事，惟是心化也。"①"圣人乐天，故合内外而成其仁。"② 张载认为天人合一首先是"真""诚"的境界。要达到天人合一首先必须做到诚。"天所以长久不已之道，乃所谓诚。仁人孝子所以事天诚身，不过不已于仁孝而已，故君子诚之为贵。"③ 诚就是真实无妄。他认为天是真实无妄的，人则不一定。只有那些体认到人之道也就是天之道，体认到人和万物的一体性并且行为无不合于道的人，才能成为最可信、最真实、最诚实的人，才有可能与天为一。天人合一的第二个规定是善。要达到天人合一的境界对人来说虽然有宇宙论的前提，但这只是潜在的，不是因为人道天道客观上相通，人就能达到这种境界。天人合一也不只是认识问题，不是认识到人道要合乎天道，天地之性亦我之性就能达此境界。其实，要获得这些认识也须有道德践履作基础。所以，这里最根本的是道德实践问题。只有扩充本心原有的至善之德、仁义之心、天地之性、忘却一我之私，对整个宇宙有极高明的体认，使自身的行为意志完全符合天理要求，才能达到与天德相合的地步。而处于这种境界的人因为其道德的崇高而具有了天地那样永恒的价值，与天地同在，与日月同辉。这样的人也就超出了生存的局限，超出了道德本身，达到了天地境界。张载说："成性则跻圣而位天德"，"位天德则神，神则天也。"④ 这种境界又是一种美的境界，即崇高的境界。人为万物之一，在天地间似乎是很渺小的。但是，通过自己的道德实践，人体认到自己与天地浑然一体，从而克服了自己在天之无比威力面前的卑微和畏惧之心理，使自己得到了升华，使人性得到了高扬，从而使我之心成为宇宙之心。这就是说，与天为一的过程，并不意味着人仅仅服从天，归附于天，还有一个"为天地立心"的问题。这样，在"经历着一个瞬间的生命力的阻滞，而立刻继之以生

---

① 张载：《横渠易说·乾卦》。
② 张载：《正蒙·三十》。
③ 张载：《正蒙·诚明》。
④ 张载：《横渠易说·乾卦》。

命力的因而更加强烈的喷射,崇高的感觉产生了。"① 人就是在与天为一的过程中体验到人和天地万物一体,我为天地立心这样一种崇高美。综上所述,天人合一或曰与天为一是真善美的统一,而善处于核心地位,离开善没有诚也没有崇高感。如果以"天人合一"为最高理想,那么,荣辱、贫富、贵贱甚至生死都可以置之度外。所以,张载曰:"富贵福泽,将厚吾之生也,贫贱忧戚,庸思女于成也。"②"富贵贫贱,皆命也。"③"富贵之得不得,天也,至于道德,则在己求之而无不得也。"④"生,吾顺事,死,吾宁也。"⑤ 这既是一种对贫富、贵贱、荣辱、生死的比较理智的态度,由于了解冥冥之命运在主宰着一切,所以也就不去强求;同时也是一种主动积极的人生态度,因为另有所钟所求所乐。所求的是道德的高尚,所乐的是与万物浑然一体、与天为一,所以在荣辱生死等问题上就表现得十分超脱。其实,这种态度既是理想人格的体现,又是成就其理想人格的要求。总之,与天为一反映了人的一种宇宙意识,反映了人为了追求永恒、超越现存的意向,具有超越性。当然这种超越并不是指向彼岸,而是通过沟通天人得到实现的。

(三) 从现存状态走向理想状态的途径

人的理想状态的实现即应然成为实然,其最终基础和力量存在于个人的本性之中。人们从此时此地的存在状态出发持续不断地自我转化、自我净化、自我扬弃、自我证实、自我升华和超越,就能臻于理想的境界。

张载认为要实现自己的理想人格,最根本的手段和方法就是大心。"大其心则能体天下之物,物有未体,则心为有外。世人之心,止于闻见之狭。圣人尽性,不以见闻梏其心,其视天下无一物非我,孟子谓尽心则知性知天以此。天大无外,故有外之心不足以合天心。"⑥ 所谓大心就是使此心自我扩张,有广大之直觉,使有外之心成为无外之心,使我心合于天心。由于心包容性情,主宰性情,所以扩大此心,就能使我身上的天地之性不断扩大,从而沟通我与万物、我与天地之关系,使我体天下万物,

---

① [德]康德:《判断力批判》上卷,商务印书馆1987年版,第84页。
② 张载:《西铭》。
③ 张载:《张子语录》(上)。
④ 张载:《经学理窟·学大原上》。
⑤ 张载:《西铭》。
⑥ 张载:《正蒙·太和》。

视天下万物为我。可见,"心大则百物皆通,心小则百物皆病。"① 而要大其心首先必须虚其心,使心虚静,不为其他东西所累。因为"虚者,仁之原","敦厚虚静,仁之本"。"虚心然后能尽心,虚则生仁","虚心则无外以为累"②。而只有无欲,不被不合天地之性的人欲所累才能心虚。因为"徇物丧心"③,"嗜欲累其心"④。所以为了虚其心必须灭人欲。"今之人灭天理而穷人欲,今复反归其天理。"⑤ "仁之难成久矣,人人失其所物,盖人人有利欲之心,与学正相背驰。故学者要寡欲。"⑥ 为此,必须穷理、守礼、集义、崇德。通过礼这种外部力量来约束自己的行为,从而逐渐去除人欲;通过集义、崇德、养浩然之气来扩充本心。他说:"学者且须观礼,盖礼者滋养人德性,又使人有事业,守得定,又可学便可行,又可集得义。养浩然之气须得集义,集义然后可以得浩然之气。严正刚大,必须得礼上下达。义者,克己也。"⑦ "正心之始,当以己心为严师,凡所动作则知所惧。如此一二年间,守得牢固则自然心正矣。"⑧ 为了自觉守礼必须穷理,因为礼是圣人制作的,要理解和把握礼就必须学习儒家经典,这样才能懂得一天人合内外的道理。当然,穷理也并不仅仅是学习知识的过程,更是用儒家经典同自己思想行动相印证从而不断提高自己道德水准,扩大天地之性的集义和崇德过程。可以说,穷理、守礼、崇德、集义相辅相成,是灭欲→虚心→大心的基本环节。正是它们的交互作用,才能促使虚其心和大其心的实现。如果说穷理、守礼、集义、崇德是大心的基本环节的话,那么自诚明和自明诚则是大心的两条基本途径。"自诚明者,先尽性以至于穷理也,谓先自其性理会来,以至穷理;自明诚者,先穷理以至于尽性也,谓先从学问理会,以推达于天性也。"⑨ 这两条途径尽管起点不一,一从穷理始,一从尽性始,但内含的具体方法相同,无非尽性和穷理而已,因此,人们不管沿哪条道走,只要坚持不懈,都能到

---

① 张载:《经学理窟·气质》。
② 张载:《正蒙·太和》。
③ 张载:《正蒙·神化》。
④ 张载:《正蒙·诚明》。
⑤ 张载:《经学理窟·义理》。
⑥ 张载:《经学理窟·学大原上》。
⑦ 张载:《经学理窟·学大原上》。
⑧ 张载:《经学理窟·学大原上》。
⑨ 张载:《张子语录》(下)。

达理想状态。

总之，通过大心等功夫来净化自己的多欲之心，证实我之性即天地之性，从而不断扬弃自我的现存状态，超越自我的局限，实现与天为一的理想人格，达到大我之境。

二、张载人学思想的积极因素和现代价值

张载人学回答的是中国后期封建社会人的建设问题，但由于他对关于人的一些普遍性问题的关注和思考，使其思想超越了时空的疆界，至今仍在发挥着一定的影响。这里，我们仅就以下两个问题谈点看法。

（一）关于人的现实性和人的应当性

人的现实性和应当性的关系问题是一个涉及人的存在特性的问题。它们之间的必要的张力正是促进人不断进化和发展的根源之一，是人区别于动物一大特点。动物只有现存性，没有应当性，它只接受自然界给予的既定事实或现实性，与自然具有直接同一性，但人却有应当性。应当对人来说是一个有待于实现的理想目标，是从可能出发的对现实的一种积极否定和超越。人总是不满足于仅仅展示自己实际上是怎样的，是什么的现实性，而不断地提出应如何的问题，以应当作为价值尺度来评判现有，并试图实际地打破现实性的界限，超越现有，趋赴应当。当然，人的现实性和应当性矛盾的解决，人的应有能否实现以及以何种方式在多大程度上实现，这不但取决于人的主体能动活动，也取决于社会现实提供了多大的可能性空间，可见，应当的实现是历史的具体的。总之，人的现实性和应当性的关系问题，尽管在不同历史阶段表现形式不同，但始终与人类的生存和发展相伴随。张载人学思想正是紧紧抓住这一人的生存和发展的普遍性问题并以此作为中轴线展开论述的。他不仅从气一元论出发揭示了人实际存在状态是什么，即揭示了人的现实性，而且还以境界论的形式提出人的应当性问题，并以功夫论的形式阐述了应当性如何转化为现实性等问题。我们认为张载关于这一问题的论述，精华与糟粕并存。

首先，张载提出的"人的应当"对社会主义市场经济条件下的当代中国人仍有一定的范导作用。在社会主义市场经济条件下，同样存在着人的现实性和应当性的矛盾问题。社会主义的改革实践，把人们从过去虚幻的超历史发展阶段的应当中解放出来，并充分考虑作为感性存在物的人的各种合理的现实的物质利益要求，正视人的现实性，并为实现人的全面自由发展，为人的主体性发挥开辟了广阔的道路，但也可能对人们实现道德上的应当带来一些消极影响。它可能会诱发人们产生利己主义、商品拜物教、货币拜物教、拜金主义和享乐主义，从而导致人与人之间关系的片面化和单向度。事实上，当今中国已经出现种种值得深思和忧虑的现象。有些人虽发财致富了，但由于只顾赚钱，忽视了自己的全面发展，穷得只剩下钱，这是一种单向度的人；有些人渴望堕落、自甘堕落，在道德失衡的情况下随波逐流，醉生梦死，除了追求金钱和声色犬马，没有更高的精神追求和向往，心灵空虚，这是一种失去"应当"导引的异化了的人；有些人在旧的道德规范和价值体系已经打破，新的道德和价值体系尚未形成时，有一种无所适从感，十分迷惘、彷徨、苦闷和烦恼，有一种精神上的无家可归感，找不到安身立命的精神家园。这一切都说明任何人一旦失去对"应当"的追求，一旦失落了"应当"，只考虑一己当下的现实，只有当下，那只能导致人的片面性、物化和异化。因此，在社会主义市场经济条件下，任何人在追求和满足自己合理的物质利益要求的同时，都应该追求一种精神境界上的"应当"。正是在此意义上，张载关于人的"道德的应当"、"民胞物与"的仁心、"爱必兼爱"的人道主义关怀、对社会和大众苦难的忧患、对道德律令的敬畏以及"为天地立心，为生民立命"的历史使命感和责任感等关于"大我之境"的思想，不能不说在今天对于抑制过分膨胀的利己主义、拜金主义和享乐主义，培养和造就符合社会主义市场经济发展要求的新人，防止和克服人的物化、异化和单向度方面仍有一定的意义和价值。这个崇伟宏大的"大我之境"，这个"应当的人"对我们仍有范导作用。

　　当然，张载关于人的现实性和应当性的思想中也包含着封建性的糟粕。大家知道，张载从气一元论出发虽然说明了人的物质性，但无法科学地说明人这个复杂事物的特殊性。为弥补这个缺陷，他从抽象人性论出发，用仁义之性来说明人与其他事物的区别。人的道德属性仁义之性尽管是人区别于其他事物的一大特性，但仅从伦理道德这一维度无法全面地科学地揭示人的存在本质。因为它本身也是需要说明的。由于张载不懂得人的本质在其现实性上是一切社会关系的总和，不懂得人的实践本质，只把人视为伦理关系中的人，似乎离开了伦理关系就不再是人。所以，既不可能科学地说明人的现实性，也不可能全面揭示人的应当性。这是张载人学乃至整个中国儒家人学的历史局限性所在。人的应当就是人应该成为什么样的人。在社会主义市场经济条件下,人们除了道德上应当外,还应有其他方面要求,特别是个人能力全面发展的应当。个人能力、个性和本质的全面自由的发展,人性、人的尊严、人的价值、人格得到充分和真正的表现、确认和实现也应成为社会主义市场经济条件下人的应当。但是在张载人学中,个性的全面自由的发展同道德的应当是相矛盾的。可以说,他的人学不但无视人的创造力和独创个性,而且泯灭和扼杀人的创造力和个性。个人在其人学框架中是没有独立价值的,人的全面的自由的发展在其人学体系中也没有位置,人的现实的合理的利益要求在他那里也只有被否定的意义。他的人学只是一味引导人们注意向内修身养性,灭除人欲、克己守礼、崇德集义,其目就是用封建道德伦理规范来钳制人,使人们成为封建统治秩序的自觉维护者。所有这些显然都与我们的时代精神不相符合,需要加以剥除和清理。

(二) 关于"天人合一"思想的现代意义

人应该如何处理人与自然的关系?人对自然应持何种态度?这是人类要生存和发展就必须要加以解决的问题。可以说,人类自从脱离单纯的动物状态起,就与自然界处于对立和统一的关系中。随着人类社会的发展和进步,人和自然的关系以及人对自然的态度也发生相应的变化。文艺复兴以来,随着人的发现和自然的发现,人相信凭借自己的智慧和力量就能征服和统治自然,由此进入了人征服自然的新的历史时期。但是,在人类理性和主体性高歌猛进之时,在人类征服自然取得很大成功似乎展示了人有无限能力时,在人应当成为自然的主人的愿望似乎正变成现实时,却出现了反主体性的异化态效应,出现了生态危机、环境污染。这是以人为主宰把大自然看成征服和进攻对象而无限制地对大自然进行掠夺和剥削所种下的恶果。面对这一严峻问题,一些有识之士开始反思人对自然主人地位的合法性和正当性问题,意识到人与自然结成相互依存的友好共处关系的必要性,并把眼光指向中国古代哲学的"天人合一"思想,认为"天人合一"思想可以成为探讨新的合理的人和自然关系的思想基础。

中国传统哲学的"天人合一"思想,包括张载的"天人合一"思想,强调人的行为不但应符合天道的要求,而且应以实现天道的要求为己任,要体现宇宙大化之流行,强调天道与人道,人与自然的紧密联系与有机统一,追求天、地、人的整体和谐、交融和协调。这的确同那种把自然仅仅看作是人的征服和掠夺对象,把自然视作奴隶的人类中心主义有原则区别。这种思想确实有助于人们突破人和自然的主—奴式的对立格局和人对自然掠夺征服的单向度，并为重建人和自然的合理的、协调发展的关系提供了新的思路、新的视角、新的境界和思想解放的契机。从这个意义上说，张载等人的天人合一思想是具有现代意义的。

但是，传统的天人合一思想并不是不加批判和现代改造就能有助于生态危机、环境污染等问题的解决的。且不说老庄以绝圣弃智、返璞归真的方式达到与自然的同一的思想，在现代只不过是一种浪漫主义情怀，根本无助于解决已经出现和存在的生态危机、环境污染问题。即使是从孔孟到张载等人的儒家主流天人合一思想，也无法对解决生态危机，重建人和自然的关系等问题提供现成的思想基础。因为张载等人的天人合一思想所提供的通过自己寡欲、虚心、大心的道德实践实现"与天地合其德"的天人合一之境，这一思路所昭示的是人类道德掌握世界的方式，而不是理论和实践地掌握世界的方式。而生态危机和环境污染等问题的解决，显然仅凭人的道德修养和道德态度是不够的，还必须通过提高人类本质力量，随着人对自然的真理性掌握的扩大和深入，通过客观实际改造活动，才能对被污染的环境逐步加以有效的控制，才能避免新的异化态现象出现。因此，为了使古老的天人合一思想在现代焕发出灿烂的光辉，就有必要站在实践唯物主义立场上对它加以扬弃，并与人的主体性思想整合。只有这样，才能使天人合一思想转换生成为现代哲学观念并在建构属人世界的实践中发挥积极的作用。

（原载《中国人民大学学报》1994 年第 6 期）

"社会历史没有规律,不能预言"吗?
——对卡尔·波普"非决定论历史观"的一点剖析

21世纪初以来,非决定论思潮在自然科学研究领域中和社会科学研究领域中普遍泛起。而批判理性主义者卡尔·波普则无疑是当代非决定论思想的集大成者。他在《开放社会及其敌人》和《历史决定论的贫困》等书中提出并系统阐发了他的非决定论历史观。波普认为,"历史决定论"是一种流传甚久的古老理论。他说,上帝规定社会发展、决定选民命运的"神学形式的历史决定论"就是一种最古老的历史决定论形式。历史决定论的表现形式多种多样,除神学形式外,还有肯定自然规律决定社会发展的"心灵的历史决定论"和肯定经济规律决定社会发展的"经济的历史决定论"。法西斯主义和马克思主义则是现代流行的历史决定论的两种主要形式。虽然这两种理论是根本对立的,但两者在方法上却有其"相似性",具有"同一的认识论根源"。而"马克思主义是迄今理论中最纯粹、影响最广泛,因而最为危险的历史决定论形式。"[①] 波普认为,不管是何种形式的决定论,都有两个基本的教条:第一,肯定社会历史发展的规律性;第二,肯定能在认识这种规律基础上作出社会历史的预言。而这种看法是完全错误的。社会历史本身没有规律性可言,因此人们也无法认识什么普遍规律并以此对社会历史发展作出预言。"社会历史没有规律,不能预言"可谓波普非决定论历史观的核心观点。本文试图对这一观点作些分析批判。

第一,波普之所以认为"社会历史没有规律,不能预言"首先是基于这样一个推论:(1) 人类历史的进程受人类知识增长的强烈影响。对于社会历史的进程来说,"组成我们知识的一定的观念比复杂的物质生产工具更根本"[②];(2) 我们不可能用合理的或科学的方法来预测我们的科学知识的增长,知识的增长无规律可循;(3) 所以,我们不能预测人类历史的未来进程;(4) 这就是说,我们必须摒弃理论历史学的可能性,即摒弃与理论物理学相当的历史社会科学的可能性,因为没有一种科学的

---

① [英] 波普:《开放社会及其敌人》第2卷,第102页。
② [英] 波普:《开放社会及其敌人》第2卷,第100页。

历史发展理论能作为预测历史的根据;(5)所以,历史决定论的基本目的是错误的,历史决定论不能成立。①

姑且不论人类知识的增长有无规律,即使假定波普的这一论断成立,也不能否定社会历史规律的存在。因为人类知识对于社会历史的作用并不处于基础和根基的地位。我们知道人类知识对人类社会历史的发展确实起着很大的作用,但是人类知识本身又是如何产生和发展的,本身又是一个需要说明的问题。爱因斯坦相对论、量子力学等现代科学技术对现代社会的发展产生了重大影响,但是为什么这些理论不产生于原始社会、奴隶社会和封建社会,而恰恰产生于20世纪呢?这难道不是说明社会物质生活条件决定着人类知识的增长和发展吗?为什么野蛮人不能掌握现代高科技,而现代人则具有高智慧呢?这难道不是说明社会物质生活条件决定社会意识吗?可见人类知识并不是影响和决定历史进程的最根本的基础和前提。其实只有人类劳动实践的发展才是社会历史进程的根本基础和前提。正如马克思所说:"物质生活的生产方式制约着整个社会生活、政治生活和精神生活的过程。"②而人类知识及其增长本身并不具有自主本体的地位,并不是第一性的东西,它们最终要受社会生产的发展水平以及由此形成的社会生活条件的制约。"我们只能在我们时代的条件下去认识,而且这些条件达到什么程度,我们就认识到什么程度。"③所以波普企图通过否定社会物质生活条件对社会历史的决定作用。肯定知识的增长是人类社会发展的根本和基础来否定社会历史发展规律的存在,否定对人类社会发展前途的预测的可能是行不通的,这只能暴露他的历史唯心主义的本性。

第二,波普之所以否认社会历史规律的存在还在于他认为重复性是规律性的必然表现。在他看来,事物变化的规律性是通过现象的不断重复表现出来的,没有重复性也就没有规律性。自然现象有重复性,所以有规律性,而社会现象是独特的、一次性的、没有可重复性,因而,"社会历史没有规律,因而对社会不能进行实验,它不能在精确相似的条件下重复。"④当然,他"并不否认历史有时可能在一定方面的重复,或者历史

---

① 参见[英]波普《历史决定论的贫困》,上海人民出版社1987年版,第Ⅳ—Ⅹ页。
② 《马克思恩格斯选集》第2卷,人民出版社1995年版,第32页。
③ 《马克思恩格斯文集》第9卷,人民出版社2009年版,第494页。
④ [英]波普:《历史决定论的贫困》,上海人民出版社1987年版,第93页。

事件的某些类型方面的类似性"。但是他认为这种重复不表现规律性；因为它们不是绝对的重复，即与原型相同的重复，它们具有各自的非常不同的环境。在他看来只有绝对的重复才能表现为规律。[①]

我们认为波普用来否定社会历史规律存在的这条理由是站不住脚的。世界上根本不存在绝对重复的现象，不仅社会历史领域没有绝对的重复，就是自然领域也没有绝对的重复。正如唯理论者莱布尼兹早在几百年前所指出的，甚至没有完全相同的两片树叶，差异是普遍存在的。但是即使没有完全相同的两片树叶，我们也不能否定光合作用这一自然规律却存在于这些大量的单一的树叶中。可见，如果以现象的简单再现、绝对重复作为规律存在的必要条件，那么，自然领域也不存在什么规律。这岂不同波普自己所持观点相悖？波普之所以在这个问题上陷入自相矛盾的境地，根源就在于机械地理解重复性，把作为本质联系的规律与现象的再现视为绝对同一的关系，把规律的稳固性、单一性同表现形式的多样性、变动性绝对对立起来。社会历史领域诚然没有绝对重复的现象，但是社会规律正是通过这些不重复的、偶然的、具体的形式体现出来的。社会历史规律正是蕴含在这些大量社会历史现象中的深层逻辑结构和整体发展趋向之中，只要我们不形而上学地理解重复性而把规律与现象的再现视为绝对同一的关系，我们就不能否定社会历史规律的存在。只要我们从社会基本矛盾运动的本质着眼，"把社会关系归结于生产关系，把生产关系归结于生产力的水平"，"立刻就有可能看出重复性和常规性"。[②]

第三，波普之所以否认社会历史规律的存在还在于他认为社会现象极端"复杂性"，特别是存在着所谓"俄狄浦斯效应"，即预测可影响被预测的事件。我们认为社会现象的复杂性，不能成为否定社会规律的根据。诚然社会现象同自然现象不同。社会是人的活动领域，历史是人创造的，"历史不过是追求着自己目的的人的活动而已。"[③] 社会历史及其发展变化，最终都必须通过人的实践活动来实现，而人们的行动总是具有自觉的意图，追求某种目的的。但是社会发生的历史事变无论如何不是单个人的"我行我素"造成的。在社会历史领域内尽管各个人都有自觉期望的目

---

① 参见［英］波普《历史决定论的贫困》，上海人民出版社1987年版，第93页。
② 《列宁选集》第1卷，人民出版社2012年版，第8页。
③ 《马克思恩格斯文集》第1卷，人民出版社2009年版，第295页。

的，在表面上，总的说来好像也是偶然性在支配着。但是人的具体活动目的和目标的确定是受社会物质条件制约的，是和他进行活动所凭借和依赖的，由前人遗留的和自己创造的各种社会条件，其中主要是社会物质条件即现实的社会生产力状况相适应的，这是其一。其二，行动的目的是预期的，但是行动实际产生的结果并不是预期的，因为社会中基于各种不同利益而产生的无数个别愿望、个人目的、个别意志、个别行动彼此冲突总是融合为一个总的平均数，一个总的合力。从而"在历史领域内造成了一种同没有意识的自然界中占统治地位的状况完全相似的状况"。① 可见，社会历史领域既是人的活动领域，同时也是一个自然历史过程。正如恩格斯所说："历史结果……又可以看作一个作为整体的、不自觉地和不自主地起着作用的力量的产物。"② 这就深刻地揭示了有目的有意识的人类活动同社会历史规律之间的关联机制，实际上也就科学地回答了所谓的"俄狄浦斯效应问题"。由于历史事变不过是彼此冲突相互矛盾的个人目的、意志交互作用所融合成的合力的产物，因此，即使有人想要影响和阻止符合历史规律的社会过程的最终出现，也是枉费心机的。"一个社会即使探索到了本身运动的自然规律，……它还是既不能跳过也不能用法令取消自然的发展阶段。"③ 因此，社会历史现象的复杂性并不能说明社会历史规律不存在，而只是说明社会规律的实现方式同没有任何自觉目的的自然界规律的实现方式相比有其自身的特殊性，即历史的规律性是呈现于人类有目的的对象化实践活动过程中，虽然它同自然规律一样也是通过偶然性为自己开辟道路，而这种偶然性则具体表现为体现了一定目的的社会个体或社会群体的实践活动。正是蕴藏在偶然性中的规律性使人类历史以一种不可逆的、矢量性合力的方式走向未来。

第四，波普之所以认为社会历史没有规律还在于他认为规律与趋势的区别性。他说："规律和趋势是根本不同的两回事。"④ 因为：（1）规律是普遍陈述，而趋向是具体的、经验的陈述。（2）规律是永恒的，趋势是暂时的、可变的。⑤ 他认为，"在社会变化中存在着一种倾向或趋

---

① 《马克思恩格斯选集》第4卷，人民出版社1995年版，第247页。
② 《马克思恩格斯选集》第4卷，人民出版社1995年版，第697页。
③ 《马克思恩格斯选集》第2卷，人民出版社1995年版，第101页。
④ ［英］波普：《历史决定论的贫困》，上海人民出版社1987年版，第116页。
⑤ 参见［英］波普《历史决定论的贫困》，上海人民出版社1987年版，第115页。

向……它不等于规律。"①"理由很简单,地球上的生命和人类的进化是一个唯一的历史过程;……仅限于对唯一过程的观察,我们是不能期待检验一个普遍的假设和寻求一种科学所能接受的自然规律的,一个唯一过程的观察是不能帮助我们去预见它的未来的。"②

我们认为把规律和趋势对立起来是不正确的,规律就是事物内在的、本质的、必然的联系。联系当然有横向联系和纵向联系两个方面。如果说横向联系涉及的是同时态状况下各事物间和事物内部各要素的内在的本质联系,那么纵向联系实际上就意味着历时态状况下先后相继事物间的本质的必然的内在联系,而这就显然蕴含着发展趋势问题,因为纵向联系的全过程依次表现为倾向、展开和实现等几个阶段。所以,马克思曾指出:"规律在……最初历史阶段上仅仅表现为一些倾向——才确立为规律。"③在社会历史领域,由于人的目的性的介入,因而社会历史的进程总是以合规律性与合目的性相统一的形式表现出来,这就使得社会规律只能在各种对规律的明显偏离中显示为统计的整体的趋势,但是正如量子力学的统计解释揭示了微观领域客观规律的特殊性而并没有否定微观领域因果性、必然性和规律性存在一样,社会历史领域的统计特性也不能否认社会规律的存在。规律与社会历史发展趋势并不是截然对立的,甚至可以说,趋势乃是在社会历史领域规律发生作用的普通形式。这是其一。

其二,诚然,规律同现象的特殊性、暂时性、可变性相比具有普遍性、稳定性等特征,但这并不意味着规律就如波普所说的是无条件,与历史性、过程性无关的,即使自然规律也不是超时空的。规律总是一定事物的规律,它依赖于一定条件才起作用,在一定的时空范围内才是普遍有效的。因此,自然界和社会的区别并不在于一个没有过程性,一个有过程性;一个有规律,一个只有趋势的区别。而在于自然规律适用的时空范围比社会规律适用的时空范围要广要久而已。以社会历史领域的过程性,以及社会规律发生作用的相对短暂为由来否定其规律性存在的看法是完全错误的。

第五,波普在否定社会规律的基础上进而否定社会预言的可能性。他

---

① [英]波普:《历史决定论的贫困》,上海人民出版社1987年版,第115页。
② [英]波普:《历史决定论的贫困》,上海人民出版社1987年版,第107—108页。
③ 《马克思恩格斯全集》第46卷(下),人民出版社1980年版,第159页。

说,预言必须依赖规律的发现,既然社会历史的变化没有规律,因而也就没有可能预言社会历史的未来。他说:"我以严格的逻辑理由表明,我们不可能预言历史的未来进程。"①"历史的预言是一种骗术。"②

我们认为波普这一看法也是不正确的,首先,我们在上面已经阐明了社会历史领域同样存在着客观规律性。所以,波普所谓社会历史变化没有规律,因而没有可能预言社会历史的未来,这个推论的前提就是错误的。

其次,波普把所有的对历史未来的展望都说成是一种骗术,这是完全缺乏分析和武断的,确实,在社会中有作为骗术的假预言,例如宗教神学、迷信巫术所作的预言。也有虽抱有科学态度,但没有实现科学认识,因而在错误的认识基础上所作的错误的预言。但是并不是所有预言都是骗术,都是错误的,只要把握了客观规律,我们就能对历史的未来作出科学的预言。马克思主义对人类社会未来发展的展望就是一个建立在科学地理性地把握人类社会历史发展规律基础上的科学预言。其实,波普把历史预言视为骗术的真正目的并不是批判宗教神学、迷信巫术,而是反马克思主义。他攻击"马克思是一位错误的预言家,是一位历史进程的错误的预言家。……他诱导无数有识之士都相信研究社会的目的是提出历史的预言……他应对这种毁灭性的影响负责。"可见,波普提出"社会历史没有规律,不能预言"的观点就是为了反对马克思主义的历史唯物主义的科学理论,反对科学社会主义理论,否定共产主义代替资本主义的历史必然性。政治动机可谓反动。

(原载《当代思潮》1993 年第 3 期)

---

① [英] 波普:《历史决定论的贫困》,上海人民出版社 1987 年版,第 IX 页。
② [英] 波普:《猜想与反驳》,上海人民出版社 1986 年版,第 364 页。

是扬弃了旧唯物主义局限性,还是超越了唯物主义与唯心主义的对立?

马克思主义哲学的诞生标志着哲学史上一次革命变革。但是,怎样认识这一变革,却存在着根本不同的看法。"实践主义"认为:马克思主义哲学诞生的秘密、变革的实质,在于提出了他所理解的实践观,从而实现了"对唯物论和唯心论对立的超越"。因此,要扩展和深化哲学观念的变革,必然破除唯物主义的戒条,必须把马克思主义哲学理解为实践哲学,而不必附加上唯物主义后缀[①]。对这种观点,我们不敢苟同。

一、旧唯物主义不能科学地说明人的主体性的局限性并不是整个唯物主义党派不可超越克服的缺陷和内在本性

"实践主义"之所以得出马克思主义哲学超越了唯物论和唯心论的对立,首先与他对唯物主义和唯心主义这样两个概念理解有关。他们把唯物主义界说为"从脱离人的自然出发的抽象存在观点",把唯心主义界说为"从脱离自然的人出发的抽象意识观点。"[②] 又说:"唯物论从自然出发去解释人,只能说明自然对人的本原性,而无法说明人对自然的超越性;唯心论从人的精神活动出发去解释自然,只能说明人对自然的超越性,而无法说明这种超越性的根据。"[③] 而马克思主义哲学是以实践观为理论硬核的,而实践则"既体现着自然物质的本原性作用,又体现着人及其精神的能动创造作用","是本原存在与超越形态的对立统一,自然关系本质与属人关系本质的对立统一","既超越了抽象的自然观点,又超越了抽象的人本观点,它是二者在合理形式中的具体统一"。因此,马克思主义哲学超越了唯物论和唯心论的对立。

我们认为,"超越论"推论的前提明显地存在着问题。大家知道,唯物论和唯心论在马克思主义哲学中有确定的内涵。恩格斯在《费尔巴哈论》中曾明确指出:"凡是断定精神对自然界说来是本原的,从而归根到

[①] 《再论实践观点的超越性本质》,《哲学动态》1989年第1期。
[②] 《再论实践观点的超越性本质》,《哲学动态》1989年第1期。
[③] 《从理论硬核上变革哲学观念》,《吉林大学社会科学学报》1989年第2期。

底承认某种创世说的人……组成唯心主义阵营。凡是认为自然界是本原的，则属于唯物主义的各种学派。除此之外，唯心主义和唯物主义这两个用语本来没有任何别的意思，它们在这里也不是在别的意义上使用的。"[1] 尽管他们在文章中也强调不能在别的意义上使用这两个概念，而事实上却并不是仅仅以物质与意识谁是第一性为标准来划分唯物主义和唯心主义，而把能否说明人对自然的超越性，能否说明人的主体性、能动性也当作划分唯物论和唯心论的标准。因此，唯物论不只是承认物质第一性、自然对人的本原性的哲学理论，而且还是不能说明人对自然的超越性，人的主体性的哲学，是一种不能科学地说明主体和客体，人和自然辩证关系，用自然来吞没人的抽象的自然观点。这样一来，只要能够说明人的主体性，超越性的哲学，不管是否坚持了自然界对人的本原性，物质对精神的本原性，也不能归之为唯物论哲学。于是就有了马克思主义哲学非唯物主义之说，于是马克思主义哲学就成了消融了唯物论、唯心论对立的超越哲学。

诚然，旧唯物主义不能科学地说明人的主观能动性，但是，不能由此就推断所有的唯物论哲学都有此局限性。很显然，超越论在这里把旧唯物主义等同于一切唯物主义，把旧唯物主义的局限性看作为整个唯物主义党派的局限性，视为唯物主义不可超越和克服的缺陷和内在本性。

我们认为，虽然仅仅坚持物质第一性，还不足以说明人的超越性和主体性的生成和获得，不足以说明人的本质的发展。但是要求一个基本的理论原则说明一切问题本来就不现实。我们不能因为从物质第一性不能直接推出人的主体性就断定二者互不相容。如果这样看问题，岂不是陷入了还原论思维方式窠臼吗？我们要问：为什么承认了自然对人，物质对精神具有本原性的唯物主义路线，就必须否定人的主体性呢？其实要真正高扬人的主体性还必须以坚持物质第一性为前提。

我们知道人和动物是有本质区别的，这种本质区别主要就在于动物仅仅是自然界的一部分，动物和它的生命活动是直接同一的。而人虽然是自然界长期发展的产物，但是更重要的，人还是主体的存在。自然界仅仅是人类物种进化的前提和基础，人是通过自己的劳动和实践生成的。恩格斯在《自然辩证法》中指出："劳动创造了人本身。"[2] 马克思也指出：生

---

[1] 《马克思恩格斯选集》第 4 卷，人民出版社 1995 年版，第 224—225 页。
[2] 《马克思恩格斯选集》第 4 卷，人民出版社 1995 年版，第 374 页。

产不仅生产产品，而且生产生产者。可见，劳动、实践是人的主体性生成的基础和根源，同时，人的主体性也是通过劳动、实践得到体现和确证的。实践是什么？实践是人的本质力量的对象化，是导致物具有人化的形式从而满足人的需要的现实物质活动。列宁说："世界不会满足人，人决心以自己的行动来改造世界。"① 人类实践不是像动物那样简单地使自己适应自然界，而是"处处都把内在的尺度运用到对象上去"。② "按照对自己有用的方式来改变自然物质的形态。"③ "通过活动来取得一定的外界物，从而满足自己的需要。"④ 人类就是这样不断地实践，不断地改造对象来实现自己的目的。人化自然、属人世界的不断扩展和拓深标志着人的主体能力的不断提高。

但是，正如马克思所说：人"作为有生命的自然存在物，一方面具有自然力、生命力，是能动的自然存在物……另一方面，人作为自然的、肉体的、感性的、对象性的存在物，和动植物一样，是受动的、受制约的和受限制的存在物。"⑤ 人毕竟不是造物主，不具有神性，人通过自己有目的的自由自觉的活动实现的对自然的超越仍然是有限的，因为人作为自然界长期进化的产物，作为感性的自然存在物是受着自然、社会的制约的，是受动的。这种受动性首先表现为自然的制约性。自然是一种客观的物质力量，它按因果制约性和规律性在运行着，它不理睬人的需求和目的。人要实现自己的目的只能通过改变世界的实践活动。而人要改造自然，就必须服从自然规律，而不能凭主观意志为所欲为。主体的意志只有正确地反映和符合客观的规律性时才能实现改造的预期目的，否则，蔑视规律、违背规律只能遭到规律的惩罚。其次，表现为社会历史的制约性。人的主体性的发挥，实践的进行都不是超历史的。人们只能从现实的需要出发，凭借已经掌握的现实的实践手段，提出实践的目的并在实践中实现之。

正因为人不仅具有主体性而且具有受动性，因此，作为人的主体性的表征和实现途径的实践不仅包含有人的内在尺度，而且还具有客观的尺

---

① 《列宁全集》第55卷，人民出版社1990年版，第183页。
② 《马克思恩格斯全集》第42卷，人民出版社1979年版，第97页。
③ 《马克思恩格斯全集》第23卷，人民出版社1972年版，第87页。
④ 《马克思恩格斯全集》第19卷，人民出版社1965年版，第405页。
⑤ 《马克思恩格斯全集》第42卷，人民出版社1979年版，第167页。

度。人不可能像神那样只依据内在尺度，从无到有地创造出属神的世界。属人世界的创造必须以事物的客观尺度为前提，也就是必须把客观事物的内部结构、事物间的相互联系及由此决定的事物的属性、本质和规律作为实践的客观根据。而所有这些恰恰是唯物主义基本原则所要求的。由此可见，要高扬人的主体性离不开唯物主义的原则，相反，人的实践能力的提高，只是表明了人们对自然规律认识的深入，人掌握和运用客观规律的能力的提高。人类征服自然的过程并不是偏离或抛弃唯物主义的过程，而是自觉或不自觉地按唯物主义路线行事的结果。离开了唯物主义的原则，谈不上什么主体性高扬，离开了合规律性就不会有合目的性的实现。违背了客观尺度，无论主体的内在尺度有多美妙，也不过是主观范围的东西，而绝对不可能确证人的主体性。这也就是唯心主义无论如何都不可能科学地说明人的主体性的症结所在。

二、实践的观点绝不是可以超越唯物主义和唯心主义对立的观点，而是受对哲学基本问题回答的制约的

实践主义之所以把马克思主义哲学诞生的秘密、变革的实质视为对唯物论和唯心论对立的超越，与他们把实践观点理解为超越了唯物主义和唯心主义对立的中性的东西有关。他们认为，"实践观点既超越了抽象的自然观点，又超越了抽象的人本观点，它是二者在合理形式中的具体统一"，对实践"既不能从唯心论观点去理解它，也不能从唯物论观点去理解它。"① 这里实际上涉及两个层次的问题：一是关于实践本身；二是关于实践的哲学观点。

我们认为，实践确实具有超越性的品质。所谓实践的超越性指的是，实践一方面能使人扬弃目的主观状态，使目的物化，使人的本质力量对象化，使主体客体化；另一方面，实践可以使人超越现有的生存环境，改变物的原有状态，扬弃客观对象对人的异己性、疏远性，使自然属人化，使客体主体化。正是从这个意义讲，实践具有超越性。可见这种超越与对唯物主义和唯心主义对立的超越风马牛不相及。

诚然，实践作为主观见之于客观的中介，把物质与精神、主体与客体、主观与客观、人与自然联系起来了。但并不能由此就可断定实践能消

---

① 《再论实践观点的超越性本质》，《哲学动态》1989 年第 1 期。

融它们彼此之间的矛盾,于是能够超越于它们的对立之上,成为某种中性的东西。中介不是"中性",实践中时时刻刻都在表征着这些矛盾的存在和发生。实践如果能够成为物质与精神、主体与客体、主观与客观、人与自然统一的基础,还是以正确地解决这些矛盾为前提的,也就是必须以科学地解决哲学基本问题为前提的,解决物质与精神关系问题为前提的。这就是为什么实践有盲目与科学、成功与失败、错误与正确之分的原因所在。可见,实践本身就内在地蕴涵着哲学基本问题。从某种意义上讲,任何实践主体在实践过程中都必须回答哲学基本问题。因此实践同马赫主义标榜为中性的"感觉要素"、逻辑实证主义用以拒斥形而上学的"经验"一样,绝不是某种中性的东西。

正因为如此,所以,在如何看待实践问题上,在回答实践的本质是什么,谁在实践,实践与对象的关系,实践与结果的关系等问题上就不可避免地存在着唯物主义和唯心主义之争。

大家知道,前马克思的哲学早就探讨过实践问题。康德的《实践理性批判》阐述过它,费希特的行动哲学当然论及它,特别是黑格尔对劳动和实践还作了许多内容深刻而丰富的论述。概而言之,关于实践,黑格尔首先把它理解为有目的性的活动,主体与客体统一的过程,各自不断受到扬弃的过程。它既"扬弃客体的直接性",又扬弃"目的的主观性",从而达到"目的的实在化,即客观的有与目的的联合。"[①] 其次,黑格尔把实践理解为中介活动,他把实践活动逻辑化为一种推理,并指明作为中介的手段构成这种推理的中项。再次,黑格尔认为实践包括理论的特性而又高于理论,它"不仅具有普遍的资格,而且具有绝对现实的资格。"[②] 这种分析,抽象地看,似乎与马克思主义的实践观区别不大。但是,在回答谁在实践,对什么进行实践,以及实践性质究竟是什么,是精神性的,还是物质性的等问题时,就表现出二者的截然不同。由于黑格尔把主体看成是绝对观念,客体是绝对观念的异化,主体同以自然和社会表现出来的客体的对立,无非是意识和自我意识不同形式的对立,是在纯思维范围内的对立,因此,作为把主体和客体联系起来的主体能动性表现的实践并不是感性的物质活动,而是一种抽象的精神活动。可见,这是一种建立在客观唯心主义基础

[①] [德]黑格尔:《逻辑学》下卷,商务印书馆1976年版,第432页。
[②] [德]黑格尔:《逻辑学》下卷,商务印书馆1976年版,第523页。

上的实践观点，它说明的是精神对物质的本原性而不是物质对精神的本原性。这里不存在一种所谓"超越唯物论和唯心论的实践观点"。

在现代西方哲学中，实用主义以强调实践著称。但其代表人物杜威却直言不讳地宣告自己的观点是"行动的唯心主义"①。因为他们认为实在并不存在于我们思维作用之先，他们把实在的制造归之于人的意识能动性，因此，实在听凭人的意识摆布。

当然，我们并不能以黑格尔主义和实用主义的实践观的唯心本性来证明马克思主义哲学实践观的党派性。马克思主义实践观有没有超越唯物主义和唯心主义的对立，还须由马克思主义实践观诞生的过程和马克思主义实践观的本性来加以说明。马克思主义哲学没有离开人类文明发展的大道，是从旧哲学脱胎而来的，马克思的实践观的提出也有同样的过程。青年马克思信奉过黑格尔哲学，他的博士论文就深受黑格尔哲学影响。在此文中，他竭力强调自我意识的能动作用，把实践仅仅理解为理论批判。"哲学上的实践本身就是理论的，实践是一种批判。"② 为什么把实践理解为理论批判，这在唯心主义范围内是很好理解的。唯心论既然肯定精神第一性，其他都不过是它的外化，因此，当外化不符合其本性时，通过精神性活动——批判就能克服之。《莱茵报》时期，马克思仍以黑格尔的理性和自由为武器，试图通过理论批判来改造现实，但信仰和现实的矛盾始终困扰着马克思。为了解决这些苦恼的问题，在克罗茨纳赫，他开始批判黑格尔法哲学，得出了市民社会决定国家的结论，开始了唯物主义的转向。这种转变在实践观上的表现，反映在发表于《德法年鉴》的两篇文章。这时，他发现了作为"武器的批判"这种物质力量的"革命实践"，不过，这时他所理解的实践主要是社会革命和政治斗争。只有当他深入解剖了市民社会后，才确立了人类最基本的实践形式——生产实践，即所谓的劳动、生产、工业、"人化自然"。《1844年经济学—哲学手稿》就分析了生产劳动的基本特征：（1）它是有目的有意识的；（2）它是客观物质活动，强调了自然界、外部感性世界是实践的客观前提，因为没有它的存在，实践活动就失去了存在和展开的基础；（3）劳动是社会性的。在此基础上，1845年春马克思写下了作为历史唯物主义起源的《关于费尔巴

---

① ［美］杜威：《确定性的寻求》，1929年英文版，第304页。
② 马克思：《博士论文》，人民出版社1961年版，第64页。

哈提纲》,科学的实践观终于宣告诞生。

由此可见,马克思科学实践观的形成是在转向唯物主义立场后开始的。马克思世界观的唯物主义转向尽管不是形成科学实践观的充分条件,因为旧唯物主义就不能从实践出发去理解感性、现实;况且科学实践观的形成同马克思的现实实践活动和革命立场转变,以及对黑格尔辩证法的批判继承都分不开,是多因的。但是,世界观的唯物主义转向无疑是科学实践观创立的必要条件。何以见得?(1)既然实践被科学地认定是表现和实现人的本质力量的一种现实的、感性的活动,是一种客观活动;既然在实践活动中,作为主体的人把自己当作一种现实的物质力量运动起来,借助于一定的中介手段,同客体发生关系;那么,只要肯定感性的实践活动存在,就无异肯定了被实践的对象存在,因为没有被改造的对象世界,当然也就没有改造对象世界的对象性的活动。这种对象世界可能是人化自然,是从前实践的产物,但回溯起来总有未被人化的对象先存在。况且对人们来说,前人或旁人的实践结果都是一种外在于他的意识和意志的客观实在。因此,马克思主义实践观的诞生必须有一个前提条件,即肯定自然界对人的本原性,肯定物质第一性。否则,实践就会失去存在和展开的基础。(2)在解决人和自然的关系时,如果坚持唯心主义原则,那么你即使看到了感性物质活动,也不可能把它看作解决自然和人矛盾的唯一中介、手段和途径。因为,既然整个世界都是精神的表现而已,就不需要也不可能由一种物质性的感性的实践来解决这一矛盾,相反会把这种活动的本质视为精神的。但一旦立场转到唯物主义,认定物质决定意识,自然界先于人而存在,人不过是自然界长期发展的产物,而人在这里首先是有血有肉的感性存在物,人要生存就得衣食住行,但自然界不会满足人的需求,人不得不运用自己的力量向自然界索取,因此,仅有精神手段是不行的,物质的客体只有用物质的力量才能实际地掌握和占有。这样,被当作为感性的物质活动的实践的范畴就有可能被提出。可见,唯物主义立场是马克思主义实践观提出的前提和必要条件。

综上所述,我们完全有理由断定实践的观点绝不是可以超越唯物主义和唯心主义对立的观点。对哲学基本问题的回答制约着各派对实践的看法,而对实践本质的看法又反映着和蕴涵着对哲学基本问题的回答。所以,试图通过实践来建构一个非唯物论、非唯心论的哲学是不可能的。即使在流派迭起的现代西方哲学中,任何"拒斥形而上学"的努力,也不可能将这两个基本派别加以统摄以融进一个中立的哲学体系。超越唯物主义和唯心主义对立的种种议论,只能是对唯心主义哲学立场的掩饰。把马克思主义哲学说成是对唯物主义和唯心主义对立的超越,不管持此论者主观意愿如何,其实际意义只能是对马克思主义哲学作根本否定。

三、马克思主义哲学以科学的实践观把唯物主义推进到一个新的发展阶段

为了认清马克思主义哲学并不是什么"对唯物论和唯心论的超越",我们还必须进一步阐明这种哲学到底是什么样的哲学,以及它同以往哲学有何区别。

这种联系与区别,马克思在《关于费尔巴哈的提纲》中已经作了简要而深刻的揭示。马克思说:"从前的一切唯物主义(包括费尔巴哈的唯物主义)的主要缺点是:对对象、现实、感性,只是从客体的或者直观的形式去理解,而不是把它们当作感性的人的活动,当作实践去理解,不是从主体方面去理解。因此,和唯物主义相反,能动的方面却被唯心主义抽象地发展了,当然,唯心主义是不知道真正现实的、感性的活动本身的。"[①] 据此,一方面我们可以看出,马克思主义哲学与以往一切唯物主义的基本区别表现在"对事物、现实、感性是否当作实践去理解",而不是是否从客体去理解。旧唯物主义的错误和缺陷,不在于从客体去理解事物,而是仅仅从客体去理解事物。马克思在《关于费尔巴哈的提纲》和《德意志意识形态》中反复批评的都是旧唯物主义不把感性理解为人的感性活动,强调实践观点在理解世界和人的关系中的地位和作用,即使如此,马克思仍然强调"在这种情况下外部自然界的优先地位仍然保存着"。[②] 由此可见,马克思主义哲学在批评旧唯物主义时,并没有否定和抛弃唯物主义的理论硬核,即坚持物质第一性这一基本原则。正因为如此,马克思在《关于费尔巴哈的提纲》中把自己的哲学称为"新唯物主

[①] 《马克思恩格斯选集》第 1 卷,人民出版社 1995 年版,第 54 页。
[②] 《马克思恩格斯全集》第 3 卷,人民出版社 1960 年版,第 50 页。

义"①，在《德意志意识形态》中把自己的哲学称为"实践的唯物主义"②，"共产主义的唯物主义"③，他多次宣称"我是唯物主义者"。④ 另一方面，马克思虽然赞扬唯心主义高扬了人的能动性，但是并没有肯定他们的基本立场，即精神第一性的原则。他指出唯心主义把人的能动性理解为意识、观念、精神决定物质，而没有理解为客观的物质活动，这是错误的。因为在马克思看来，意识、观念、精神不是什么独立自在的东西，它必须依赖于客观性的物质活动。

由此可见，制定了科学的唯物主义的实践观的马克思主义哲学绝不是什么"超越哲学"，它是对旧唯物主义局限性的扬弃和对唯心主义基本原则的批判（特别是在批判黑格尔唯心主义体系中拯救了辩证法），从而以科学的实践观把唯物主义推进到一个新的发展阶段。这种实践观的介入，使人们对人和自然、社会历史、思维和存在的关系的认识，不再局限于直观的水平，而深入和具体化为对实践作科学的唯物主义的理解，从而克服了旧唯物主义的直观性、形而上学性和半截子性（即历史唯心主义），实现了彻底的唯物论和革命的辩证法。辩证唯物主义与历史唯物主义的内在统一。因此，恩格斯把这种实践观的提出视为新世界观的天才萌芽和"历史唯物主义的起源"。⑤

哲学作为世界观的理论，在实际生活的进程中表现为思维方式或思想路线，它为人们提供了观察世界的思维视角和思路。马克思主义哲学的问世当然也给人们带来思维方式方面的巨大变化。但这种思维方式是否同唯物主义思维方式水火不容呢？

事实上，作为马克思主义哲学创始人的马克思一再申明和阐明了自己坚持的唯物主义思维方式或思想路线。

在《德意志意识形态》中，马克思强调要"按照事物的真实面目及其产生情况来理解事物"。⑥

在《资本论》中，马克思称自己运用的"这种方法是唯一唯物主义

---

① 《马克思恩格斯全集》第3卷，人民出版社1960年版，第5页。
② 《马克思恩格斯全集》第3卷，人民出版社1960年版，第48页。
③ 《马克思恩格斯全集》第3卷，人民出版社1960年版，第51页。
④ 《马克思恩格斯全集》第32卷，人民出版社1974年版，第526页。
⑤ 《马克思恩格斯全集》第39卷，人民出版社1974年版，第24页。
⑥ 《马克思恩格斯选集》第1卷，人民出版社1995年版，第76页。

的方法,因而也是唯一科学的方法"①,又说"我的辩证方法,从根本上来说,不仅和黑格尔的辩证法不同,而且和它截然相反。在黑格尔看来,思维过程,即他称为观念而甚至把它变成独立主体的思维过程,是现实事物的创造主,而现实事物只是思维过程的外部表现。我的看法则相反,观念的东西不外是移入人的头脑并在人的头脑中改造过的物质的东西而已"。还说,在黑格尔那里,"辩证法是倒立着。必须把它倒过来。"②

马克思在1868年3月6日致路·库格曼的信中又指出:自己的思维方法同黑格尔是不同的,"因为我是唯物主义者,黑格尔是唯心主义者。"③

马克思在1868年12月12日致恩格斯的信中又断言:"当我们真正观察和思考的时候,我们永远也不能脱离唯物主义。"④

从这些论述中,我们可以看出马克思并没有因为创立了科学的实践观就把唯物主义的思维方式、思维方法抛弃了,相反,他处处以自己的唯物主义的思维方式和方法来观察和研究一切问题。对社会历史发展规律的揭示就是凭借着这样一种思维方式实现的。所以不能把马克思主义的唯物论与实践论割裂开来、对立起来。实际上,这二者在马克思那里是有机统一的。

(原载《新华文摘》1991年第3期,个别地方作了删改)

---

① 马克思:《资本论》第1卷,人民出版社1975年版,第410页。
② 马克思:《资本论》第1卷,人民出版社1975年版,第24页。
③ 《马克思恩格斯选集》第4卷,人民出版社1995年版,第578—579页。
④ 《马克思恩格斯全集》第32卷,人民出版社1974年版,第213页。

主要参考文献

《马克思恩格斯全集》，人民出版社 1956—1983 年中文第 1 版。

《马克思恩格斯文集》，人民出版社 2009 年版。

《马克思恩格斯选集》，人民出版社 1995 年中文第 2 版。

《列宁全集》，人民出版社 1984—1990 年中文第 2 版。

《列宁选集》，人民出版社 2012 年中文第 3 版。

《毛泽东选集》，人民出版社 1991 年第 2 版。

夏甄陶：《关于目的的哲学》，上海人民出版社 1982 年版；《认识论引论》，人民出版社 1986 年版；《人是什么》，商务印书馆 2000 年版；《夏甄陶文集》1—6 卷，中国人民大学出版社 2011 年版。

夏甄陶主编：《认识发生论》，人民出版社 1991 年版。

萧前：《哲学论稿》，中国人民大学出版社 1988 年版；《萧前文集》，中国人民大学出版社 2005 年版。

萧前主编：《马克思主义哲学原理》（上、下），中国人民大学出版社 1994 年版。

夏甄陶、李淮春、郭湛主编：《思维世界导论》，中国人民大学出版社 1992 年版。

黄楠森主编：《人学理论与历史》，北京出版社 2004 年版；《人学原理》，广西人民出版社 2000 年版；《有中国特色社会主义文化建设研究》，山东人民出版社 1999 年版。

高清海：《哲学与主体自我意识》，吉林大学出版社 1988 年版；《人的"类生命"与"类哲学"》，吉林人民出版社 1998 年版；《人就是"人"》，辽宁人民出版社 2001 年版。

杨春贵：《思想路线研究》，中共中央党校出版社 1997 年版；《杨春贵自选集》，学习出版社 2005 年版。

李德顺：《价值论》，中国人民大学出版社 1987 年版。

郭湛：《人活动的效率》，人民出版社1990年版；《主体性哲学——人的存在及其意义》，云南人民出版社2002年版；《哲学与社会》，中国人民大学出版社2002年版。

袁贵仁：《人的哲学》，工人出版社1988年版；《对人的哲学理解》，河南人民出版社1994年版。

王永昌：《走向人的世界》，工人出版社1991年版；《实践活动论》，中国人民大学出版社1992年版；《实践观念论》，中国社会科学出版社2014年版。

北大哲学系：《马克思主义与人》，北京大学出版社1983年版。

张世英、朱正琳：《哲学与人》，商务印书馆1993年版。

张尚仁、刘奔等：《关于人的学说的哲学探讨》，人民出版社1982年版。

王锐生、景天魁：《论马克思主义关于人的学说》，辽宁人民出版社1984年版。

景天魁：《社会认识的结构和悖论》，中国社会科学出版社1990年版。

李鹏程：《当代文化哲学的沉思》，人民出版社1994年版。

陈筠泉、刘奔：《哲学与文化》，中国社会科学出版社1996年版。

宋祖良：《拯救地球和人类未来》，中国社会科学出版社1993年版。

肖峰：《科学精神与人文精神》，中国人民大学出版社1994年版。

吕大吉：《宗教学通论》，中国社会科学出版社1989年版。

张志刚：《宗教哲学研究》，中国人民大学出版社2003年版。

黄顺基、黄天授、刘大椿：《科学技术哲学引论》，中国人民大学出版社1991年版。

盛洪：《分工与交易》，上海人民出版社1994年。

［德］康德：《纯粹理性批判》，商务印书馆1960年版；《实践理性批判》，商务印书馆1999年版；《判断力批判》，商务印书馆1987年版；《实用人类学》，重庆出版社1987年版。

［德］黑格尔：《小逻辑》，商务印书馆1980年版；《逻辑学》，商务印书馆1976年版；《美学》，商务印书馆1981年版；《法哲学原理》，商务印书馆1961版；《精神现象学》，商务印书馆1981年版；《历史哲学》，生活·读书·新知三联书店1956年版；《自然哲学》，商务印书馆1980年版；《哲学史讲演录》，商务印书馆1981年版。

［德］胡塞尔：《欧洲科学危机和超验现象学》，上海译文出版社1988年

版；《胡塞尔选集》，上海三联书店 1997 年版。

［德］海德格尔：《存在与时间》，生活·读书·新知三联书店 1987 年版；《诗、语言、思》，文化艺术出版社 1991 年版；《林中路》，上海译文出版社 1997 年版；《人，诗意地安居》，上海远东出版社 1995 年版。

［德］伽达默尔：《科学时代的理性》，国际文化出版公司 1988 年版。

［德］卡西尔：《人论》，上海译文出版社 1985 年版；《语言与神话》，生活·读书·新知三联书店 1988 年版。

［美］苏珊·朗格：《艺术问题》，中国社会科学出版社 1983 年版；《情感与形式》，中国社会科学出版社 1986 年版。

［美］阿恩海姆：《艺术与视知觉》，中国社会科学出版社 1984 年版。

［英］科林伍德：《艺术原理》，中国社会科学出版社 1985 年版。

［美］爱因斯坦：《爱因斯坦文集》，商务印书馆 1979 年版。

［德］海森堡：《物理学和哲学》，商务印书馆 1981 年版。

［德］波恩：《我的一生和我的观点》，商务印书馆 1979 年版。

［美］瓦托夫斯基：《科学思想的概念基础——科学哲学导论》，求实出版社 1982 年版。

［美］西蒙：《人工科学》，商务印书馆 1987 年版。

［英］贝尔纳：《科学的社会功能》，商务印书馆 1982 年版。

［英］查尔默斯：《科学是什么》，商务印书馆 1982 年版。

［美］拉兹洛：《系统哲学讲演集》，中国社会科学出版社 1991 年版。

［英］马林诺夫斯基：《文化论》，中国民间文艺出版社 1987 年版。

［美］怀特：《文化的科学》，山东人民出版社 1988 年版。

庄锡昌等：《多维视野中的文化理论》，浙江人民出版社 1987 年版。

［英］赖尔：《心的概念》，上海译文出版社 1988 年版。

［美］马斯洛：《人的潜能和价值》，华夏出版社 1987 年版。

［美］罗伯特·F. 墨菲：《文化与社会人类学引论》，商务印书馆 1991 年版。

［德］兰德曼：《哲学人类学》，上海译文出版社 1988 年版。

［德］舍勒：《人在宇宙中的地位》，上海文化出版社 1989 年版；《舍勒选集》，上海三联书店 1991 年版。

［英］斯蒂文森：《人学的世界》，中国人民大学出版社 1992 年版。

［罗］泰纳谢·亚：《文化与宗教》，中国社会科学出版社 1984 年版。

［美］贝格尔：《神圣的帷幕》，上海人民出版社 1991 年版。

［法］帕斯卡尔：《思想录》，商务印书馆 1985 年版。

［美］斯特伦：《人与神》，上海人民出版社 1991 年版。

［法］涂尔干：《宗教生活的基本形式》，商务印书馆 2011 年版。

［美］詹姆斯：《宗教经验之种种》，商务印书馆 2007 年版。

刘小枫主编：《20 世纪西方宗教哲学文选》（上、中、下），上海三联书店 1991 年版。

［美］多尔迈：《主体性的黄昏》，上海人民出版社 1992 年版。

［苏］费罗洛夫：《人的前景》，中国社会科学出版社 1989 年版。

［英］汤因比、［日］池田大作：《走向二十一世纪》，国际文化出版公司 1985 年版。

［美］米萨罗维克等：《人类处于转折点》，中国和平出版社 1987 年版。

［匈］卢卡奇：《关于社会存在的本体论》，重庆出版社 1993 年版。

［德］施密特：《马克思的自然概念》，商务印书馆 1988 年版。

《西方学者论〈1844 年经济学—哲学手稿〉》，复旦大学出版社 1983 年版。

［苏］列昂捷夫：《活动、意识、个性》，上海译文出版社 1980 年版。

［法］涂尔干：《社会分工论》，生活·读书·新知三联书店 2000 年版。

［英］安东尼·吉登斯：《失控的世界》，江西人民出版社 2001 年版。

［英］戴维·赫尔德：《全球大变革》，社会科学文献出版社 2001 年版。

［德］赫尔默特·施密特：《全球化与道德重建》，社会科学文献出版社 2001 年版。

［英］保罗·赫斯特、格雷厄姆·汤普森：《质疑全球化》，社会科学文献出版社 2002 年版。

［美］塞缪尔·亨廷顿：《现代化理论与历史经验的再探讨》，上海译文出版社 1993 年版。

［美］布莱克：《比较现代化》，上海译文出版社 1996 年版。

［德］哈贝马斯：《交往与社会进化》，重庆出版社 1989 年版。

［美］马尔库塞：《理性和革命——黑格尔和社会理论的兴起》，重庆出版社 1993 年版；《单向度的人——发达工业社会意识形态研究》，重庆出版社 1988 年版。

［加］威廉·莱斯：《自然的控制》，重庆出版社 1993 年版。

［美］丹尼尔·贝尔：《后工业社会的来临》，新华出版社 1997 年版。

［美］汉娜·阿伦特：《精神生活·意志》，江苏教育出版社2006年版。
［英］莱恩·多亚尔、伊恩·高夫：《人的需要理论》，商务印书馆2008年版。

后　　记

　　岁月如白驹过隙，一晃须发皆白。回想自己走过的人生，前35年主要在学校度过，主旋律是求学读书教书，后20年是在党政机关不同岗位履职，工作主线就是调研写作、办文办会办事。但无论是求学日子里，还是各个岗位工作阶段，我对哲学有着放不下、割不断、解不开的情结，以至于离开专业从事哲学教学研究工作20多年后的今天还时不时被一些哲学问题的思考所吸引。

　　我出生于浙东农村，接受基础教育正值"文化大革命"。那时，除了教科书和能借到的几本少得可怜的小说外，就没有什么书可读。我第一次认真学习马克思主义哲学基础知识是高考复习时，为了应付考试，也拼命地记概念、做题目，但对哲学精神实则没有多少体认和了解。对哲学真正产生兴趣，是1979年考入杭州大学政治系读本科后。杭大政治系79级当时设哲学、政治经济学、科学社会主义三个专业。我是科学社会主义专业的班长。第一年的基础课，三个专业都是在一起上的，学的是一样的课程。1980年政治系分设哲学系、经济系、法律系，当时学校给我们科社班20个同学选择自由，可以去哲学系也可以到经济系。记得当时向一些老师和好友征求意见时，无一例外建议我读经济系。最后，我们班20人中有16人选择学经济，只有4人选择学哲学。这也足以说明党的十一届三中全会后，以经济建设为中心已经深入人心，系统学习研究经济理论、从事经济工作、直接投身经济建设主战场，已经成为许多青年学子的向往和追求。我之所以没有听从师友的意见，成为选学哲学的少数人之一，原因其实很简单，主要是一年级时郑国平老师、奚从清老师、马志政老师、薛克诚老师等先后讲授的辩证唯物主义和历史唯物主义原理、余式厚老师讲授的形式逻辑所展现的哲学精神、思辨魅力和逻辑力量深深地吸引了我，我对哲学产生了兴趣。我初步接触到的中外哲学宝库浩如烟海，令我震撼，激发起了我探索哲学宝藏的好奇念头和学习渴望。可以说，我学哲学专业不是被迫无奈之举，而是根据个人兴趣偏好作出的理性选择。尽管后来经济学成为显学，但对于当年的选择直到现在我仍无怨无悔。我深深地体会到正是哲学教会我认识世界、社会和人生的立场观点方法，给予我以科学精神和人文精神滋养，锤炼了我的思维能力和理性力量，让我吸吮到了人生的智慧之泉，使我终身受益。

  大学期间，我对西方哲学史特别是德国古典哲学下的功夫最大。我非常喜欢听陈村富等老师讲授的西方哲学史。为了拥有属于自己可以反复研读、划划批批的哲学名著，父母每月给的零用钱基本用于买书，有时还从生活费中挤出来购买商务印书馆出版的汉译世界名著。西方哲学著作特别是康德的《纯粹理性批判》、黑格尔的《精神现象学》、《逻辑学》等十分深奥、晦涩难懂，但就是对我有吸引力。有时一天下来看不了几页，有的读了几遍也根本不知所云，但还是啃得津津有味。真的有点初生牛犊不怕虎、越是困难越要上的劲头。一旦自己少有所获，弄懂了一个范畴、理解了一个命题、领会了一段论述，与先哲对上了一段话，就心生窃喜之感。除了本校老师开设的本科生课程外，我还积极争取听一些为硕士生开的课程。当时外国哲学史教研室的老师很开明，允许我们听上海社科院哲学所范明生教授讲授的柏拉图哲学研究和安徽大学哲学系钱广华教授讲授的康德《纯粹理性批判》研究等，这些可都是为古希腊哲学研究方向的硕士生开设的，非常专业、非常深入，对于我学习理解西方哲学深奥之处十分受益。在杭大读本科期间，除认真学好本系老师开设的课程外，我还选修了心理系陈立老校长等讲授的普通心理学和社会心理学、历史系胡玉堂教授讲授的基督教史、中文系王元骧教授讲授的美学等课程，这些都是哲学专业的学生应该了解掌握的知识。20 世纪 80 年代初期，杭大哲学系尽管不是国内哲学界的重镇，但学术交流活动活跃。在此期间，我听过中国人民大学哲学系萧前教授所作的关于《辩证唯物主义原理》教材编写有关问题的学术报告，北京大学哲学系黄楠森教授所作的关于列宁哲学笔记研究的学术报告，中国社会科学院哲学研究所所长邢贲思教授所作的关于费尔巴哈哲学的学术报告，以及中国社科院哲学所李泽厚教授、人大马列所庄福龄教授、复旦大学哲学系辛敬良教授等的学术报告。这些国内赫赫有名的哲学大家所作的当时最前沿的学术报告进一步打开了初入哲学之门的我的眼界。出于对德国古典哲学的喜爱，我的本科毕业论文就以黑格尔扬弃观为题，这是我第一次尝试撰写哲学论文。恰好北大外国哲学研究所张世英教授来杭学术活动,经指导我毕业论文写作的沈庚方老师引见,我还上门向张先生请教了黑格尔哲学研究的有关问题,得到了他的指点。通过黑格尔扬弃观这篇论文的撰写,我对作为马克思主义哲学来源之一的黑格尔辩证法的批判精神的理解更深一步,初步尝到哲学研究的艰辛和乐趣。

　　大四时由于身体原因没能考成研究生,但继续深造的想法一直萦绕于怀。在台州地委党校哲学教研室工作期间,我一边承担教学任务,一边为考研作准备。期间因头疼病几次住院治疗和赴杭就诊,但这阻挡不了我求学的决心,我不想就此消沉。年轻人有一股激情和拼劲,备课非常下功夫,记忆力极好,讲课基本脱稿。我讲授的形式逻辑、西方哲学史、现代西方哲学、马克思主义哲学史等课程,得到了学校领导、教研室老师的肯定和学员的欢迎。那时的台州地委党校聚集了一批老的大学生和77、78、79级毕业生,学习风气很浓,往往比赛谁书看得最晚,读得最多。在这期间,我比较系统地研读了马克思的早期和晚期著作、现代西方哲学著作等;参加了在哈尔滨举办的全国马克思主义哲学史讲习班、在杭州举办的中西文化比较研究讲习班和西方逻辑史讲习班等,听了孙伯鍨、庄福龄、张奎良、黄楠森、庞朴、汤一介、萧蓬夫、朱维铮、梁从诫、杨百顺等一批国内知名学者的授课,我的哲学视野进一步拓宽。当时,正在开展关于异化与人道主义的理论讨论。鉴于我对西方哲学特别是德国古典哲学和马恩早期著作涉猎多些,根据党校领导的要求,我为全校老师作了一次关于人道主义与异化问题的专题讲座,这实际上也是我一生中第一次作学术报告,这次讲座引起了台州地委宣传部领导的关注。结合学习党的十一届六中全会精神,我开始尝试对现实问题的哲学反思,撰写了《彻底否定"文革"与辩证否定》一文,《社会科学战线》杂志社的老师作了点评指导,作为习作编进《青年社会科学》集刊(内部刊物)。所有这些都进一步扩大了我的哲学知识,增强了我的哲学思维能力,也为我考研积聚力量。

　　1988年9月,我如愿考入中共中央党校理论部(即现在的中共中央党校研究生院),师从杨春贵教授攻读马克思主义哲学专业硕士研究生,刚好那年5月份杨老师到宁波讲学,为了免我上北京的舟车劳顿,老师关照我就到宁波复试。这是我第一次见到杨老师。老师的儒雅风度、渊博学识,使我更生敬仰之情;老师是那么平易近人,使我一下子就与老师有亲近感，沐浴到了师恩的温暖。中央党校求学三年，中央领导和部委领导的专题报告，北京学术界名家的讲课和学术报告，与中央党校名师近距离的交往与交流，中央党校图书馆和北京图书馆丰富的馆藏，对于一个来自偏远地区的我来讲无疑都是甘露，大开眼界、大长见识。在这三年里，杨老师谆谆教诲，他的课娓娓道来、深入浅出、精辟透彻、引人入胜，显现了很深的哲学功底和毛派哲学语言风格。尤其是他的研究重点放在对当代中国改革发展的重大现实问题的哲学思考上，充分体现了马克思主义理论联系实际的理论品格，这深深影响了我的理论兴趣和研究取向。杨老师不但亲自授课，还带我参与他主持的一些科研项目的研究，手把手把我领进哲学研究的大门。我与老师合作的第一篇文章是《新权威主义评析》，收集进《改革开放时期的当代中国哲学》一书，看到自己付出的心血被正式印成铅字的喜悦心情到现在还记忆犹新。在老师的指导下，这三年我在哲学研究上取得了初步的成绩，在《当代思潮》《新华文摘》《哲学研究》《毛泽东思想研究》上有我独著的或与导师合写的论文，并参与了导师主编和其他老师主编的一些哲学著作的撰写。后来，我们在"善于从哲学上提出和解决问题"这篇论文基础上合著了《哲学家毛泽东》这部专著，由中共中央党校出版社出版。在中央党校求学期间老师对我的身体和生活十分关心，而且一直以来对我的学习工作和家人都非常关心，屡次予以关照帮助。仅举一例，1989年5月，我因结石导致肾绞痛，这种疼痛我从未经历过，心里着实有些恐慌，是师母刘大夫亲自给我诊断治疗、精神安慰，杨老师得知后专程到医院来看望，此情此景恍若昨日。

20世纪80年代末90年代初，我国哲学界对主体性问题讨论很热，我也很感兴趣，杨老师同意我选择个体主体性的生成和表征作为硕士毕业论文的题目。中国人民大学哲学系夏甄陶教授和中共中央党校哲学教研室万井容教授为论文评审人。夏先生在毕业论文学术评议书上作了这样的评议："主体性问题是近年来我国哲学界讨论的一个热点问题，在讨论中存在着各种分歧，并出现了一些理论上的混乱，毫无疑问，对这个问题继续从理论上进行深入的探讨，以求得一种比较正确的理解，澄清理论上的一些混乱，是有着重要的理论意义和现实意义的。我认为李火林同志的论文《论个体主体性的生成与表征》，就是一篇以马克思主义观点为指导来探讨主体性的有价值的论文。论文的作者不是孤立地抽象地谈人的主体性（孤立地抽象地谈人的主体性，是在主体性问题上出现混乱的一个很重要的根源），而是把主体和客体联系起来，强调'主体性是相对于客体性而言的，是主体在对象性关系中所表现出来的功能特性'，并对这种功能特性作了比较正确的具体分析。论文对人的主体性的结构基础作了有说服力的分析，特别是关于主体性结构基础的生成机制，作者除分析了自然生理遗传机制、社会文化遗传机制以外，还强调了实践生成机制，这一点，对于正确地理解人的主体性的生成，有着十分重要的方法论意义。论文作者还从认识活动、评价活动、实践活动几个方面分析了人的主体性的表现，也有相当的说服力。从总体上说，论文的观点是正确的，并且有充分的马克思主义的论据，论文的思路和逻辑结构及文字表达都很清晰，在主体性研究方面，是一篇有比较高的学术水平的论文。它反映了作者有比较坚实的马克思主义哲学理论基础和独立的科研能力，已经达到了硕士水平。"万井容老师评议道："《论个体主体性的生成与表征》对主体性问题的论述有一定的新意，尤其是第一章中对人的属性、主体的规定性和主体性作了区分，提出了'客观性、意识性和社会历史性既是人的主体性生成的前提条件，又是人之所以拥有客体性的渊薮所在'的观点，以及强调了主体的'功能特性'等，对当前主体性问题的讨论有所深入。其次文章对'主体性生成'的分析方法和论点，思考深入，有理论深度。"1991年6月，以夏甄陶教授为主席，马清健教授、张绪文教授组成的论文答辩委员会一致通过了我的硕士论文。在答辩时每位老师提的问题毫不留情，夏老师提的问题之一就是如何理解认识主体性的客体性基础，当时回答这个问题我还急出了一身汗。我的这篇硕士论文后来分成几篇文章发表，其中个体主体性生成之内在机制和主体性辨识两文分别发表在《中国人民大学学报》和《青海社会科学》，都被中国人民大学复印报刊资料转载，前一篇同时被《新华文摘》全文转载。这是我研究认识论的第一批研究成果，得到了著名专家和学界的肯定，极大地鼓舞了我从事哲学研究的勇气和力量。

  为了提高自己的哲学研究能力，硕士毕业后，我想报考中国人民大学哲学系夏甄陶教授的博士研究生。夏先生是我国著名哲学家，是中国马克思主义认识论研究的主要开拓者和奠基人，在中国哲学、马克思主义哲学、认识论和人学等领域研究成果丰硕，著作等身、桃李芬芳。对夏先生，我早就高山仰止；能忝列夏先生门墙，得到夏先生亲炙教诲，是我由来已久的心愿。我对夏先生的敬仰是从学习他的文章和著作开始的，尤其是阅读夏先生的《关于目的的哲学》和《认识论引论》两本巨著。我深深被其观点的新颖、见解的独到、视野的开阔、思想的睿智、理论的深邃、逻辑的缜密、体系的恢宏所吸引。在我看来，这是真正的认识论著作，是与西方哲学著作相比毫不逊色的代表当代中国最高学术水准的哲学专著。

我第一次见到夏先生也是在1988年上半年宁波的讲习班上。我记得那次夏先生是与他的弟子欧阳康老师一起来宁波的。那次他演讲的主题是关于马克思主义哲学新体系建构方面的。夏先生讲课非常严谨，没有一句废话，而且就是他深入研究的新成果新见解，如果记录下来就是一篇哲学论文。要跟上他讲课的思路和节奏必须聚精会神，对于没有相当哲学素养的人听他的课是非常吃力，但认真听了就会感受到哲学智慧和理性力量。因为那次讲课结束后请教的人太多，我没有机会与夏先生说上话，但我心中已经有了目标，就是等我硕士研究生毕业后一定要报考夏先生的博士生。后来，我在中央党校读硕士期间有几次学术活动又远远见到过夏先生，但始终没有当面交谈过。我第一次与夏先生说上话是1990年冬天，是夏先生的弟子王永昌老师带我去他在中国人民大学静园的寓所。我生性比较腼腆木讷，不善言辞，而且自信心不足，见到老师也不知道从哪里说起，现在想起来大概表达了想报考夏先生博士生之类的想法。夏先生留我们在他家里吃饭，还亲自下厨做菜、亲自调酒。他看我比较拘谨，幽默地与我开玩笑说，要成为他的博士生必须先学会喝酒。夏老师一生一心为学术，淡泊名利，从不计较个人得失，从来不为自己的事麻烦他人，但为了我能顺利入学，他费了很多心。1991年10月27日，夏先生亲笔给我回信。信中说："关于你继续深造，虽然暂时受到一点意外的挫折，但不要气馁。我希望你明年继续来报考，决不会再发生今年这样的事情。"信上还提到，"今年11月上旬（4—7日）我要到金华浙江师大去参加一个会，会后（在10日左右）还可能到绍兴师专去看看。你如有时间，能否到金华或绍兴一晤。"接到夏老师的信我非常激动，这无疑给处于人生低潮的我一个极大的鼓舞，几个月来弥漫在我心中的不快一扫而空。那次，我按约定时间兴高采烈地从台州赶到金华，见到了夏老师，还有郭湛老师。夏老师告诉我，为了我的事，德高望重的萧前教授，教研室的李德顺老师、郭湛老师都很关心，要我不辜负他们的期望。我与人大哲学系的老师素昧平生，他们为一个有志为学的学子费心费力，我深为感动，终生感谢。在老师们的亲切关怀下，1992年我终于跨入中国人民大学的大门，成为哲学系马克思主义哲学专业认识论研究方向的一名博士研究生。

入学的第一课，夏老师并没有与我们谈学问，而是谈做人。记得我与师弟昌家立一起到夏老师家聆听他的教诲。他说的话到现在我还记得很清楚。他说："君子之交淡如水。人与人的交往不能有企图。"话不多但非常严肃，声不高但铿锵有力，言直白但涵义深邃。他自己一生就是这样做的，他要求他的门生也要成为这样纯粹的人，不要搞庸俗关系学，切勿成为蝇营狗苟之辈，决不能把他人当作工具，把人与人的关系当作单纯的利益关系、功利关系、利用被利用关系。对指导我们为学，夏先生更是费尽心血。至今有一幕情景还经常在眼前浮现。那是1992年初冬的一个傍晚，窗外刮起了大风，我听到有人敲门，打开一看，是夏老师。看到戴着帽子、穿着大衣的老师正站在门口，我心里一阵激动，又感到内疚。我知道夏老师高度近视，平时行动就不是太方便，大风天亲自来找我，肯定有重要事情，是自己的懒惰和没有及时去老师处汇报问学，让老师牵挂了。果然，他是为了我的培养计划制订、课程设置、研究方向选择而来的。他提出要把人和文化哲学、认识论作为我的专业课，考虑到我硕士阶段所作的研究和其他一些研究准备，商定以人对外部世界的掌握作为我博士学位论文的研究选题。指导好已经很晚，我执意送老师回家。一路上风吹得正猛，我紧紧拉着老师的手，依偎着老师回到林园5号楼。求学的三年中，夏老师要求我们每个星期要到他家一次，汇报我们的所学所思。他每次都给予有针对性的点拨指导，传道授业解惑，引领我不断提升思维层次，拓宽学术视野，厘清解决问题的思路，教授研究问题的方法。对于我们这些博士生，他没有采取满堂灌的填鸭式教学方式，而是采取苏格拉底式的教学方法，引导我们如何哲学方式地提出问题、思考问题、分析问题、研究问题。我在人大求学时期，也是夏先生学术的又一个高峰期，专著《中国认识论史稿》上下卷、《认识的主—客体相关原理》，主编的《认识发生论》《思维世界导论——关于思维的认识论考察》相继出版并获奖，《中国社会科学》《哲学研究》《新华文摘》经常有他的新作刊出，这些都是我们这些弟子学习的好教材。我的学问就在不断研读夏先生的学术著作和论文，不时亲耳聆听夏先生的教诲中逐步有所长进的。夏先生对学生关心关爱无微不至。节假日，他和师母就忙开了，请学生们到他家吃上可口的饭菜，改善学生生活。他还让他的女儿（也是我的师妹）夏昀帮助我和昌家立联系安排教学工作，以补贴我们的家用。为照顾学生生活，不知花费了先生和师母多少心血。

指导我学位论文写作，夏先生更是付出了大量的精力。可以说，从论文的选题与开题论证，到论文的提纲拟定、每一章节的撰写与修改，无不渗透着先生的心血，凝结着先生的智慧。人对外部世界的掌握这个选题比较宏大，需要大量阅读有关研究成果，加上自己学术功底浅，致使迟迟未能开笔写作，开笔后也经常会碰到一些难题，卡在那里。我心里焦急。老师既严格要求，又鼓励鼓劲，每写出一章都向他报告主要观点、谋篇结构，他都非常精准给予指点。特别是初稿形成后，夏先生以1千多度的近视，几乎贴着稿子，一字一句地审阅，提出需要进一步修改的许多具体的指导性意见。我按照他的指导意见作修改后，他又一次逐字逐句审改。他一丝不苟的严谨学风、诲人不倦的道德风范，是留给我们学生的宝贵精神财富，令人感佩，铭刻在心，永志不忘。只是由于我资质愚钝，学术根底浅，先生的许多精辟的指导性意见未能很好地在论文的写作和修改中加以贯彻，这是我深感不安、甚为遗憾的。

根据中国人民大学博士学位论文的评审要求，我的博士论文《论人对外部世界的掌握》送请中共中央党校副校长杨春贵教授、中国人民大学哲学系郭湛教授评议，送请中国人民大学哲学系主任陈先达教授，首都师范大学哲学系王锐生教授，北京大学哲学系赵家祥教授，中国社会科学院哲学研究所所长李景源研究员，北京师范大学哲学系袁贵仁教授，中国人民大学哲学系李淮春教授和陈志良教授等知名专家审查。杨春贵教授评议说："论文在人对外部世界的掌握这一层面上对人的生存和发展问题作了哲学探讨。据我所知，这在国内尚属仅见。这对于深化和拓展马克思主义哲学研究，对于正在进行现代化建设的我国确立不同于西方模式的发展道路，对于建构科学合理的人与外部世界的关系，都有重要的理论与实践意义。论文具有很强的反思性、批判性和现实感。"郭湛教授评议说："像这篇论文这样全面、系统阐述马克思主义关于人对世界掌握方式的理论，在国内尚属首次。作者的研究达到了相当的深度，取得了可喜的成果。论文立足于马克思主义的基本观点，同时又批判地吸取了从德国古典哲学到现代西方哲学有价值的思想因素，结合当代人文和社会科学研究的进展，系统地阐发了人类掌握外部世界和自我掌握的问题。论文论点正确，论据充分，作了深入细致的论证，所得出的结论是令人信服的。作者在理论上是严谨的，同时又富于创新精神，多有创新的见解。"陈先达教授评审说："《论人对外部世界的掌握》是一篇学术水平很高的博士论文。作者超出一般认识论范围，把马克思主义哲学同文化学、人类学结合在一起，对人类掌握世界的根据和实质、人类掌握外部世界的基本方式等进行了深入、系统的分析。"王锐生教授评审说："这是一篇有创见的论文。就题目看，它不是纯粹认识论的。作者的研究方向是认识论，却不受传统观念束缚，把认识与实践结合在一起，融认识论与唯物史观于一体。因为要回答为什么和如何实现人对外部世界的掌握，就不能不结合认识与实践，沟通认识论与唯物史观。""论文从人对外部世界的掌握这一哲学层面来讨论人的生存和发展问题，这是生态环境等实证科学的讨论所代替不了。这也是论文的现实意义所在。""是一篇有学术价值的优秀论文。"赵家祥教授评审说："这是一篇既有理论意义又有实践价值的博士学位论文"，"充分体现了马克思主义哲学的整体观点、全面观点、辩证观点、历史主义观点，这是这篇学位论文最突出的长处。"李景源研究员评审说："当代哲学的主要任务是对以往人类活动的价值目标进行反思，重新确立人类活动的价值准则。这既是哲学的使命，也是时代的主题。作者从人对外部世界的把握问题入手，对人类生存方式及其内在矛盾进行哲学探讨，不仅具有理论的创新意义，而且对我国确立不同于西化模式的发展道路具有重要的现实意义。本论文体现了以现实问题研究带动基本理论研究的原则，表明了作者有较好的课题意识和选题能力。""整篇论文具有很强现实感"，"对本课题探讨视野开阔，并没有局限于纯认识论领域，而是从认识领域和社会历史领域的多重视野出发的。"李淮春教授评审说："人对外部世界的掌握，人应如何掌握外部世界，这是正确处理人与外部世界的关系，是人类和人类社会生存和发展的重要理论问题，也是人类社会，特别是当代社会需要正确解决的实践问题。"本论文"具有积极的学术价值和实践意义。"袁贵仁教授评审说："《论人对外部世界的掌握》是目前国内探讨这一课题最为详尽的论文，具有重要的理论意义和现实意义。"陈志良教授评审说："人对外部世界的掌握，是一个高难度的哲学课题，论文对于这一问题作出了马克思主义和社会发展以及人的发展的回答，是一篇有启迪性并有创新性的博士论文，论文多处有各种闪光的思想火花。"各位老师也都严肃负责地指出了论文的不足之处。

1995年6月2日，在中国人民大学资料楼八层会议室举行了我的博士论文答辩，我国著名哲学家萧前教授亲自担任主席，中共中央党校崔自铎教授，中国社会科学院哲学研究所陈中立研究员，中国人民大学哲学系李淮春教授、李德顺教授、郭湛教授，清华大学哲学系李崇富教授组成了答辩委员会。夏甄陶先生在会上发表了导师的意见，对我的论文进行了推荐。在答辩中，各位专家对我的学位论文总体上给予了肯定，并提出了一系列问题，经过答辩，最后萧前教授宣读答辩委员会意见，一致同意通过答辩。答辩委员会老师和论文评审老师的客观中肯的评议，是引领我奋发向上的强大激励力量。我衷心感谢各位老师的指导和鼓励。

1995年7月，我完成了学业，从中国人民大学哲学系博士研究生毕业。同年10月13日中国人民大学隆重举行1995年博士学位授予仪式，我穿上博士服、戴上博士帽，从李文海校长手中接过了哲学博士学位证书。夏先生亲自参加这一仪式，见证并祝贺他的两位弟子家立与我获得博士学位。我博士论文各章节的内容，后来陆续分别发表在《中国人民大学学报》、《求索》、《社会科学辑刊》、《浙江学刊》、《浙江社会科学》、《青海社会科学》等杂志，大多被中国人民大学复印报刊资料转载。

跨出人大校门，我来到中共浙江省委政策研究室工作，主要从事浙江经济社会发展重要问题的研究和省委重要文稿的起草工作，这对于我来讲无论是知识储备、能力水平，还是工作阅历都有欠缺，离胜任工作有很大差距。角色的转换、工作性质的变化，对我是一个严峻挑战。我是一个心中有敬畏有担当有职业精神的人，在什么山头唱什么歌，这不只是怕别人说博士就这个水平、有辱师门清誉，更主要的是唯恐做不好工作对不起组织信任、耽误工作。我本才疏学浅，没有能力一心两用，只有出满力、使足劲，才有可能完成任务。这20年来，无论在省委政策研究室，还是到省委办公厅、省政协研究室、省政协办公厅，总的工作基调就是适应适应再适应，学习学习再学习，努力努力再努力，聚精会神干工作、一心一意勤钻研、心无旁骛尽职责，全身心扑在本职工作上。夏老师对走出校门后的我仍然关心关怀，多次对我说，人各有所长、各有所好，根据你的素质和能力，还是回到高校从事专业教学研究比较合适。我对老师也常有牵挂。这些年来，我每有出差到北京的机会，无论多短多忙，总要尽可能抽时间去看望几位老师，当面聆听教诲。尤其到省政协工作后，我大概有11年每年3月到北京参加全国两会的有关服务工作，每次都住在人大附近的友谊宾馆，走上10多分钟就能看到夏老师。见面后，他总要顾问我的工作情况及家里情况，每次都不忘敦促我想办法早日把博士论文出版了，并主动提出为我的书作序。我每次都满口答应，但一直没有兑现自己的承诺。这倒不是我有意违抗师命，确实是工作太忙，实在无暇顾及博士论文的修订，特别是要把原先写作计划中的关于掌握外部世界的工具中介系统、道德和哲学掌握世界方式、社会文化遗传规律、需求上升转换规律、互联网时代与虚拟掌握、经济全球化与掌握世界成果分享的公平正义、走向生态文明与掌握外部世界基本原则的重构等一些章节写成，没有相对集中的较长闲暇时间几乎不可能。在我的心中有一个心结就是最好都写成了再出版，想不到这一拖就是二十年，而且目前看来退休前要完成全部写作计划也无望。

2014年3月我又一次到北京参加"两会"服务工作，已知夏老师身体有恙，那天一到北京我就先去老师家里。夏老师身体很虚弱、面容清瘦，已经躺在病榻上不能下地，但精神很好、反映很敏锐、思路很清晰，仍一如既往关心着国家大事和学术事业。见我来了很高兴，谈兴很浓，但讲不多久就感到累，喘得厉害。我就对老师说，我们都不讲话，我就坐在您边上拉着您的手、看着您。过了一会，他说，你工作忙，我也累了，你先回去吧！老师病得如此重，心里考虑的还是他人，甚至怕给弟子添麻烦。离开北京前，那天早上，我再次到老师家看望，我对先生说，相信天气暖和起来，您的身体也会好起来的，我期盼着老师到杭州住一段时间。想不到这次分别竟成了我们师生之间的永诀。2014年12月12日临近中午，王永昌老师打电话要我到他的办公室，他悲痛地告诉我，刚接到中国人民大学一位校领导的电话，夏老师于上午与世长辞。一代哲学宗师驾鹤西去。惊悉这一噩耗犹如晴天霹雳，泪水一下子夺眶而出。老师就是学生的精神之源。从此以后，我再也见不到夏老师慈祥面庞，再也听不到夏老师谆谆教诲。想到这么多年过去，因自己懒惰仍没有完成老师希望我做的事，心里更是一阵阵痛，好一个后悔。我有违师命啊，实乃不肖弟子。我暗下决心，再不懈怠，尽快出版倾注着老师心血的我的学位论文，以一朵不成熟的稚嫩的学术小花告慰老师的在天之灵，把继承和发扬夏先生高尚品德和学术精神作为对老师的最好纪念。

在这里，我也十分怀念人大哲学系萧前教授。萧前教授是我国马克思主义哲学界的泰斗，是我许多老师的老师，桃李满天下。中国人民大学哲学系萧夏不分，夏老师的学生也是萧老师的学生，但萧前老师对我特别关爱，我们在感情上很亲近。在校三年，他经常与我谈政治、谈哲学、谈人生、谈学问，谈他的革命经历和学术生涯，谈他担任艾思奇同志学术秘书和苏联专家助手时的往事和体会收获，谈在改革开放新时代如何坚持和发展马克思主义哲学及青年马克思主义哲学工作者的责任和使命等。他对党的赤胆忠心、对马克思主义哲学的挚爱和深厚学识对我的教育和影响是很大的。我在人大求学的各个重要关节点，萧先生都给予我很多指点指导和提携奖掖。就在我毕业前，萧老师还主动与杨春贵老师联系推荐我到中央党校工作。在我向他坦露想法后，他也很理解支持我回浙江工作，告诫我要按照毛泽东同志所说的把哲学从哲学家的课堂和书本中解放出来，在参与浙江改革开放和现代化建设实际问题的研究中运用好哲学，发挥好哲学的积极作用。他不但关心我的学业，而且关心我的生活，经常请我在他家享用师母做的美食。现在回想起人大的求学日子，这些都是挥之不去、难以忘怀的美好记忆。萧老师仙逝多年，但他的音容笑貌和在书房与我交谈的情景，依然历历在目。我永远学习萧老师的道德文章、缅怀萧老师的哲学业绩、感谢萧老师对我的恩惠恩情。

在人一生的各个阶段都有一批至亲挚友在无私帮助你克服各种困难。除了上述各位尊敬的师长外，在我求学岁月及哲学活动中，我的大姐夫陶师尧从我小时起就引领我前行，我的表哥王自亮一直是我学习的楷模、给予了诸多帮助，我的老大哥杨仁建、潘学方，我的高中同学林敏、詹茂华，我的大学同学王海光、郁建栋、董云虎、金兴盛等，我在台州党校工作时的兄长黄小本、倪维钧、陈惠良、赵永法等，我的硕士生同学姚休、项剑虹、陈利权、潘选民等，我的博士生同学昌家立、孔圣根、任泽锋、陈子舜等，浙江大学赖金良老师，中共浙江省委党校魏元申老师和郑仓元、郭祥才老友，都曾伸出温暖的手给予我各种不同方式的帮助。刘奔、杨焕章、江焕湖、李淑英、俞伯灵、任谊敏、项义华、何显明等师友为刊出我的论文给予了无私的帮助。关心和帮助过我的师友同学太多太多，在此不能一一列出。我在心里深深地感谢他们！

一个人的成长是以家庭其他成员的付出为代价的。一个人光彩鲜亮的背后总有一群为之含辛茹苦、默默奉献的身影。我1988年9月去北京读硕士研究生时，我儿子刚出生5个月。我妻子朱晨默默地支撑起这个家，既要在医院忙碌工作、钻研业务，又要操持家务、教育孩子、照顾家人，其辛苦可想而知。没有她的支持和奉献，我是不可能一个人在北京逍遥自在读 6 年书、自由徜徉哲学园地，也不可能一门心思扑在工作上的。我年迈体弱的父母帮我们带大孩子，母亲更是操心劳累，一心扑在子孙身上，唯独没有她自己。岳父母对我们一直很理解和体谅，总是给我们以鼓励支持。我的姐姐妹妹、姐夫妹夫都给予了很大的帮助，消除了我许多后顾之忧。这是我安心求学的重要保证。经过多年奔波分离，一直到 1996 年底，我们一家才在杭州团聚安下家来。家不大且简陋，在一起就温暖。但生活刚安定不久，父亲、岳父就相继因病去世。真可谓树欲静而风不止，子欲养而亲不在。前几年我的大姐夫也不幸英年早逝。我深切怀念他们。生老病死、别离聚散，不过是世间常态，就如云卷云舒、潮起潮落一样，我们应该坦然面对。我们更应该以哲人的平和心态、理性精神、激越意志奋力前行，追求幸福美好新生活。今天，我的博士论文能够得以出版，全家的辛苦付出最后凝结成这一小小果实，这是对师长亲朋好友迟到的汇报交代和致礼致敬，也是自己哲学人生的回眸小结。

本书以我的博士论文为基础和主干，整合了我的其他一些哲学论文。我博士研究生毕业已 20 年，这 20 年国际国内形势发生了很大的变化，学术研究也突飞猛进，但重新审视自己的论著，我感到所讨论的问题涉及人类生存发展大问题，与人们关注的时代和现实问题相关联。当然，哲学的思索可以超越时空，但哲学的反思同样也具有历史局限性。本书以《依赖与掌握》为题，一是为了简洁起见；二是为了更突出地反映人之为人的类本质因子和人生存发展的基本矛盾，凸显依赖与掌握这一人与世界关系中的重要维度。

本书得到了浙江省省级社会科学学术著作出版资金全额重点资助，同时列为 2015 年度浙江省社科规划课题。衷心感谢学科专家组的肯定，衷心感谢省社科联领导及社团处同志的大力支持帮助。感谢中国社会科学出版社田文编审的辛勤付出。没有你们的帮助，我的愿望就不可能实现。

由于水平所限、功底肤浅，不妥之处在所难免，敬请批评指正。

李火林谨记

2015 年 6 月